혜 원 국 어

한국
실용글쓰기

고혜원 편저

도서
출판 오스틴북스

머리말

《9시간 완성 한국 실용글쓰기》 정복 꿀팁!

"적을 알고, 나를 알면 '백전백승(百戰百勝)'" 《손자병법 中》

다양한 목적으로 이 책과의 만남이 이루어졌으리라 생각한다.
이 책과 만남의 경로는 다양하지만,
목적은 단 하나!!

내가 원하는 '점수'를 만드는 것이다.
그렇다면 이 목적을 위해 우리가 해야 할 일은 크게 2가지로 요약해 볼 수 있다.

1. 적을 알기

1) 시험이 원하는 것이 무엇인지를 알아야 한다.

그렇다면 알려진 시험 문제, 친절하게 이것이 목표로 가는 길이라고 제시하고 있는 '기출문제'를 정복해야 한다. 그 '기출문제'를 통해 시험에 나오는 문제의 핵심을 확인하는 것이 우선이다. 다만, 기출문제를 무조건 많이 푼다고 능사는 아니다. 오히려 제한된 문제를 반복적으로 연습하여 확실히 정복하는 것이 더 효과적인 방법이다.

2) 점수가 목적이라면 서술형 정복이 우선이다.

객관식과 서술형 문제가 혼합된 시험인데, 서술형의 배점이 월등하게 높은 시험이다. 따라서 서술형 정복을 위해 노력해야 한다. 그런데 서술형 문제는 생각보다 '쉽다'. 대단한 창의력을 가지고 글을 짓는 글짓기 시험이 아니다. 문제가 '요구하는 형식'에 맞추어 '문제지에 담겨 있는 단어를 적절하게 사용하여' 답안을 마련하는 것이 이 시험의 핵심이다. 물론 객관식 문항 정복을 위한 이론과 어휘들도 이 책에 담긴 '최소한'을 성실하게 암기해서 '최대'의 효과를 노리자.

3) 시험이 원하는 '룰(rule)'을 익혀야 한다.

배점이 높은 서술형 문제가 요구하는 '원고지 작성법'을 익혀야 한다. 또한 90분이라는 시간이 생각보다 짧기 때문에, 시간을 정해 놓고 '실제로 써 보는' 연습이 반드시 필요하다. 서술형의 채점은 사람이 한다. 글씨를 크고 또박또박 잘 알아 볼 수 있도록 써야 하고, 시험이 요구하는 형식에서 벗어나거나 분량이 요구한 것과 다르거나 한글맞춤법에 알맞지 않은 오탈자 및 띄어쓰기의 오류 등은 모두 감점의 요인이 된다는 점을 숙지하자.

2. 나를 알기

1) 내가 무엇을 어디까지 원하는가 교재를 따라가며 현재의 위치를 확인한다.

2) 내가 원하는 득점을 위해, 교재를 반복적으로 학습하며 발전하는 나를 확인한다.

3) 강의와 병행하며(해커스) 내가 원하는 점수를 정복한 나를 확인한다.

이 교재와의 만남을 갖게 된 모든 실용글쓰기 응시생 분들의 백전백승(百戰百勝)을 온 마음으로 응원한다.

2023. 07. 노량진에서

편저자 고혜원

실용글쓰기 자격검정 시험안내

1 시험 소개

'한글실용글쓰기검정'은 자격기본법 제5조(국가직무능력표준)에 따른 '직업기초능력'을 국어기본법 제14조에 따라 공공기간 등의 문서는 어문 규범에 맞추어 한글로 작성하는 '직무 능력'과 '국어사용 능력', '의소소통 능력'으로 나누어 종합적으로 평가하는 시험이다.

2 검정 과목별 출제 기준

검정 과목	평가 영역		출제 영역
	대영역	중영역	
글쓰기 원리	글 구상과 표현 (어휘와 문장)	계획하기	의사소통의 과정을 이해하고 있는가? 주제를 설정할 수 있는가? 자료를 수집 및 선택할 수 있는가? 구성 및 개요 작성을 할 수 있는가?
		표현하기	단어, 문장, 문단을 제대로 쓸 수 있는가? 구성 및 전개 방식을 활용하여 쓸 수 있는가? 표현 및 서술 방식을 활용하여 쓸 수 있는가?
		글다듬기	단어를 다듬을 수 있는가? 문장을 다듬을 수 있는가? 문단을 다듬을 수 있는가?
글쓰기 실제	직무 글쓰기	문서 이해	문서를 이해하고 있는가? 문서를 분류할 수 있는가?
		공문서	공문서를 이해하고 있는가? 공문서를 작성할 수 있는가?
		입사 문서	채용 공고문을 이해하고 있는가? 직무능력 기술서를 작성할 수 있는가? 직무중심 자기소개서를 작성할 수 있는가?
		기안서 품의서 사내 제안서 사외 제안서	기안서를 이해하고 있는가? 기안서를 작성할 수 있는가?
		보고서	보고서 이해를 이해하고 있는가? 보고서를 작성할 수 있는가?
		기획서	기획서를 이해하고 있는가? 기획서를 작성할 수 있는가?
		프레젠테이션	프레젠테이션을 이해하고 있는가? 프레젠테이션을 작성할 수 있는가?
		홍보·광고	홍보·광고문을 이해하고 있는가? 홍보·광고문을 작성할 수 있는가?
		기사문, 보도문	기사문, 보도문을 이해하고 있는가? 기사문, 보도문을 작성할 수 있는가?
		거래 문서 계약서	거래 관련 문서를 이해하고 있는가? 계약서를 작성할 수 있는가?

검정 과목	평가 영역		출제 영역
	대영역	중영역	
글쓰기 실제	공학·기술 글쓰기	공학·기술 설명서	공학·기술 설명서 공학·기술 설명서 작성
		공학·기술 조사 보고서	공학·기술 보고서 공학·기술 보고서 작성
		공학·기술 실험 보고서	공학·기술 실험 보고서 공학·기술 실험 보고서 작성
		특허 명세서	특허 출원서 명세서 작성
사고력	직업기초능력 (독해와 글쓰기, 화법과 글쓰기)	조직이해	경영이해, 업무이해 등 조직이해 관련 지문을 독해하고 관련 글을 쓰기 위해 사고할 수 있는가?
		대인관계	팀워크, 리더십, 코칭, 갈등관리, 협상, 고객 서비스 등 대인관계 관련 지문을 독해하고 관련 글을 쓰기 위해 사고할 수 있는가?
		자원관리	자원관리, 시간관리, 예산관리, 물적자원관리, 인적자원관리 등 자원관리 관련 지문을 독해하고 관련 글을 쓰기 위해 사고할 수 있는가?
		수리·자료 활용	기초연산, 통계해석, 도표해석 등 수리·자료 관련 지문을 독해하고 관련 글을 쓰기 위해 사고할 수 있는가?
		문제해결	문제유형, 사고전략, 문제해결과정 등 관련 지문을 독해하고 관련 글을 쓰기 위해 사고할 수 있는가?
글쓰기 윤리	직업윤리 글쓰기윤리	직업윤리	직업윤리의 기본 원칙을 이해하고 있는가? 직업인의 기본자세를 이해하고 있는가?
		글쓰기윤리	저작권과 표절, 인용 및 출처 등 글쓰기 윤리를 이해하고 있는가?

3 문항 구성

과목명	출제 문항 수		
	객관식	서술형	계
글쓰기 원리	14	2	16
글쓰기 실제	22	5	27
사고력	12	2	14
글쓰기 윤리	2	1	3
문항 합계	50	10	60
배점 합계	400	600	1000

4 시험 시간 및 배점

교시	시간	영역	문항 수	배점
1교시	90분	객관식	50(각 8점)	400
		주관식(단답형)	5(각 20점)	100
2교시	90분	서술형(문장)	2(각 50점)	100
		서술형(문단)	2(각 100점)	200
		서술형(논술)	1(200점)	200
계	180분		60	1000

실용글쓰기 자격검정 시험안내

1 급수별 점수

등급	1급	2급	준2급	3급	준3급
기준	870점 이상	790점 이상	710점 이상	630점 이상	550점 이상

2 가산점(경찰, 소방)

1. 경찰

가산점	5점	4점	2점
점수	750점 이상	630점 이상	550점 이상

2. 소방

가산점 비율	5%	3%	1%
점수	750점 이상	630점 이상	550점 이상

※ 소방공무원 2023년부터 적용

3 시험 일정

(유효 기간: 2년)

회차	날짜
102회	23.07.22.
103회	23.09.16.
104회	23.11.18.

※ 정기시험은 모두 지면시험으로 진행되며, 시험 일정은 사정에 따라 변경될 수 있다.

4 준비물과 입실 시간

준비물	수험표, 신분증, 컴퓨터용 사인펜, 검정색 볼펜, 수정테이프 ※ **신분증** 미지참 시 시험 응시 불가(결시 처리), **수험표**의 경우 사진이 확인되면 흑백도 가능
입실 시간	시험 시작 30분 전까지 입실

5 기타 주의 사항

서술형 글자 수	서술형 문제의 글자 수가 표기되어 있는 문제의 **글자 수는 띄어쓰기, 기호 등을 모두 포함**합니다.
객관식 마킹	현재 수능시험 등 거의 모든 시험은 스캔 방식으로 객관식을 채점합니다. 스캔 방식은 예전과 달리 **빨간색 펜 등을 모두 인식합니다.** 예를 들어, 객관식 1번에 2번 항목에 빨간색으로 체크를 한 상태에서 검정색으로 3번 항목을 마킹한 경우 중복답안으로 0점 처리됩니다. 객관식 점수가 생각보다 낮다고 하시는 분들 중에 간혹 빨간색, 검정색 등을 다른 답안에 체크 하신 경우가 있습니다. 객관식 마킹은 본인의 책임입니다. 객관식 마킹의 오류가 있는 경우 추후 확인되더라도 수정하지 못하니 답안지에 표시된 유의사항을 확인하셔서 정확한 마킹을 하시기 바랍니다.

※ 출처: www.klata.or.kr - FAQ

목차

PART 1 🖋 실용글쓰기 준비

PART 2 🖋 실용글쓰기 트레이닝

PART 3 🖋 실용글쓰기 완성

1교시 기출문제

|유형분석| 2교시 실기(문단형, 완성형) 영역 ———————— 164

2교시 기출문제

정답 및 해설 ———————————————————— 180

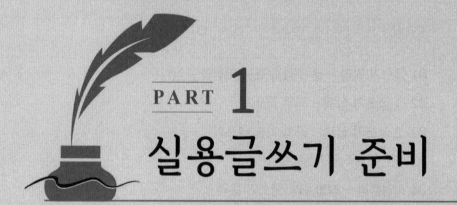

PART 1
실용글쓰기 준비

| 혜 | 원 | 국 | 어 | 실 | 용 | 글 | 쓰 | 기 |

01 글쓰기 원리

검정 과목	평가 영역	
	대영역	중영역
글쓰기 원리	글 구상과 표현 (어휘와 문장)	1. 계획하기
		2. 표현하기
		3. 글다듬기

01 글쓰기 원리
글 구상과 표현(어휘와 문장)

1 글쓰기 과정

계획하기	목적, 독자 등을 고려하여 주제를 세우는 과정
생성하기	자료를 수집하고 글 쓸 내용을 뽑아내는 과정
조직하기	생성한 내용들을 위계나 비중, 순서 등을 고려하여 적절하게 구조화하며 배열하는 과정
표현하기	조직된 내용을 목적과 절차에 따라 글로 표현하는 과정
고쳐 쓰기	글의 목적과 독자를 고려하면서 내용 조직이나 표현 등을 수정하는 과정

2 계획하기

주제의 선정 ➡ 자료의 수집과 선정 ➡ 개요 작성

(1) 주제

개념	글쓴이가 글을 통해서 나타내고자 하는 주요 생각	
작성 원칙	① 글쓴이의 의견이나 입장, 태도가 분명히 나타나야 한다. ② 가치 있고 의미 있는 내용이 포함되어야 한다. ③ 다루는 논의 대상을 가능한 한 한정시켜야 한다. ④ 표현이 정확하고 구체적이어야 한다. ⑤ 가주제와 참주제를 구분해야 한다.	
	가주제	주제문이 확정되기 이전의 주제문
	참주제	가주제의 범위가 좀 더 좁혀져 글의 실질적인 내용과 범위가 정해진 것

(2) 자료

기능	주제를 뒷받침하고 이를 효과적으로 나타내는 데 도움을 준다.
특징	① 주제와 관련되면서 주제를 뒷받침할 수 있는 것이어야 한다. ② 저작권이 중요하기 때문에, 자료를 모으는 단계에서부터 인용을 위한 정보를 함께 저장해야 한다. ③ 자료를 모으는 단계에서, 자료를 어디에 어떻게 활용할 수 있는가를 미리 고려해야 한다.

(3) 개요

개념	글쓴이를 위한 설계도로, 주제와 목적에 맞게 장이나 절을 설정하고 하위 부분을 배치한 것 ※ 대개 어구 단위로 작성되는 경우가 많다.
기능	① 글 전체 흐름을 미리 정리해 보일 수 있다. ② 글 전체의 균형과 긴밀성에 기여한다. ③ 통일성을 높이는 데 기여한다.
작성 방법	① 제목과 주제문 간의 관계에 주목하여 작성한다. ② 전개 방식을 고려하여 작성한다. ③ 주요 논점 간의 관계를 설정한다. ④ 장과 절의 위계에 주목하면서 작성한다. ⑤ 자료의 배치를 고려하여 작성한다. ⑥ 논리적 질서를 고려하여 다시 수정한다. ⑦ 단락 구성과의 관련성에 유의하여 작성한다. ⑧ 더 좋은 글을 위해 수정 가능성을 열어 둔다.

3 표현하기

(1) 내용 전개의 일반적인 원리

시간적 순서의 원리	시간의 흐름이나 시간의 전후에 따라 내용을 전개하는 방법
공간적 순서의 원리	공간의 원근(遠近: 멀 원, 가까울 근)이나 좌우에 따라 내용을 전개하는 방법
논리적 순서의 원리	연역법이나 귀납법과 같이 일반적 전제와 구체적 사실 사이의 배열을 고려하여 전개하는 방법

(2) 세부 내용의 전개 방법

동태적 전개 방법		시간의 흐름에 따라 전개하는 방법
	서사	사건의 전개나 사물의 변화, 인물의 행동을 시간의 흐름에 따라 서술하는 방법('누구'가 중요)
	과정	어떤 특정한 결말이나 결과를 가져오게 하는 일련의 행동, 변화, 작용 등에 초점을 두는 전개 방법('어떻게'가 중요) 예 ○○하는 방법(단계/절차)
	인과	어떤 결과를 가져오게 한 영향 내지 힘, 또는 그러한 힘에 의해 결과적으로 초래한 현상을 중심으로 전개하는 방법('왜'가 중요)
정태적 전개 방법		시간의 흐름과 상관없이 전개하는 방법
	정의	어떤 대상 또는 사물의 범위를 규정짓거나 그 사물의 본질을 진술하는 방법. 의미 풀이
	분석	어떤 복잡한 것을 단순한 요소나 부분들로 나누어 설명하는 방법
	분류	어떤 대상들을 비슷한 특성에 근거하여 구분하는 방법
	묘사	대상의 형태, 색채, 감촉, 향기, 소리 등을 있는 그대로 그려 내는 방법
	비교	둘 이상의 사물의 공통점을 밝히는 방법 ┐ 같은 범주
	대조	둘 이상의 사물의 차이점을 밝히는 방법 ┘
	예시	어떤 대상에 대해 구체적인 예를 들어 알기 쉽게 설명하는 방법
	유추	어렵고 복잡한 개념을 설명하고자 할 경우, 보다 친숙하고 단순한 개념과 비교해 나감으로써 좀 더 쉽게 이해할 수 있도록 하는 방법(다른 범주/1:1/공통점)

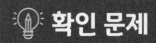
[1-4] 다음 진술이 타당하면 ○, 타당하지 않으면 X 하시오.

01 다음 글에서는 '예시'의 전개 방법을 사용하고 있다. [○ ×]

> 언어는 사고를 반영한다는 말이 있는데, 그 예로 무지개 색깔을 가리키는 7가지 단어에 의지하여 무지개 색깔도 7가지라 판단한다는 것을 들 수 있다.

02 다음 글에서는 '비교'의 전개 방법을 사용하고 있다. [○ ×]

> 공부는 등산과는 다른 것이다. 공부는 머리로 하는 행위이고 등산은 몸으로 하는 행위이기 때문이다.

03 다음 글에서는 '유추'의 전개 방법을 사용하고 있다. [○ ×]

> 우리말을 제대로 세우지 않고 영어를 들여오는 일은 우리 토종 물고기를 돌보지 않은 채 외래종 물고기를 들여온 우(憂)를 또다시 범하는 것이다

04 다음 글에서는 전문 용어의 뜻을 쉽게 풀이하여 독자의 이해를 돕고 있다. [○ ×]

> 멕시코의 환경 운동가로 유명한 가브리엘 과드리는 1960년대 이후 중앙아메리카 숲의 25% 이상이 목초지 조성을 위해 벌채되었으며 1970년대 말에는 중앙아메리카 전체 농토의 2/3가 축산 단지로 점유되었다고 주장했다. 실제로 1987년 이후로도 멕시코에만 1,497만 3,900ha의 열대 우림이 파괴되었는데, 이렇게 중앙아메리카의 열대림을 희생하면서까지 생산된 소고기는 주로 유럽과 미국으로 수출되었다. 그렇지만 이 소고기들은 지방분이 적고 미국인의 입맛에 그다지 맞지 않아 대부분 햄버거의 재료로 사용되었다.

05 다음 글의 전개 방식으로 가장 적절한 것은?

> 화랑도(花郎道)란, 신라 때의 청소년들이 자신의 마음과 몸을 닦고 목숨을 바쳐 나라를 지키려는 우리 고유의 정신적 흐름을 말한다. 그리고 이를 실천하기 위하여 조직된 단체를 화랑도(花郎徒)라 한다. 그 사회의 중심인물이 되기 위하여 마음과 몸을 단련하고, 올바른 사회생활의 규범을 익히며, 나라가 어려운 시기에 처할 때 싸움터에서 목숨을 바치려는 기풍은 고구려나 백제에도 있었지만, 특히 신라에서 가장 활발하였다.

① 유추를 통해 해결 방안을 제시한다.
② 인과 관계를 통해 사회 현상을 설명한다.
③ 용어 정의를 통해 독자의 이해를 돕고 있다.
④ 대상의 변화 과정을 제시하고 이유를 분석하고 있다.
⑤ 대비되는 개념을 활용하여 핵심 개념을 설명하고 있다.

01 다음 글의 전개 방식으로 가장 적절한 것은?

> 자동차의 매연으로 인한 대기 오염이 갈수록 심해지면서 여러 나라에서는 앞 다투어 환경오염을 줄일 수 있는 자동차를 생산하고 있다. 그중 상용화에 성공한 대표적인 사례로 친환경차인 하이브리드 자동차를 들 수 있다. '하이브리드'란 2가지의 기능을 하나로 합쳤다는 의미로, 내연 기관 엔진만 장착한 기존의 자동차와 달리 하이브리드 자동차는 내연 기관 엔진에 전기 모터를 함께 장착한 것이 특징이다.
>
> 하이브리드 자동차는 전기 모터 시스템이 추가로 내장되어 기존의 내연 기관 자동차보다 차체가 무겁고 가격도 비싸다는 단점이 있다. 또한, 구조가 복잡해서 차량 정비에 어려움이 가중되고 근본적으로 배기가스를 배출할 수밖에 없다는 한계가 있다. 하지만 동력 성능이 뛰어날 뿐만 아니라 연료 소비율이 낮아 배기가스도 적게 배출하여 환경오염을 줄일 수 있다는 장점이 있다. 이런 점에서 하이브리드 자동차는 무공해를 지향하는 전기 자동차나 수소 연료 전지 자동차가 사용화될 때까지 중요한 운송 수단이 될 것이다.

① 대상의 핵심을 유추의 방법으로 설명하고 있다.
② 대상의 개념을 설명하고 특성을 살펴보고 있다.
③ 잘 알려진 대상에 새로운 의미를 부여하고 있다.
④ 대상과 관련한 이론을 들어 미래를 내다보고 있다.
⑤ 대상의 변화 과정을 제시하고 이유를 분석하고 있다.

02 다음 글의 내용 전개 방법으로 가장 적절한 것은?

> 갓 만든 떡은 말랑말랑하고 쫀득쫀득하다. 그런데 이런 떡이 냉장고에 들어가면 딱딱하게 굳는다. 냉장고에 넣어 둔 떡이 딱딱해지는 까닭은 무엇일까? 그것은 떡이 지닌 수분과 관련이 있다. 떡의 주성분인 녹말은 온도가 낮은 곳에서 수분을 빼앗기면 분자들이 마치 사슬과 가지처럼 규칙적으로 배열되기 때문이다. 이러한 현상은 냉장실의 온도인 0~5℃ 정도에서 가장 빠르게 일어난다. 이것이 바로 냉장고에 넣은 떡이 맛없게 굳어 버리는 까닭이다.

① 시간의 순서   ② 공간의 이동
③ 대상의 나열   ④ 원인과 결과
⑤ 문제와 해결

고쳐 쓰기 수준	수정 내용
글 전체	① 불필요한 부분 삭제 ② 글의 제목 및 소제목 수정 ③ 중요한 내용의 위치 조정
문단	① 내용의 배열 및 순서 조정 ② 자료의 수정 및 보완 ③ 주제문의 첨가 ④ 연결어의 첨가
문장	① 긴 문장을 여러 문장으로 나누기 ② 문장 성분 간의 호응 조정 ③ 상투어나 의미 없는 단어의 삭제 ④ 접속어나 지시어 조정 ⑤ 피동문 사용의 적절성 확인
단어	단어의 수정

(1) 불필요한 부분 삭제

> 글의 내용은 하나의 주제로 긴밀하게 연결되어 있다. 따라서 주제에 어긋난 문장은 삭제해야 한다.
>
> ※ 글의 내용은 하나의 주제로 긴밀하게 연결되어 있는 특성을 '통일성'이라고 부른다.
>
> 예 사람들은 대개 수학 과목이 어렵다고 한다. 하지만 나는 수학 시간이 재미있다. 바로 수업을 재미있게 진행하시는 수학 선생님 덕분이다. 수학 선생님은 유머로 딱딱한 수학 시간을 웃음바다로 만들곤 한다. 졸리는 오후 시간에 뜬금없이 외국으로 수학여행을 가자고 하여 분위기를 부드럽게 만든 후 어려운 수학 문제를 쉽게 설명한 적도 있다. 그래서 우리 학교에서는 수학 선생님의 인기가 시들 줄 모른다. <u>그리고 수학 선생님의 아들이 수학을 굉장히 잘한다는 소문이 나 있다.</u> 내 수학 성적이 좋아진 것도 수학 선생님의 재미있는 수업 덕택이다.
>
> ※ 제시된 글은 '수학 선생님의 재미있는 수업'에 대한 것이다. 그런데 밑줄 친 부분은 '수업'과는 관련이 없는 내용이기 때문에 삭제해야 한다.

(2) 알맞은 접속 부사의 사용

> 문장과 문장, 문단과 문단의 연결을 긴밀하게 하기 위해서 '접속 부사'를 사용한다. 문맥에 알맞은 접속 부사를 사용해야 한다.

나열	역접	전환	인과
그리고, 또한	그러나, 하지만	그런데	따라서, 그러므로

(3) 이중 피동 표현과 불필요한 사동 표현

> ① 피동사에 다시 피동의 '-어지다'를 붙인 표현을 '이중 피동 표현'이라고 하는데, 이는 우리말 어법에 어긋난 표현이다.
>
> 예 그 편지는 나에게 잊혀진 지 오래다. → 잊힌
>
> ② 사동의 의미가 없는 경우에도 '하다' 자리에 사동 접미사 '-시키다'를 붙여 쓰는 경우가 있는데, 이는 우리말 어법에 어긋난 표현이다.
>
> 예 그는 김 교수에게 박 군을 소개시켰다. → 소개했다

(4) 알맞은 단어의 사용

> 형태는 비슷하지만, 그 뜻이나 쓰임이 분명히 다른 경우에는 구별하여 써야 한다.
> ① 든지, 던지

든지	던지
'선택'의 의미	'과거'의 의미
예 함께든지 혼자서든지 잘 놀면 되었지.	예 얼마나 춥던지 손이 곱아 펴지지 않았다.

> ② 고, 라고

고	라고
'간접 인용'격 조사	'직접 인용'격 조사
예 아직도 네가 잘했다고 생각하느냐?	예 주인이 "많이 드세요."라고 권한다.

> ③ (으)로서, (으)로써

(으)로서	(으)로써
'지위, 신분, 자격'의 의미	'재료, 원료, 수단, 도구'의 의미
예 그것은 교사로서 할 일이 아니다.	예 쌀로써 떡을 만든다.

(5) 띄어쓰기

> ① 단어끼리는 띄어 쓰고, 조사끼리는 붙여 쓴다.
> ② 조사나 접사는 앞말에 붙여 쓴다.

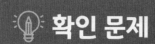
[1-5] 고쳐 쓰기 방안이 적절하면 ○, 적절하지 않으면 X 하시오.

01

> • 돌아오는 길에 병원에 들러 아이를 ㉠ <u>입원시켰다.</u>
> • 우리는 토론을 거쳐 다양한 사회적 갈등을 ㉡ <u>해소시킨다.</u>

(1) ㉠은 사동의 의미가 없기 때문에 '입원한다'로 고친다.　　　　　　　　[○ ×]

(2) ㉡은 사동의 의미가 없기 때문에 '해소한다'로 고친다.　　　　　　　　[○ ×]

02

> • 이 사건은 의협과 ㉠ <u>용기로서</u> 대처해야 한다.
> • 사업자는 절전형 기기 보급 제도가 에너지의 합리적이고 효율적인 이용을 증진하여 에너지 소비로 인한 환경 피해를 ㉡ <u>줄임으로써</u> 국민 경제의 건전한 발전과 국민 복지의 증진에 이바지한다는 것에 동의한다.

(1) ㉠은 '용기로써'로 고친다.　　　　　　　　　　　　　　　　　　　[○ ×]

(2) ㉡은 '줄임으로서'로 고친다　　　　　　　　　　　　　　　　　　[○ ×]

03

> 　산업 폐기물 처리장이 들어서게 될 지역 주민들도 그 시설의 필요성은 인정하고 있다. ㉠ <u>그리고</u> 그런 시설이 자기 고장에 들어서는 것을 받아들이려는 사람은 많지 않다. ㉡ <u>그 필요성은 인정하지만, 내 고장에는 안 된다는 것이다.</u> 이러한 태도는 공공의 이익을 외면하는 지역 이기주의이다. 잊지 말아야 할 사실은 폐기물 처리장 건설을 뒤로 미루면 그로 인한 피해가 결국 우리 모두에게 돌아온다는 것이다. 나와 내 이웃이 공존할 수 있는 사회를 만들기 위해서는 지역 이기주의를 타파해야 한다.

(1) ㉠은 앞뒤 문장을 자연스럽게 연결하기 위해 '그러나'로 바꾼다.　　　　[○ ×]

(2) ㉡은 주제와 상관없는 내용이므로 문단의 통일성을 위해 삭제한다.　　　[○ ×]

04

자본주의 체제에서 모든 계층의 사람이 똑같이 많이 벌고 잘살기를 바랄 수는 없다. 어느 정도의 소득 격차는 경쟁을 유발하는 동기가 될 수 있다는 것을 부인할 수 없다. ㉠ 따라서 우리와 같은 양극화 현상의 심화 추세를 그대로 방치한 채 자연 치유되도록 기다릴 수만은 없다. 그동안 단편적인 대책이 나오기는 했으나 아랫돌 빼서 윗돌 괴듯 개선은 되지 않고 오히려 악화되어 가고 있음이 역력히 드러나고 있다.

과거의 실패를 거울삼아 저소득층 소득 향상을 통한 근본적인 빈부 격차 개선책을 제시하여 빈자에게 희망을 불어넣어야 한다. 그렇다고 고소득자와 대기업을 욕하거나 경원해서는 안 된다. 무엇보다 기업 투자와 내수 경기를 일으키는 일이 긴요하다. 그래야 일자리가 생기고 서민 소득도 늘어나게 된다. ㉡ 또한 자본의 원활한 흐름을 위해 고소득층의 해외 소비 활동도 촉진해야 한다. 그리고 세제 개혁을 통한 재분배 정책을 추진할 필요가 있다. 세제만큼 유효한 재분배 정책 수단도 없다. 동시에 장기적인 관점에서 각 부문의 양극화 개선을 위해 경제 체질과 구조 개선을 서두르지 않으면 안 된다.

(1) ㉠은 문맥에 맞도록 '그러나'로 수정한다.　　　　　　　　　　　　[○　×]

(2) ㉡은 문단의 통일성에 어긋나므로 삭제한다.　　　　　　　　　　　[○　×]

05

㉠ 김 씨는 "사람들이 매우 흥분해서 상황이 좋지 않았다."고 말했다.
㉡ 내가 어렸을 때만 하더라도 미국의 어린이들은 원래 북아메리카에는 <u>100만 명가량</u>의 인디언밖에 없었다고 배웠다.

(1) ㉠은 조사의 쓰임이 바른 문장이다.　　　　　　　　　　　　　　[○　×]

(2) '-가량'은 접미사이므로 ㉡의 밑줄 친 부분의 띄어쓰기는 바르다.　[○　×]

기출 문제

01 다음 중 밑줄 친 부분이 적절하게 쓰인 것은?

① 그들은 <u>술에</u> 많이 취해서 넘어졌다.

② 얼마나 <u>울었든지</u> 그의 눈이 퉁퉁 부었다.

③ 거머리 <u>침샘으로부터</u> 항생제를 뽑아낸다.

④ 모두 자신의 주장만이 <u>옳다라고</u> 우기고 있다.

⑤ <u>여당으로서는</u> 지금까지 아무런 언급이 없었다.

02 다음은 유○○ 씨가 소비자 체험기 초안을 작성한 것이다. 밑줄 친 어휘를 수정한 것으로 적절하지 않은 것은?

> 스마트폰에서 사용하는 다양한 <u>어플리케이션</u>(이하 앱)도 급속도로 개발, 보급됐다. 유료로 구매해 사용하는 앱도 있고, 무료로 받은 후 프리미엄 서비스를 이용하려면 유료 서비스를 추가로 구매하는 등 다양한 형태로 수익을 내는 앱도 있다.
>
> 앱은 일단 개발을 하고 소비자들이 구매할 수 있는 온라인 <u>마켓</u>에 등록을 하면 전 세계인 누구나 접속하므로 큰 수익을 올릴 수 있다. 다시 말해 소비자의 마음을 얻은 앱은 그만큼 전 세계인의 스마트폰에 깔릴 수 있고 이 앱에 광고를 넣으면 효과는 어마어마하다. 앱 특성상 수익 구조를 다양하게 개발하던 개발자들은 좋은 앱으로 사람을 모으고, 이들에게 광고를 <u>노출하여</u> 이익을 얻는 식의 새로운 수익 구조를 발전시키기 시작했다.
>
> 소비자는 이런 형식의 앱을 이용하면 무료로 좋은 <u>컨텐츠</u>를 이용하고 그 대가로 약간의 광고만 보거나 그냥 지나쳐도 되니까 합리적인 이용법으로 생각한다.
>
> 하지만 요즘 앱을 보면 광고가 지나치게 많아 이용에 방해가 된다. 지나친 팝업 광고는 인터넷 신문기사에도 많이 찾아볼 수 있다. 자극적인 기사 제목으로 소비자를 모으고 그렇게 <u>모여진</u> 소비자들을 대상으로 광고를 노출하여 이익을 얻는 구조다.

① 어플리케이션 → 애플리케이션

② 마켓 → 시장

③ 노출하여 → 노출시켜

④ 컨텐츠 → 콘텐츠

⑤ 모여진 → 모인

03 다음 글을 고쳐 쓴 것으로 적절하지 않은 것은?

> 국제금융센터는 '2017년 세계 경제 및 국제금융시장 동향 설명회'에서 "고립주의 강화로 선진국을 중심으로 성장 ㉠<u>모멘텀이 약화할 전망</u>"㉡<u>이라고</u> 내년 세계 경제를 내다봤다. ㉢<u>지역 별로는</u> 미국은 확장적 재정정책의 한계, 시장 기대보다 가파른 정책금리 인상 등이 경기 하방 요인으로 작용할 수 있다고 보고 내년 성장률이 2% 밑돌 가능성을 제기했다. 또 유로존은 내년에 브렉시트 문제 등으로 인해 1.2% 성장에 그치고, 일본은 재정지출 확대에도 0.8% 수준 저성장을 지속할 것으로 ㉣<u>예상됐다.</u> ㉤<u>그리고</u> 인도는 내년까지 7.6%의 고성장을 이어가고, 브라질과 러시아는 경기침체에서 벗어나 4.6% 성장할 것으로 보았다.

① ㉠은 '동력'으로 순화하여 고쳐 쓴다.

② ㉡은 변화의 방향을 나타내는 격조사인 '으로'로 고쳐 쓴다.

③ ㉢의 '별'은 '그것에 따른'의 뜻을 더하는 접미사이므로 '지역별로는'으로 고쳐 쓴다.

④ ㉣은 불필요한 피동 표현이므로 '예상했다'로 고쳐 쓴다.

⑤ ㉤은 예외적인 사항이나 조건을 덧붙일 때 쓰는 '다만'으로 고쳐 쓴다.

04 다음 ㉠~㉥에 대한 설명으로 적절한 것은?

> ㉠ <u>호주 크리켓 경기장의 지나치게 엄격한 복장 규정이 기자들의 반발로 논란에 휩싸였다.</u>
> ㉡ <u>호주 인터넷 포털 사이트 '야후7'은 15일 '호주 퍼스의 웨스턴 오스트레일리아 크리켓협회(WACA)의 복장 규정에 대해 일부 여성 기자들이 반발했다.'라고 보도했다.</u>
> 지난주 호주 퍼스의 WACA 그라운드에서 열린 호주와 남아프리카공화국의 경기 취재에 나선 ESPN의 멜린다 패럴 기자는 이날 '의상이 복장 규정에 맞지 않는다.'는 지적을 여러 차례 받았다고 주장했다. (㉢)
> 패럴 기자는 자신의 트위터에 'WACA는 시대 흐름을 따라가야 한다.'고 비판했다. 그는 '1960년대에나 만들어졌을 법한 복장 규정을 고수한 결과 관중석이 텅 비어있는 것을 알지 못하는 모양'이라며 '협회 관계자가 경기장을 찾은 한 임신부에게도 치마가 너무 짧다고 ㉣ <u>지적하는 바람에</u> 결국 그 여성은 허리띠를 풀어 치마를 아래로 내려 입어야 했다.'라고 밝혔다.
> 영국과 영연방 국가에서 인기가 많은 크리켓은 '신사의 스포츠'라고 해서 관중이나 크리켓 클럽 회원들의 복장 규칙을 정한 경우가 많다. 여성의 경우 어깨를 완전히 드러낸 옷이나 레깅스, 슬리퍼 등의 착용을 금지하고 남성도 깃이 없는 셔츠, 하와이 스타일이나 운동용 반바지 등을 입지 못하게 하는 식이다.
> (㉤) WACA의 복장 규정은 그중에서도 지나치게 엄격하고 특히 여성에 대한 복장 규제를 심하게 한다는 지적이 나온 것이다. ㉥ <u>WACA의 크리스티나 매슈스 대표는 이번 논란에 대해 '복장 규정을 재점검하는 계기로 삼겠다.'며 주위 비판을 수용하겠다는 뜻을 밝혔다.</u>
> ㉦ <u>WACA의 복장 규정에 여성의 경우 '치마가 무릎 위 8.5㎝ 이상 올라가서는 안 되고, 어깨끈의 넓이는 5㎝ 이상이어야 한다.'라고 되어 있다는 것이다.</u>

① ㉠과 ㉡의 밑줄 친 문장의 위치를 서로 바꾼다.

② ㉢의 위치로 ㉦의 밑줄 친 문장을 이동한다.

③ ㉣을 '지적한 덕에'로 고쳐 쓴다.

④ ㉤의 자리에 '그러므로'라는 접속어를 넣는다.

⑤ ㉥의 밑줄 친 문장은 문단의 통일성을 해치므로 삭제한다.

PART 1
실용글쓰기 준비

02 글쓰기 실제

검정 과목	평가 영역	
	대영역	**중영역**
글쓰기 실제	직무 글쓰기	1. 문서 이해
		2. 공문서
		3. 입사 문서
		4. 기안서, 품의서, 제안서
		5. 보고서, 기획서
		6. 프레젠테이션
		7. 홍보·광고
		8. 기사문, 보도문
		9. 거래 문서, 계약서
	공학·기술 글쓰기	10. 특허 명세서

02-1 직무 글쓰기

1 문서 이해

(1) 개념과 기능

	협의	광의
개념	문자 또는 이에 대신할 수 있는 일정한 부호를 사용하여 사람의 생각이나 사물의 상태나 관계 등을 글로 쓴 것	협의의 문서 외에 그림, 지도, 사진, 컴퓨터 디지털 파일 등
기능	① 의사의 기록화·구체화 ② 의사의 전달 ③ 의사의 보존 ④ 행정 활동 지원(자료로 제공) ⑤ 업무 연결 및 조정	

(2) 종류

기준	종류
작성 주체	① 공문서: 행정기관의 공무상 문서 ② 사문서: 사적인 목적의 문서
수신 대상	① 대내문서 예 품의서, 보고서 ② 대외문서 예 안내장, 통지서, 주문서
내용	① 공개문서 ② 비밀문서 ③ 일반문서: 일반 사무처리 문서 예 통보 ④ 특별문서: 특별한 용도의 문서 예 감사장

(3) 작성의 원칙

작성 전	① 전달하고자 하는 내용은 완전히 알고 있어야 한다. ② 전달하고자 하는 목표를 명확히 해야 한다. ③ 효과적인 형식이 무엇인지 생각해야 한다. ④ 대상에 대한 이해와 분석을 해야 한다.
작성 중	① 문장은 긍정문 형식으로 쓴다. ② 육하원칙을 지키며 용어를 정확히 사용한다. ③ 결론을 먼저 쓰고(두괄식) 이유와 설명을 덧붙인다. ④ 반드시 필요한 경우가 아니면 한자 사용을 자제한다.

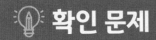
[1-5] 다음 설명이 바르면 ○, 바르지 않으면 X 하시오.

01   멀티미디어 매체는 문서로 포함하지 않는다.   [○ ×]

02   문서는 작성 주체에 따라 '공문서'와 '사문서'로 분류된다.   [○ ×]

03   문서는 수신 대상에 따라 '공개문서'와 '비밀문서'로 분류된다.   [○ ×]

04   문서를 작성할 때는 두괄식으로 쓴다.   [○ ×]

05   문서를 작성할 때는 글의 이해를 돕기 위해 한자를 적극 사용해야 한다.   [○ ×]

(1) 개념과 특징

개념	행정 기관 내부 또는 공공기관 상호 간에 공무상 대외적으로 작성 또는 시행하는 문서 및 행정기관이 접수한 모든 문서 ※ 특별한 규정이 없는 한, 수신자에게 도달함으로써 효력이 발생한다.
특징	① 공문서의 성립 요건 　㉠ 행정기관의 적법한 권한 범위 내에서 작성되어야 한다. 　㉡ 위법·부당하거나 시행 불가능한 내용이 아니어야 한다. 　㉢ 법령에 규정된 절차 및 형식을 갖추어야 한다. ② 공문서 작성의 일반 원칙 　㉠ 전자적 처리 　㉡ 두괄식 구성과 간결한 문장 　㉢ 명확한 표현 　㉣ 알기 쉬운 표현 　㉤ 상대방을 존중하는 표현

(2) 분류

법규문서	주로 법규사항을 규정하는 문서 예 헌법, 법률, 대통령령, 총리령, 부령, 조례, 규칙 등에 관한 문서		
지시문서	훈령, 지시, 예규, 일일명령 등 행정기관이 그 하급기관이나 소속 공무원에 대해 일정한 사항을 지시하는 문서		
	훈령	상급 기관이 하급 기관에 대해 장기간에 걸쳐 그 권한의 행사를 일반적으로 지시하기 위하여 발하는 명령	
	지시	상급 기관이 직권 또는 하급 기관의 문의에 의하여 하급 기관에 구체적·개별적으로 발하는 명령	
	예규	행정업무의 통일을 기하기 위해 반복적인 행정업무의 처리 기준을 제시하는 문서로서 법규문서를 제외한 문서	
	일일명령	당직, 출장, 시간외 근무, 휴가 등 일일업무에 관한 명령	
공고문서	고시, 공고 등 행정기관이 일정한 사항을 일반인에게 알리기 위해 작성하는 문서		
	고시	법령이 정하는 바에 따라 일정한 사항을 일반에게 알리는 문서 → 고시된 사항은 개정이나 폐지가 없는 한 효력이 계속된다.	
	공고	효력이 단기적인 것으로 입찰 공고 등	
비치 문서	행정기관이 일정한 사항을 기록하여 행정기관 내부에 비치하면서 업무에 활용하는 대장, 카드 등의 문서		
민원 문서	민원인이 행정기관에 허가, 인가, 그 밖의 처분 등 특정한 행위를 요구하는 문서와 그에 대한 처리 문서		

(3) 구성 ★

두문	행정기관명	① 문서를 기안한 행정기관의 명칭을 표시한다. ② 다른 행정기관과 명칭이 동일한 경우에는 바로 위 상급기관 명칭을 함께 표시한다. 　예 동구 → 인천광역시 동구 ③ 문서 발신 행정기관명을 정중앙에 기재한다.
	수신	① 수신자가 없는 내부 결재 문서는 '내부결재'로 표시한다. ② 수신자가 많은 경우 '수신자 참조'라고 쓰고, 결문에 수신자란을 따로 설치하여 수신자명을 표시한다.
	(경유)	① 경유 기관(수신 기관의 열람 전 미리 열람하는 기관)이 없는 경우 빈칸으로 제시한다. ② 경유 기관이 둘 이상인 경우에는 1차, 2차 경유 기관을 표시한다.
본문	제목	문서의 내용을 명료하게 알 수 있도록 기재한다.
	내용	구어체와 경어체를 원칙으로 내용을 쉽게 파악할 수 있도록 작성한다.
	붙임	첨부물이 있을 경우 본문 밑줄에 작성한다. ※ 문서의 '끝' 표시 방법
결문		발신할 필요가 없는 내부 결재 문서는 발신 명의를 표시하지 않는다.

※ 문서의 '끝' 표시 방법

글자로 끝나는 경우	본문 내용의 마지막 글자에서 한 글자(2타) 띄우고 '끝' 표시를 한다. 예 붙임vv○○○계획서 1부.vv끝.
표로 끝나는 경우	표 아래 왼쪽 기본선에서 한 글자 띄우고 '끝' 표시를 한다.

(4) 규격과 표기

규격	① 용지의 크기: A4(210㎜×297㎜) ② 여백
표기	① 어문규범에 맞게 한글로 작성한다. ※ 필요한 경우에는 괄호 안에 한자나 그 밖의 외국어를 함께 적을 수 있다. ② 문서에 쓰는 숫자는 아라비아 숫자로 쓴다.

여백

위쪽	아래쪽	왼쪽	오른쪽
30㎜	15㎜	20㎜	15㎜

날짜	㉠ 연·월·일의 글자는 생략한다. ㉡ 연·월·일 자리에 마침표를 찍어 표시한다. 　예 2018. 9. 14.(월)~10. 9.(금)
시·분	㉠ 24시각제에 따라 표기한다. ㉡ 시·분의 글자는 생략한다. ㉢ 시·분 사이에는 쌍점을 찍어 구분한다. 　예 2018. 11. 16. 14:00~17:30
금액	아리바이 숫자로 쓰되, 숫자 다음에 괄호를 하고 한글로 기재한다. 　예 금123,456원(금일십이만삼천사백오십육원)

③ 일반화되지 않은 약어와 전문 용어 등의 사용은 피한다.

④ 특별한 사유가 없으면 가로로 쓴다.

⑤ 기안 문서를 왼쪽 처음부터 띄어쓰기 없이 바로 시작한다.(2017년 11월 1일부터)

   ㉠ 둘째 항목부터는 상위 항목 위치에서 오른쪽으로 2타씩 옮겨 시작한다.

   ㉡ 항목이 한줄 이상인 경우에는 항목 내용의 첫 글자에 맞추어 정렬한다.

   ㉢ 항목기호와 그 항목의 내용 사이에는 1타를 띄운다.

   ㉣ 하나의 항목만 있는 경우에는 항목기호를 부여하지 아니한다.

수신vv행정안전부장관

(경유)

제목vv○○○○○○

1.v첫째 항목

vv가.v둘째 항목

vvvv1)v셋째 항목

vvvvvv가)v넷째 항목

vvvvvvvv(1)v다섯째 항목

vvvvvvvvvv(가)v여섯째 항목

확인 문제

[1-5] 다음 설명이 바르면 ○, 바르지 않으면 X 하시오.

01   공문서는 두괄식으로 문장을 서술하도록 한다.   [○ ×]

02   공문서의 제목은 내용을 알 수 있도록 자세하고 길게 기재한다.   [○ ×]

03   공문서가 '표'로 끝나는 경우 왼쪽 기본선에서 두 글자 띄우고 '끝' 표시를 한다.   [○ ×]

04   공문서에 쓰는 숫자는 아라비아 숫자로 쓴다.   [○ ×]

05   공문서에 일상용어뿐만 아니라 전문 용어도 즐겨 사용한다.   [○ ×]

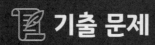

01 공문서의 구성 중 '두문'에 해당하는 항목과 거리가 먼 것은?

① 제목　　　② 수신자　　　③ 경유의 표시　　　④ 행정기관명　　　⑤ 로고 및 상징 표시

02 다음 중 신입사원에게 배포할 공문서 작성법으로 적절하지 않은 것은?

① 전달력이 높은 공적인 언어를 씁니다.

② 경어체 '-합니다.', '-입니다.', '-습니다.'를 씁니다.

③ 문학적 표현보다는 논리적 표현과 공적인 용어 위주로 씁니다.

④ 일상용어보다 정확한 의미전달을 위해 어려운 한자어를 주로 씁니다.

⑤ 실용문에 적합한 용어로 핵심을 전달하는 구체적 실사 위주의 문장을 씁니다.

[3-4] 물음에 답하시오.

> 수신　농림축산식품부장관(농촌정책국장)
>
> 제목　요구 자료 제출
>
> 　1. 관련: 농림축산식품부 농촌정책국-173(2017. 1. 14.)
> 　2. 위 호와 관련하여 축산업 진흥을 위한 예산 자료를 붙 임과 같이 제출하고자 합니다.
>
> 붙임　축산업 진흥을 위한 예산 자료　끝

03 위 문서에 대한 설명으로 가장 적절한 것은?

① 외부로부터 받은 문서를 접수 담당 부서에서 절차를 거쳐 접수한 문서이다.

② 배포 문서 중 별도의 처리 절차가 필요하지 않고 단순히 상급자에게 보고 또는 열람에 붙인 문서이다.

③ 민원인이 행정 기관에 대해 허가, 인가, 기타 처분 등 특정 행위를 요구하는 문서 및 그에 대한 처리 문서 이다.

④ 사무관리 규정에서 정하고 있는 행정기관 또는 공공기관 상호 간에 대외적으로 공무상 작성하거나 시행하 는 문서이다.

⑤ 행정기관 또는 기업체 등에서 내부적으로 업무 계획을 수립하거나 처리 방침을 보고 또는 검토하기 위하 여 결재를 받는 문서이다.

04 위 문서의 결재자가 문서 결재 시스템에 쓴 수정 의견으로 가장 적절하지 않은 것은?

① 일반적으로 본문 내용과 '붙임' 사이는 한 줄을 띄어야 한다.

② 붙임 자료 '~ 위한 예산 자료' 다음과 '끝' 자 다음에는 마침표(.)를 찍어야 한다.

③ 제목은 간결하되 분명한 의사가 전달되어야 하므로 제목에 누가 요구한 자료인지 밝혀야 한다.

④ '제출하고자 합니다.'는 내부결재 시 사용하는 용어이므로 '제출하려고 합니다.'로 수정해야 한다.

⑤ 본문의 '1. 2.' 항목은 한 단락으로 쓸 수 있으므로 '농림축산식품부 농촌정책국-173(2017. 1. 14.)호와 관 련하여 축산업 진흥을 위한 예산 자료를 ~'로 수정해야 한다.

(1) 입사 문서의 구분

	채용 공고문	입사 지원서
개념	회사에 필요한 인재를 모집하기 위해 작성한 문서	입사 지원자의 경력 및 적성 등을 파악하기 위한 기본 문서
작성 원칙	① 명확한 응시 자격 기준 ② 지원자의 필요 서류 ③ 채용과 상관없는 내용 제외	① 학력, 경력, 자격을 사실대로 기술 ② 자격, 어학, 수상 경력 기재 ③ 사실 증명

(2) NCS 입사 문서 ★

개념	① 국가직무능력표준(NCS, National Competency Standards) ② 산업 현장에서 직무를 수행하기 위하여 요구되는 지식·기술·소양 등의 내용을 국가가 체계화한 것
특징	① 기존의 일반적인 자기소개서에 비해 경험과 경력 중심의 항목으로 구성된다. ※ '경험'과 달리 '경력'은 실제 급여를 받고 일한 일이다. * 직무 능력 기술서

	경험 기술서	경력 기술서
내용	구체적으로 본인이 수행한 활동 내용	구체적인 직무 영역
활동	소속 조직이나 활동에서의 역할	활동, 경력, 수행 내용
결과	활동 결과	본인의 역할과 구체적 행동, 주요 성과
범위	직무와 특별히 관계없는 일	직무와 관계있는 일
소재	돈을 벌지 못했지만 다양한 경험	돈을 벌었던 이력

② 해당 기관의 직무수행에 꼭 필요한 사항만을 기재하게 되어 있어서 불필요한 스펙을 쓸 필요가 없다.
※ 일대기적 구성×

(3) 자기소개서 작성 과정과 작성 방법

작성 과정	① 기관이나 기업에 대한 정보 수집(이념, 목적, 연혁, 인재상 등) ② 해당 기업, 기관의 자기소개서 양식 확인 ③ 자기소개서의 구성 항목 확인 ④ 주제 정하기 ⑤ 내용 구상과 정리(두괄식 구성) ⑥ 초고 작성과 글다듬기
작성 방법	① 자신을 성장하게 한 중요한 사건을 중심으로 자신에 관한 정보를 충실히 전달한다. ② 구체적인 경험을 중심으로 진실 되게 작성한다. ③ 장점만을 강조하기보다는 약점이나 역경을 극복한 내용도 함께 서술한다. ④ 자신의 성격, 가치관, 신념 등이 잘 드러나도록 서술한다. ⑤ 자신이 기관(기업체)에서 필요한 인재임을 강조하면서 자신을 다른 지원자들과 차별화하는 전략이 필요하다.

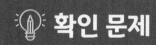
[1-3] 다음 설명이 바르면 ○, 바르지 않으면 X 하시오.

01 입사지원서에는 지원하는 분야와 관련된 수상 경력은 최대한 간단하게 적는다.   [○   ×]

02 자기소개서에는 약간의 허구보다는 최대한 솔직하게 작성한다.   [○   ×]

03 주제에 맞추어 통일되게 작성하여 어긋난 내용을 작성하지 않도록 한다.   [○   ×]

04 다음 글의 ㉠에 들어갈 입사 문서의 종류로 가장 적절한 것은?

<table>
<tr><td colspan="3" align="center">(㉠) 작성 방법</td></tr>
<tr><td></td><td align="center">경험 기술서</td><td align="center">경력 기술서</td></tr>
<tr><td>내용</td><td>구체적으로 본인이 수행한 활동 내용</td><td>구체적인 직무 영역</td></tr>
<tr><td>활동</td><td>소속 조직이나 활동에서의 역할</td><td>활동, 경력, 수행 내용</td></tr>
<tr><td>결과</td><td>활동 결과</td><td>본인의 역할과 구체적 행동, 주요 성과</td></tr>
<tr><td>범위</td><td>직무와 특별히 관계없는 일</td><td>직무와 관계있는 일</td></tr>
<tr><td>소재</td><td>돈을 벌지 못했지만 다양한 경험</td><td>돈을 벌었던 이력</td></tr>
</table>

① 경력 증명서   ② 졸업 증명서
③ 채용 공고문   ④ 직무 능력 기술서
⑤ 직무 중심 자기 소개서

05 다음 중 자기소개서 작성 과정의 순서로 옳은 것은?

> ㉠ 주제 정하기
> ㉡ 기관이나 기업에 대한 정보 수집
> ㉢ 해당 기업, 기관의 자기소개서 양식 확인
> ㉣ 자기소개서의 구성 항목 확인
> ㉤ 초고 작성, 글다듬기
> ㉥ 내용 구상과 정리

① ㉠-㉡-㉤-㉣-㉢-㉥   ② ㉡-㉢-㉣-㉠-㉥-㉤
③ ㉣-㉠-㉢-㉤-㉥-㉡   ④ ㉡-㉠-㉣-㉥-㉢-㉤
⑤ ㉠-㉡-㉤-㉣-㉥-㉢

기출 문제

01 다음은 NCS 기반 능력 중심 채용 입사지원서 일부이다. 이를 작성한 홍○○ 사원에게 해 줄 조언으로 적절하지 않은 것은?

---

4. 경력 혹은 경험 사항(지원하는 직무와 연관성이 있는 경력 혹은 경험 사항)

4-1) 경력

근무기관	기관명	직위/역할	담당 업무

기업조직에 소속되어 (경영기획) 관련 업무를 수행한 경험이 있습니까?	예 ( ) 아니오( )
기업조직에 소속되어 (경영평가) 관련 업무를 수행한 경험이 있습니까?	예 ( ) 아니오( )
기업조직에 소속되어 (사무 행정) 관련 업무를 수행한 경험이 있습니까?	예 ( ) 아니오( )
기업조직에 소속되어 (지원기관의 직무) 관련 업무를 수행한 경험이 있습니까?	예 ( ) 아니오( )

*그 외의 경력사항은 아래에 기재해 주십시오.

근무기관	기관명	직위/역할	담당 업무

*자세한 경력사항은 경력 및 경험 기술서에 작성해 주시기 바랍니다.

4-2) 경험

(경험기획 업무) 관련 교육과정 내 수행평가, 과제수행 경험 및 기타 활동경험이 있습니까?	예 ( ) 아니오( )
(경험평가 업무) 관련 교육과정 내 수행평가, 과제수행 경험 및 기타 활동경험이 있습니까?	예 ( ) 아니오( )
(사무 행정 업무) 관련 교육과정 내 수행평가, 과제수행 경험 및 기타 활동경험이 있습니까?	예 ( ) 아니오( )
(지원기관의 직무) 관련 교육과정 내 수행평가, 과제수행 경험 및 기타 활동경험이 있습니까?	예 ( ) 아니오( )

*'예'라고 응답한 항목에 해당하는 내용을 아래에 기재해 주십시오.

교육과정 내 수행평가 과제수행 경험 등		기타 활동 경험	
수행평가 내용	과제 내용	소속 조직	주요 역할

*자세한 사항은 경력 및 경험 기술서에 작성해 주시기 바랍니다.

---

① 경력은 금전적 보수를 받고 일정 기간 일했던 이력을 의미해.

② 경험은 직업 외적인(금전적 보수를 받지 않고 수행한) 활동을 의미해.

③ 경험사항에는 팀 프로젝트, 연구회, 동아리/동호회 온라인 커뮤니티, 재능 기부 활동 등이 포함될 수 있어.

④ 경력직에 응시한 것이 아니더라도 경력사항에서 유사 직무 경험은 인정하지 않으므로 반드시 직무와 직접 1:1로 관련 있는 경력을 써야 해.

⑤ 경험사항은 장기간 활동한 경험이 직무 적합성이나 지원 동기를 증명하는 데 유리하므로 될 수 있으면 활동 기간이 긴 것을 기록하는 것이 좋아.

[2-4] 다음 문서를 읽고 물음에 답하시오.

NCS 기반 채용 직무기술서(국내복귀기업지원)				
채용 구분	경력직(정규직)	분류체계	채용분야	02. 경영·회계·사무
			세부 모집분야	01. 기획·사무
개요	■ (㉠)의 국내 복귀 지원을 위한 제반 업무를 수행한다.			
세부 직무	■ (㉠)의 국내 복귀 기업 선정 심사 및 사후관리 ■ 기업 자문 및 컨설팅 업무 수행			
업무 내용	■ 분야별 주요 이슈 심층 분석 및 조사 ■ (㉠)의 국내 복귀 전략 수립 등의 업무를 공통으로 수행하되, 세부 직무별 산업·기능의 특화된 업무에 집중			
직무 요건	■ 지식 및 기술 − 법률, 경영, 경제, 재무·회계 관련 지식 및 기술 − 지원 분야별 세부직무에서 명시한 분야 관련 지식 및 기술 − (㉡) ■ 직무 수행 태도 − 시장 환경, 고객, 경쟁자 동향 등을 종합적으로 고려하는 전략적 사고 − 사업계획의 실행 가능성 및 타당성을 확인하려는 자세 − 긍정적이고 미래지향적인 자세			
직무 관련 경력, 경험	■ 회계사 자격증 소유자 또는 해당 분야에서의 연구·조사, 전략 수립 등 업무 수행 참여 경력			

02 윗글의 ㉠에 공통으로 들어갈 말을 가장 적절하게 쓴 것은?

① 강소 기업　　　　　　② 국외 진출 기업　　　　　　③ 자사 컨설팅 직무

④ 국외 마케팅 업무　　　⑤ 현지 프랜차이즈 건설

03 윗글의 ㉡에 더 써넣을 내용을 가장 적절하게 쓴 것은?

① 지식재산권, 법률 관련 지식 및 기술　　　② 인수·합병 분야에 대한 기본 지식 및 기술

③ 국외 진출 현지화 전략 수립 및 실행 경험　　④ 해당 분야에서의 국외마케팅 실무 업무 경력

⑤ 조사방법론, 통계분석 등에 대한 기본 지식 및 기술

04 위와 같은 채용공고문에 따른 입사지원서의 특성으로 적절하지 않은 것은?

① 직무기반 입사지원서: 해당 직무를 성공적으로 수행할 가능성이 높은 지원자를 선별하기 위한 것으로 해당 기업, 기관의 모집 분야별 직무수행에 필요한 내용을 기재할 수 있도록 구성되어 있다.

② 인적사항: 개별 지원자를 식별하고 관리하기 위한 성명, 생년월일, 연락처 등 최소한의 정보로만 구성되어 있다.

③ 교육사항: 직무 수행에 필요한 지식, 기술, 태도를 갖추고 있는가를 평가하기 위한 항목으로 크게 학교 교육과 직업교육으로 구성되어 직무에 대한 지원자의 관심과 노력을 판단하는 척도로 활용된다.

④ 자격사항: NCS 세부 분류별로 제시된 자격현황을 참고하여 지원자가 직무수행에 필요한 기술을 가졌는지 판단할 수 있도록, 취득한 자격은 모두 기록하도록 한다.

⑤ 경력 사항 및 직무 관련 활동: 지원자가 직무와 관련된 일이나 경험 여부를 평가하기 위한 항목으로 경력기술서, 경험기술서, 자기소개서에 구체적으로 작성하도록 하여 면접 시 참고자료로 활용한다.

4 기안서, 품의서, 제안서

(1) 기안서

개념	어떤 사실이나 문제를 해결하기 위한 방안을 문서로 작성하여 결재권자에게 의사 결정을 요청하는 문서 * 기안: 의사 결정을 위한 문서를 작성하여 결재를 올리는 것	
특징	신속성	① 짧고 명료한 문장으로 핵심 사항만을 요약한다. ② 결론을 먼저 제시한다.
	정확성	① 육하원칙에 따라 적는다. ② 애매한 표현이나 지나친 수식어는 피한다.
	용이성	① 알기 쉬운 용어를 쓴다. ② 필요한 경우 괄호를 사용하여 해설을 덧붙인다.
작성 동기	① 상급자가 지시한 사항의 처리하기 위한 경우 ② 자신이 맡은 업무를 진행하거나 그와 관련된 특정 안건을 제안하는 경우 ③ 각종 규정, 업무 지침 등에 근거하여 기안이 필요한 경우 ④ 접수한 문서를 처리하기 위한 경우	
유의 사항	① 육하원칙에 따라 작성한다. ② 이해하기 쉬운 용어로 쓰고, 전문 용어나 애매한 어휘를 피해야 한다. ③ 주로 능동문으로 써야 한다. ④ 결론을 앞서 제시해야 한다.	

(2) 품의서

개념	특정 사안에 대해 결재권자의 승인을 요청하는 문서 ① 대부분 비용과 관련된 사안(공사 집행, 수선, 물품 매입, 수리, 제조, 보조금 및 출연금 교부)에 결재를 받기 위해 작성한다. 따라서 구매 물품(대상), 수량, 비용, 구입 계획 등의 내용을 구체적으로 기술한다. ② 인력 채용, 업무 제휴, 진급 상신, 기존 업무의 확대 또는 추가 등의 사안에 대해 의사 결정권자 또는 상급자의 동의를 구하기 위해 작성한다.	
종류	구매 품의서	필요한 물품을 구입하기 위해 품명, 규격, 수량, 단가, 금액 등을 기재하여 상급자에게 결재를 구하는 문서
	제안 품의서	기존 업무에 대한 개선책, 새로운 사업과 업무를 제안하는 문서 ※ 제안 내용에 관한 자료를 첨부하는 것이 좋다.
	행사 품의서	행사의 전 과정을 일목요연하게 보여주어 상급자에게 결재를 구하는 문서
	채용 품의서	직원 채용에 관한 상급자의 의사 결정을 요청하기 위해 제출하는 문서 ※ 담당자의 신분을 분명하게 기재해야 한다.
작성 동기	① 업무를 진행하기 위한 결재 서류 작성 ② 접수한 문서를 처리하기 위한 경우 ③ 상급자의 지시사항을 처리하기 위한 경우 ④ 법령이나 각종 규정 등의 근거에 의해 필요한 경우	

유의 사항	① 집행의 내용이 예산 편성의 목적과 부합하는지 여부 ② 집행예정금액은 예상액의 범위 이내인지 또한 예산배정 여부 ③ 집행예정금액이 법령·지침 등에서 정한 기준액과 부합되는지 여부 ④ 자금의 지급(교부)처는 정당한지 여부

(3) 제안서

개념	사내 제안서	회사에 관한 아이디어나 개선점 등을 상사에게 제시하는 문서 ※ 회사마다 서식이 정해진 경우도 있지만, 일반적으로는 형식이 정해져 있지 않은 경우가 많다.
	사외 제안서	① 고객사의 사업(제품 또는 서비스 제공) 의뢰(제안 청구서, 발주)에 관하여, 사업을 실행할 위치에 있는 회사가 어떤 방법으로 사업을 실행할 것인지를 밝히는 문서 ② 상대 회사의 요청서를 근거로 제품 또는 서비스를 제공할 회사의 사업 수행 능력, 사업 수행 방법, 비용 등과 같은 내용을 정리한 문서
종류	제휴제안서	기업과 기업 간 일정한 역할을 정하고 그 이익을 공평하게 나누고자 할 때 작성되는 문서
	영업제안서	기업이 보유하지 못한 제품 및 서비스 일체를 일목요연하게 구성하여 설명을 할 경우 작성되는 문서
	용역제안서	기업의 핵심역량을 제외한 나머지 부분을 아웃소싱의 형태로 진행할 경우에 작성되는 문서
	투자제안서	기업의 핵심기술 및 서비스를 통해 발전 가능성을 제시하고 여기에 필요한 제반사항에 대해 지원을 요청할 경우에 작성하는 문서
	개발제안서	업무 의뢰인으로부터 개발 제안요청서를 받아서 진행할 때나 정식 개발 제안요청서 없이 구두에 의해서 제안서를 제시할 때 작성되는 문서
	컨설팅제안서	기업이 안고 있는 제 문제점을 면담이나 서류를 통해서 인지함과 동시에, 해당 기업의 문제점 해결을 위해 제시할 때 작성되는 문서
	입점제안서	오프라인 형태 및 온라인 형태의 사업 참여시 작성되는 문서

(4) 기안서, 품의서, 제안서의 차이점

구분	개념	의사결정	문서 번호	문서 형식
기안서	업무 계획 및 실행에 대한 의사결정을 요청하는 문서	결재	있음	정형화
품의서	업무 특정 사안에 대한 결재권자의 승인을 요청하는 문서	결재	있음	정형화
사내 제안서	회사의 새로운 아이디어를 상사에게 제시하는 문서	참조	없음	비정형과

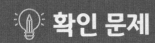
[1-5] 다음 설명이 바르면 ○, 바르지 않으면 X 하시오.

01 기안서는 특정 안건에 대해 구체적인 의견이나 결재를 받기 위한 문서이다.   [○ ×]

02 기안서를 작성할 때는 되도록 구체적인 설명이나 정보, 해석 등을 추가한다.   [○ ×]

03 품의서는 비용과 관련된 사안에 결재를 받기 위해 작성한다.   [○ ×]

04 제안서는 제품을 제공하는 기업이 의뢰한 기업으로부터 제안 받은 사업을 어떻게 수행할 것인지에 대해 정리한 자료
    이다.   [○ ×]

05 새로운 아이디어나 개선 점 등을 상사에게 제시하는 문서는 사내 제안서이다.   [○ ×]

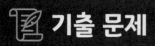

01 다음 중 기안문서에 관해 쓴 문장으로 가장 적절한 것은?

① 내용과 관련된 다른 부서의 협조를 얻기 위해 작성한 문서이다.

② 접수 문서를 배포 절차에 따라 담당 업무 처리과로 배포한 문서이다.

③ 결재 문서, 결재권자의 결재를 얻기 위해 서식에 따라 작성한 문서이다.

④ 발송문서, 기안 내용을 실행하기 위해 규정된 서식으로 작성한 문서이다.

⑤ 외부로부터 받은 문서를 접수 담당 부서에서 절차를 거쳐 접수한 문서이다.

[2-3] 다음 글을 읽고 물음에 답하시오.

품의 제목	(㉠)		최종 결재자		
결재 번호			품의 번호		
결재일	2016년 월 일		품의일	2016년 월 일	
인가	조건부인가	보류	부결	기안자	
결재	담당	대리	과장	부장	이사	사장

　　총무팀은 업무용으로 사용하고 있는 프린터(SST123DN), 복합기(IR321i)의 장기간 사용으로 인한 고장(수리비 과다)에 따라 다음과 같이 복합기를 계약하여 업무에 사용하고자 합니다.

1. 계약 사유: 총무팀의 업무 진행 시 소요되는 많은 출력을 기존의 기기로는 출력을 할 수 없어 복합기 2대를 임대하여 사용하려고 함.

2. 계약 내용

　　가. 물품명: 디지털 복합기 2대

　　　　1) SY-K1234K(흑백)

　　　　2) SY-K4321K(컬러)

　　나. 계약 업체: 실용디에스

　　다. 계약 기간: 2016년 6월 1일~2017년 2월 28일(9개월)

　　라. 대여료: 금 267,000원/월

순	모델명	수량	월 임대료(원)	임대 기간	산출 근거	비고
1	SY-K1234K(흑백)	1대	172,000원	9개월	172,000원×9=1,548,000원	
2	SY-K4321K(컬러)	1대	95,000원	9개월	95,000원×9=855,000원	
	계		267,000원		2,403,000원	

02 윗글의 ㉠에 서술할 내용으로 가장 적절한 것은?

① 실용디에스 신규 계약의 건

② 디지털 복합기 구매 계약의 건

③ 디지털 복사기 대여료 지출의 건

④ 총무팀 프린터 및 복합기 수리의 건

⑤ 총무팀 업무용 복합기 장기대여의 건

03 위 품의서에 첨부할 내용으로 적절하지 않은 것은?

① 견적서

② 타사 비교 견적서

③ 복합기 임대차 계약서

④ 총무팀 업무량 증가 추이

⑤ 실용디에스 사업자 관련 서류

[4-5] 다음 사례를 읽고 물음에 답하시오.

> 컨설팅 회사에 근무하는 신입사원 최○○ 씨의 부서가 고객으로부터 사업 제안서를 요청받았다. 그 고객은 신입사원 최○○ 씨 아버지의 회사와 오랫동안 협력관계에 있는 사람이었다 신입사원 최○○ 씨는 심혈을 기울여 사업 제안서를 완성하여 개인적인 안부와 함께 제안서 초안을 이메일로 보냈다.
>
> 한편 그 고객의 비서는 여러 군데 컨설팅 회사에 요청하였던 사업 제안서를 취합하고 출력하여 회의 때 돌려 볼 수 있도록 하였다. 그런데 (㉠) 이메일에는 이전의 접대 자리가 만족스러웠는지를 묻는 극히 개인적인 내용이 들어 있었다.
>
> 며칠 후 신입사원 최○○ 씨는 그 고객으로부터 제안서 탈락과 동시에 컨설팅 업무 계약 취소 통보를 받았다.

04 윗글의 ㉠에 들어갈 문장을 쓴 것으로 가장 적절한 것은?

① 사업 제안서로는 이전의 협력 관계를 파악하기가 어려웠다.

② 여러 군데 컨설팅 회사의 사업 제안서의 우열을 가릴 수 없었다.

③ 신입사원 최○○ 씨가 보낸 이메일 내용이 회의의 분위기를 흐려놓았다.

④ 신입사원 최○○ 씨의 사업 제안서는 매우 훌륭하여 신입사원이 쓴 것으로는 보기 어려웠다.

⑤ 신입사원 최○○ 씨가 보낸 이메일에는 사업상 협력 관계에 대한 언급 없이 가벼운 인사만 들어있었다.

05 위 상황에서 신입사원 최○○ 씨가 컨설팅 업무 계약 취소 통보를 받게 된 이유를 적절하게 쓴 것은?

① 사업 제안서 필수 항목을 빠뜨리고 썼기 때문이다.

② 제안서의 내용을 충분하게 쓰지 못했기 때문이다.

③ 인간관계를 고려하지 않고 딱딱한 문체로 썼기 때문이다.

④ 다른 회사의 제안서와 달리 신입사원의 신분으로 썼기 때문이다.

⑤ 공식적인 이메일에 공과 사를 구분하지 못하는 내용을 썼기 때문이다.

(1) 보고서

개념		어떤 사실이나 업무 내용을 글로 작성하여 알리는 문서 ※ 건의할 때도 작성한다.
종류	기본 보고서	일반적인 업무에 대해 정기적으로 보고하는 보고서 예 일일 보고서, 회의 결과 보고서 등
	의견 보고서	특정 사안에 대해 보고자의 의견이나 아이디어, 제안 사항을 제시하는 보고서 예 의견서, 기획서, 제안서 등
	상황 보고서	어떤 사실이나 현상 혹은 현황, 문제 등에 관한 실태와 정보를 정리한 보고서 예 현황 보고서, 경위 보고서 등
	분석 보고서	어떤 사실이나 특정 사안 혹은 발생한 문제나 선정된 주제 등에 관해 이를 연구 혹은 조사·분석한 보고서 예 ○○에 관한 연구 보고서
특징		① 정보 수요자(결재권자)의 요구(필요성)나 기대에 초점을 맞춰 작성한다. ② 작성자의 이해관계 및 선입견을 배제하고 객관적인 입장에서 작성한다. 　　※ 사실과 의견을 명확히 구분한다. ③ 보고서는 그 자체로 완전한 형식과 내용을 갖추어야 한다. 　　※ 다른 보고서나 자료 없이도 이해할 수 있어야 한다. ④ 표준화된 양식에 따라 간결하고, 명료하게, 효율적으로 작성한다. ⑤ 결론을 먼저 제시하고, 마지막에 보고자의 의견을 덧붙인다.
작성 과정		① 목적 설정 ② 정보 수집 및 선택 ③ 현재 상황 및 문제점 보고 ④ 개선 및 제안(기대 효과) ⑤ 최종 확인
내용 전개 방식	제목	핵심 내용을 표현한다. ※ 제목만으로 보고서의 성격, 전체 내용을 알 수 있도록 작성한다.
	개요	전체적인 내용을 요약하고 보고서 작성 배경과 목적 경위 등을 작성한다.
	본론	보고서 내용의 중요도가 높은 사항을 먼저 기술하여 정보 수요자의 이해를 돕는다.
	결론	결론 및 대안 제시, 건의 사항, 향후 조치 사항 등을 기술하고, 필요시 참고 자료를 첨부한다.
	말미	보고서 작성 기관 및 담당자, 연락처 등을 작성한다.

(2) 기획서

개념		조직의 문제나 과제에 대해서 자신이 구상한 아이디어를 상사에게 보고하기 위한 목적으로 작성된 문서
구분	사내 기획서	① 주로 회사의 업무나 자사의 판매 상품 등을 대상으로 기획 ② 각 업무 영역에서 업무 개선을 위한 제안, 신상품 개발 및 판매를 위한 제안, 마케팅 전략 등을 담음
	사외 기획서	① 관계 기관이나 거래처와의 업무를 대상으로 기획 ② 사업 제안, 프로젝트 제안, 투자 유치 등의 내용을 담음
구성		① 머리말 ② 본문 　㉠ 목표 및 전략 　㉡ 구체적인 실행 계획: 업무 분담, 행동 지침, 예산 조달 등 　㉢ 비용 및 기대 효과 ③ 맺음말: 마무리, 예상 질문과 반론에 대한 답변, 전망 ④ 첨부: 본문 내용에 대한 구체적인 근거 자료 첨부
작성 과정 ★		① 아이디어 구상 및 연상 ② 아이디어 및 정보의 수집·정리 ③ 기획 콘셉트 잡기: 아이디어와 정보의 체계화 ④ 기획서 초안 작성 　㉠ 기획의 배경　　㉡ 기획의 내용　　㉢ 기획의 대상　　㉣ 기획의 방법 　㉤ 기획의 시기　　㉥ 지리적 요건　　㉦ 기획의 예산 　※ ㉠~㉦은 일반적인 기획서 초안 정리의 순서이지만, 기획의 내용이나 의도에 따라 달라질 수 있다. 다만, 　　기획의 배경이나 목적은 반드시 초반에 제시하여야 한다. ⑤ 기획서 작성: 배경-목적-전략-실행 계획-예산-일정

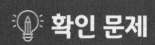
[1-5] 다음 설명이 바르면 ○, 바르지 않으면 X 하시오.

01   기획서는 자신이 구상한 아이디어를 상사에게 보고하기 위한 목적으로 작성된 문서이다.   [○ ×]

02   기획서 초안을 정리할 때, 기획의 배경이나 목적은 반드시 초반에 제시되어야 한다.   [○ ×]

03   보고서는 너무 객관적이기보다는 작성자 개인의 주관적인 입장도 들어가야 한다.   [○ ×]

04   연구 보고서는 어떤 분야에 대해 연구 과제를 실행한 후 그 결과를 보고하기 위해 쓰인다.   [○ ×]

05   보고서 작성을 위해서는 정보를 수집한 후에 목적을 설정해야 한다.   [○ ×]

01 다음과 같은 글을 작성하는 요령에 대한 설명으로 가장 적절한 것은?

> 1. 서문
>   ○○ 영유아 전용 세제는 지금까지 발매된 제품과는 전혀 다른 100% 천연 재료로 만든 친환경 세제이다. 특히 3세 미만의 영유아용품 젖병, 이유식 식기, 영유아 장난감 등을 가장 위생적이고 친환경적으로 씻을 수 있는 제품이다. 그러므로 이 획기적인 상품을 많은 사람에게 알릴 필요가 있다.
>
> 2. 기획 배경
>   ○○ 영유아 전용 세제는 지금까지 발매된 제품과는 전혀 다른 100% 천연 재료로 만든 친환경 세제이다. 따라서 이 획기적인 상품을 많은 사람에게 알릴 필요가 있다.
>
> 3. 기획 목적
>   다양한 장소에서 이벤트를 하고 신문 광고를 통해 ○○ 영유아 전용 세제를 더 많은 사람에게 알려 판매를 촉진해야 한다.
>
> 4. 광고 기간
>   2017년 4월 1일~4월 31일
>
> 5. 광고 내용(개요)
>
>   광고명: ○○ 영유아 전용 세제
>   이벤트: 서울 시내 대형 마트와 약국 체인점에서 제품 홍보
>   매체: 신문 광고(○○일보, ○○신문, △△신문)
>
> 6. 붙임 자료
>   광고 실행에 관한 세부 사항

① 기술을 담보로 투자를 유치하여 투자 회사와 이익을 공유하기 위해 작성한다.
② 주요 의사 결정 사항에 대한 담당자 및 실행 기한 등 향후 계획을 구체적으로 기술한다.
③ 문제 해결 요건을 충족하고 상대방의 공감과 흥미를 불러일으켜 해당 안이 채택될 수 있도록 쓴다.
④ 작성자의 이해관계 및 선입견을 배제하고 과거 사례 및 타부서의 의견 등을 포괄적으로 검토하여 작성한다.
⑤ 기업이 제공 또는 창출할 수 있는 제품 및 서비스 등을 제시하고 이를 실현하기 위한 구체적인 방법과 운영 계획 등을 소개한다.

[2-3] 다음 글을 읽고 물음에 답하시오.

직영점 예정지 주변 지역 시장 조사 기획서

- 작성일: 2017년 1월 16일
- 작성자: 소속 (영업부), 직위 (대리), 성명 (박실용)

당사에서 ○○시에 개점 예정인 직영점 예정지 주변 지역 시장 조사를 다음과 같이 기획하였습니다.

1. 개점 예정지의 부동산 조사 내용
   - 1지역: 해당 점포 82평, ○○부동산신탁(주) 소유
   - 2지역: 해당 점포 50평, ○○은행 소유
   - 3지역: 해당 점포 90평, 개인 소유

2. 조사 방법
   - 일시: 2017년 1월 18일~2017년 1월 20일
   - 조사원: 총무과 6명/기획실 3명/영업부 4명
   - 내용: 경쟁 업체의 현황, 반경 5km 이내 유동 인구 및 세대별 인구분포도, 교통 조건 및 유동 인구 통행량 조사, 지역 개발 계획 여부 등
   - 역할 분담: 3개 팀으로 나누어 활동함
     A팀: 거주지별 인구 이동, 20개 지점에서 사람과 차량 수 조사
     B팀: 인터뷰에 의한 설문 조사와 반응, 목적지, 쇼핑 장소 조사
     C팀: 설문 용지의 배포와 회수

3. 조사 계획
   팀 단위로 토론하여 조사 방법을 정한 후, 각각 적용함으로써 오차를 줄인다. 각 팀의 일정에 맞추어 조사하며 1주일 단위로 각 팀이 동시 토론회를 개최하여 최종 결과를 도출한다.

---

02 위와 같은 문서의 서술 원칙으로 가장 적절하지 않은 것은?

① 어떤 행동이 필요한지 명확하게 표현해야 한다.
② 문장은 간결해야 하며 자료의 출처를 명기해야 한다.
③ 하나의 기획서에 두 가지 이상의 목적을 제시해야 한다.
④ 주어와 서술어가 명백하고 문장에 논리적 오류가 없어야 한다.
⑤ 추상적인 표현을 피하고 될 수 있으면 전문용어나 약자를 쓰지 않아야 한다.

03 위 문서를 결재하기 전에 김 과장이 쓴 적절한 수정 의견을 〈보기〉에서 있는 대로 고른 것은?

┌─ 보기 ─
│ ㉠ 충분히 이해할 수 있도록 자세하게 작성한다.
│ ㉡ 어떤 결과를 얻을 수 있는지에 대한 내용을 추가한다.
│ ㉢ '3. 조사 계획'을 개조식으로 작성하여 가독성을 높인다.
│ ㉣ 제목을 '직영점 예정지 시장 조사 기획서'와 같이 간결하게 고친다.

① ㉠, ㉡   ② ㉡, ㉢
③ ㉢, ㉣   ④ ㉠, ㉡, ㉢
⑤ ㉡, ㉢, ㉣

개념	시청각 자료를 활용하여 사업 따위의 계획이나 절차를 구체적으로 발표하는 활동		
작성 과정	① 내용 결정 ② 자료 작성 ③ 발표 준비 ④ 프레젠테이션		
	서론	㉠ 주의 유도, 분위기 조성, 동기 부여 ㉡ 핵심 내용 소개 ㉢ 프레젠테이션 발표 과정 소개	
	본론	㉠ 주요 내용 제시 ㉡ 신뢰감 있는 몸짓과 목소리로 발표에 집중 ㉢ 논리적 전개	
	결론	㉠ 주의 환기 ㉡ 중요 내용 요약 및 강조 ㉢ 질의응답	
발표 시 유의 사항	① 결론을 먼저 제시하고, 뒷받침하는 자료를 뒤에 제시한다. 　※ 청중의 입장에서 이해하기 쉬운 논리 체계는 　　'결론 → 각 장의 항목 및 소주제 → 각 절의 세부 내용'이다. ② 청중을 일방적으로 설득하려는 태도 대신 소통하고자 하는 태도를 보인다. ③ 중요 내용은 자주 반복한다. ④ 청중의 입장을 생각하며 설명한다. ⑤ 화면과 청중을 향한 시선은 50:50을 유지한다. ⑥ 당당하고 자신감 있는 발표 자세를 보인다.		
성공 조건	① 사람 분석: 참석자들이 원하는 것이 무엇인지 분석해야 한다. ② 목적 분석 　목적을 달성하기 위해 '정보 전달 방식, 설득, 제안의 기술, 동기 부여 전략' 등을 세워야 한다. ③ 장소 분석: 장소와 관련된 사항(발표장, 발표 기기, 편의시설 등)을 사전에 파악해야 한다.		

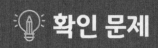
[1-5] 다음 설명이 바르면 ○, 바르지 않으면 X 하시오.

01 프레젠테이션 시 최대한 청중을 설득하기 위해 노력해야 한다. [○ X]

02 프레젠테이션을 할 때, 준비가 미흡한 것 같으면 청중들에게 미리 양해를 구하고 시작할 필요도 있다. [○ X]

03 프레젠테이션을 할 때 비언어적인 표현으로 감정까지 청중에게 전달할 수 있도록 한다. [○ X]

04 프레젠테이션을 위한 보조 자료에는 문장을 최대한 구체적으로 써서 정보를 전달하는 것이 중요하다. [○ X]

05 중요한 요지는 자주 반복함으로써 강조한다. [○ X]

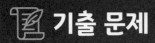
[1-2] 송○○ 대리가 신입사원을 대상으로 효과적인 프레젠테이션 방법에 대한 연수 준비 자료이다. 다음 글을 읽고 물음에 답하시오.

> ㉮ 프레젠테이션을 준비하면서 시간에 쫓기다 보면 '프레젠테이션을 준비하는 목적'에 대한 기본적인 명제를 잊어버리고 허겁지겁 준비하는 경우가 많습니다. 즉 목적에 대한 부분인데, 목적은 방향을 제시해주는 열쇠 역할을 합니다. 만약 시사 관련 내용이 주제라면 청중은 발표에서 사회를 꿰뚫어 보는 통찰력, 판단력, 그리고 논리를 전개하는 논리성과 기획력 등도 함께 볼 것입니다.
>
> ㉯ 프레젠테이션을 통해 어떤 내용을 전달해야 할지를 분명히 해야 합니다. 같은 주제일지라도 어느 부분을 강조하느냐에 따라 듣는 사람은 확연히 다르게 느낄 수 있기 때문이지요. 예를 들어 'FTA의 장단점을 제시하라'는 주제를 받았다면 여러 가지 장단점 중에서 어느 부분을 집중적으로 부각할 것인지 결정해야 합니다. 물론 이런 경우에는 대상 기업에 미치는 영향을 정리하여 제시하면 좋습니다.
>
> ㉰ 먼저, 어떻게 전달할지에 대한 작전을 세워야 합니다. 프레젠테이션을 앞둔 상황에서 우선 고민할 부분은 프레젠테이션 자료를 만들어서 할 것인지, 종이에 작성하여 발표할 것인지, 말로 할 것인지에 대한 결정입니다. 대부분 회사는 발표 방식을 정해주지만 최근의 추세는 본인이 직접 정하게 하는 경우가 많습니다. 이 경우 어느 것이 좋은 선택이라고 단언할 수는 없습니다. 따라서 자신의 장점과 상황을 고려하여 결정해야 하지요. 프레젠테이션에 충분한 시간을 준다면 파워포인트로 만들어 발표하는 것이 좋습니다.

01 다음 중 ㉮~㉰에 대한 설명으로 적절하지 않은 것은?

① ㉮의 의미는 왜 프레젠테이션을 해야 하는지에 대한 고민과 통찰이 먼저 있어야 한다는 것이다.

② ㉮에서는 프레젠테이션의 목적을 확실히 알고 준비해야 주제와 관련한 통찰력과 기획력도 함께 인정받을 수 있다고 전하고 있다.

③ ㉯에서 강조하는 것은 전달하는 내용에서 어떤 것을 부각하여 전달할 것인가이다.

④ ㉰에서 강조하는 것은 발표 방식은 회사가 결정해 주는 방식에 따르는 것이 가장 효과적이라는 것이다.

⑤ ㉮, ㉯, ㉰ 모두에서 함축하고 있는 것은 프레젠테이션을 효과적으로 하려면 사전 준비가 적절한 전달 기술과 함께해야 한다는 것이다.

02 윗글의 자료 내용을 보완하여 쓰고자 할 때 적절하지 않은 것은?

① ㉮, ㉯, ㉰에 내용을 한눈에 보여줄 수 있는 소제목을 넣는다.

② ㉮에 '물론 프레젠테이션을 전개하는 부분과 관련하여 표현력, 의사소통 역량도 검증하고자 할 것입니다.'를 추가한다.

③ ㉯에 '이때 고려해야 할 사항은 바로 듣는 대상인데 프레젠테이션을 듣는 대상이 자문위원인지, 교수인지, 기업체 임원인지, 기업체 실무자인지를 고려하여 결정해야 합니다.'를 추가한다.

④ ㉰에 '이와 함께 대상과 상황에 맞게 적절한 동작을 한다면 좋은 전략이겠죠?'를 추가한다.

⑤ 전체 내용을 포괄하고 요약하는 항목을 만들어 '그러므로 프레젠테이션을 준비하는 사람은 목적에 대한 인식이 제대로 되어 있어야 합니다.'를 추가한다.

7 홍보·광고

(1) 홍보

개념	기관이나 기업의 대내외적 선호도와 인지도를 상승시키거나 투자 가치를 향상시키는 것을 목적으로 하는 일련의 활동	
과정	① 홍보 환경 파악 ③ 보도자료 작성 및 특집 기사, 기자회견 인터뷰 ⑤ 결과 확인	② 전략 및 계획 수립 ④ 신문, 잡지 등 매체에 자료 전달 ⑥ 평가 및 보고
종류	포스터	벽이나 수직면에 부착하기 위해 도안된 종이 출력물 예 영화 포스터, 선거 포스터
	카탈로그	선전을 목적으로 설명을 붙여 만든 상품의 목록 예 자동차 카탈로그
	리뷰	새로 나온 책, 공연, 서비스 등을 분석해서 전체적으로 평가하는 글 예 서평, 영화 평론
	팸플릿	하드커버나 제본이 되지 않은 소책자
	브로슈어	안내서, 설명서 등으로 사용되는 가제본된 소책자의 일종
	전단	홍보를 목적으로 만든 낱장의 종이 인쇄물
	웹진	출판하지 않고 인터넷상으로만 만들어서 보급하는 잡지
	보도자료	자기 회사의 알릴 만한 소식, 자랑할 만한 소식, 취지가 좋은 행사 등을 미디어를 통해 알리기 위해 만든 자료

(2) 광고

개념	광고주가 광고를 접하는 수용자의 태도를 변화시키려고 매체를 통해 의사전달을 하는 행위				
종류	• 목적에 의한 구분		• 매체에 의한 구분		
	상업 광고	상품, 서비스를 알리기 위한 광고	ATL (Above the Line)	전통적 4대 매체 광고를 의미 예 TV, 라디오, 신문, 잡지 광고	
	공익광고	공공의 목적 달성을 위한 광고	BTL (Below the Line)	4대 매체 이외의 다양한 매체를 의미 예 PPL, 옥외광고, SNS광고 등	
	기업광고	기업의 이미지 개선·향상을 위한 광고			

(3) 광고문의 구성과 특징

구성	표제	독자의 관심과 흥미를 끌기 위해 핵심적인 내용을 간결하고 명확하게 드러내는 부분
	본문	독자의 이해를 돕기 위해 정보를 제공하는 부분
특징		객관적인 면(정보 전달)과 주관적인 면(설득)을 함께 지닌다.

(4) 홍보와 광고의 차이점

	홍보	광고
개념	기업이나 단체 또는 관공서 등의 조직체가 사회적 커뮤니케이션을 통해 스스로 활동이나 계획, 업적 등을 널리 알리는 선전 활동	특정 제품이나 행사, 정견 및 정책 등을 대중(광고 수신자)에게 알려 기업이나 단체 혹은 개인이 추구하는 사업 목적을 달성하고 이익을 실현하기 위한 활동
목적	회사나 기관을 널리 알림 (선호도와 인지도 상승)	마케팅 측면에서 이익이나 선전 효과
표현 방식	설명을 통한 정보 제공	간결한 문구 및 이미지로 전달 효과 극대화

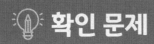
PART 1 실용글쓰기 준비

[1-5] 다음 설명이 바르면 ○, 바르지 않으면 X 하시오.

01   홍보는 해당 기업 혹은 기관에 대해 긍정적 측면을 부각시켜야 한다.   [○   ×]

02   홍보는 마케팅 측면에서 이익이나 선전 효과를 목적으로 한다.   [○   ×]

03   광고는 간결한 문구와 이미지로 전달 효과를 극대화해야 한다.   [○   ×]

04   광고는 정보 전달과 설득의 역할을 함께 지니고 있다.   [○   ×]

05   광고는 소비자의 이목과 관심을 끌기 위해 자극적이고 과장된 표현도 필요하다.   [○   ×]

[1-2] 다음 홍보문을 읽고 물음에 답하시오.

'문자, 그 이후' 특별전 안내

  ○○구민을 위해 ○○문화관에서 전시하는 고대문자 특별전을 안내해 드립니다.

1. 전시회 이름: '문자, 그 이후' 특별전
2. 전시 장소: ○○문화관 기획 전시실
3. 전시 기간: 2017. 1. 15.~2017. 1. 31.
4. 주최: 국립문화재연구소, ○○문화관
5. 전시품: 시대별 특징적인 유물
6. 입장료: 무료
7. 전시 안내 사항
    가. 전시 설명: 화~금 오전 10시, 11시, 오후 2, 3시
    나. 특별 강연회: 20○○. ○. ○○. 오후 2시~5시

국립 중앙 박물관 대강당

2017. 1. 3.

○○구

---

01   **위와 같은 글의 작성 절차에 대한 설명을 쓴 것으로 적절하지 않은 것은?**

① 계획 단계: 포함할 내용의 범위와 일시 등을 결정한다.
② 계획 단계: 예상 독자를 고려하여 적절한 표현과 구성을 구상한다.
③ 조직 단계: 독자가 내용에 관심을 두도록 호감이 가는 비유적인 문구를 사용하도록 한다.
④ 표현 단계: 예절에 맞도록 정중하게 작성한다.
⑤ 표현 단계: 독자가 내용을 한눈에 알아볼 수 있도록 제목을 붙인다.

02   **다음 중 위 안내문에 추가하여야 할 내용으로 가장 적절한 것은?**

① 전시회의 가치
② 다음 전시 안내
③ 전시회 관람 시간
④ 전시회의 후원 기관
⑤ 전시회의 구성 순서

[3-4] 다음 광고를 보고 물음에 답하시오.

이런 모습, 상상은 해보셨나요?

03 위 광고를 제작하기 전에 작성한 광고 기획서에 광고의 제작 배경으로 제시할 수 있는 자료로 적절한 것은?

① 고령 친화제품 기술 개발 계획
② 1970년~2015년까지의 출산율 변화 추이
③ 고령사회 성장동력 확보를 위한 근로자 직업 훈련
④ 저출산 대책사업의 일환인 무상보육료 및 차등보육료
⑤ 고령화에 대한 각종 연금, 보험, 노인 복지사업비 내역

04 위 광고에 대한 부가적인 광고 문구를 쓰려고 한다. 다음 중 적절하지 않은 것은?

① OECD 국가 중 최저 출산율의 나라
② 세계에서 고령화가 가장 빨리 진행 중인 나라
③ 아이보다 어른이 많은 나라, 상상해 보셨나요?
④ 내 아이를 갖는 기쁨과 나라의 미래를 함께 생각해 주세요.
⑤ 아이 교육에 대한 투자, 스마트한 생활, ○○폰으로 함께 해요.

8 기사문, 보도문

(1) 기사문

개념		독자에게 알릴만한 사실을 빠르고 정확하게 전달하기 위해 작성한 글
특징		① 육하원칙에 의거하여 작성하여야 한다. (경우에 따라 일부 생략되기 함.) 　* 육하원칙(누가, 언제, 어디서, 무엇을, 어떻게, 왜) ② 역삼각형 구조(두괄식) ③ 사실성 ④ 신속성 ⑤ 간결성 ⑥ 보도성: 일반 대중에게 쉽게 알려야 한다.
구성	표제 (헤드라인)	내용 전체를 간결하게 나타내는 제목 ① 조사를 생략하는 경우가 많음. ② 독자의 흥미를 끌기 위해 다양한 전략을 활용함.
	부제	내용을 구체적으로 알리는 작은 제목 ① 표제를 보완하는 내용의 문구 ② 표제보다 작은 글자 크기 ③ 기사의 분량이나 중요도에 따라 생략되는 경우도 있음.
	전문	기사 내용을 육하원칙에 따라 요약한 부분 기사문의 전반적인 내용을 1~2문장으로 압축하여 제시함.
	본문	기사의 구체적인 내용을 서술한 부분
	해설	기사에 대한 참고 사항이나 설명을 덧붙이는 부분 ① 지면 관계상 생략되는 경우가 흔함. ② 단순 사실 전달의 경우 처음부터 작성되지 않기도 함.
유의사항		① '두괄식 구성'이 될 수 있도록 유의해서 작성해야 한다. ② 사건이나 사고와 관련한 기사문은, 현장 취재를 반드시 해야 한다.

(2) 보도문(보도 자료)

개념		행정기관 및 민간 기업 등에서 언론용으로 발표한 성명이나 문서 ※ 기업이나 정부기관이 신문 기사체로 보도 자료를 작성해 기자에게 보내면, 기자와 언론 매체는 이를 인용해 뉴스 보도를 한다.
배포 과정		① 보도 이슈 선정　　　　　② 보도 자료의 선정 ③ 보도 자료 보완　　　　　④ 보오 자료의 배포 ⑤ 기사 보도 후 대응
구성	제목	기자에게 전달하려는 핵심 내용을 압축적으로 전달하는 표제
	리드	헤드라인이라고 할 수 있는 기사의 전문 ※ 전체 기사가 담고 있는 내용을 한마디로 요약한 문장
	본문	육하원칙에 의거해 리드의 내용을 구체적으로 서술한 부분
	안내	문의처 안내 및 용어, 부가 정보 등을 작성한 부분

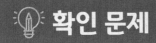
[1-5] 다음 설명이 바르면 ○, 바르지 않으면 X 하시오.

01 기사문은 되도록 빠르게 전달해야 한다. [○ ×]

02 기사문은 독자의 이해를 돕기 위해 간결하고 쉽게 표현하는 것이 중요하다. [○ ×]

03 보도문은 행정 기관이나 민간 기업에서 언론용으로 발표한 성명이나 문서를 이른다. [○ ×]

04 보도 자료는 기자들이 이해하기 쉽도록 상세한 자료나 전문 용어를 사용해 구체적으로 작성해야 한다. [○ ×]

05 보도문과 달리 기사문은 육하원칙에 의거하여 작성하여야 한다. [○ ×]

[1-3] 다음 기사문을 읽고 물음에 답하시오.

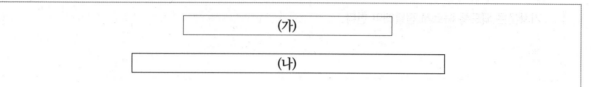

(가)

(나)

    29일 적십자사 혈액관리본부에 따르면, 이날 적혈구제제 보유량은 1만 2,440유닛(팩)으로 2.3일분에 그쳤다. 특히 사용량이 많은 O형 혈액은 2,597유닛, 1.8일분에 불과한 것으로 집계됐다. 나머지 A형(2.4일분), AB형(2.5일분), B형(2.9일분) 보유량도 지난해 같은 기간과 비교해 크게 낮아졌다. 농축 혈소판도 전체 재고량이 2.1일분에 불과하다. 혈액 보유량이 1일분 미만이면 '심각' 단계로 즉각적인 비상대응체계에 돌입한다. 2일분 미만은 경계, 3일분 미만은 주의 단계로, 적정 혈액 보유량은 5일분이다.

    혈액이 부족한 이유는 인구 고령화로 헌혈자는 급감했지만, 수술은 크게 늘었기 때문이다. 이날 현재 헌혈자 수는 18만 3,589명으로 지난해 9월과 비교해 5만 명 가까이 줄었다. 헌혈자 수가 20만 명에 미달한 달은 2014년 이후 올해 1월(19만 6,135명)과 2월(18만 8,187명), 지난해 2월(19만 7,593명)뿐이었다. 하반기에는 한 번도 없었다.

    심지어 메르스(중동호흡기증후군)가 유행했던 지난해와 비교해도 헌혈자 수가 크게 줄었다. 실제로 메르스가 유행 정점에 있었던 지난해 6월 헌혈자 수는 22만 9,270명이었지만, 올해 6월은 20만 4,236명으로 2만 5,000명 가까이 급감했다. 전혈 헌혈은 만 69세까지 가능하지만, 혈소판 성분헌혈과 혈소판 혈장 성분헌혈은 만 59세까지 가능해 고령자가 늘면 헌혈 가능 인구는 급감하게 된다.

    혈액관리본부 관계자는 "겨울철에는 헌혈자가 적어서 혈액 재고량이 연말에는 최저가 될 것 같다. 최근 저출산, 고령화로 헌혈 인구가 급감했지만, 수혈해야 하는 심장질환자, 암 환자, 수술환자는 꾸준히 증가해 수혈용 혈액 확보에 어려움을 겪고 있다."며 "수혈용 혈액을 확보하기 위해 다방면으로 노력하고 있지만, 적정 보유량에 미치지 못하고 있다."고 토로했다.

---

01   **윗글의 성격에 대한 설명으로 가장 적절한 것은?**

① 면접자인 기자가 독자의 입장에서 피면접자에게 궁금한 내용을 대화하듯 직접 질문하여 대답을 끌어내는 글이다.

② 신문에서 가장 흔히 볼 수 있는 형태의 보도 기사문으로 다른 형태의 기사문보다도 객관성을 더 중시하는 글이다.

③ 공식적으로 널리 알릴 목적으로 작성하는 글로 읽는 사람에게 유용한 정보와 함께 어떤 행위를 하도록 요구하는 글이다.

④ 대상의 정보를 제공함으로써 대상에 대한 이해를 돕거나 설명서대로 따라 해야만 일정한 결과를 얻을 수 있도록 안내하는 글이다.

⑤ 앞부분에서는 주로 독자의 흥미를 끌 만한 내용으로 가볍게 시작하다가 점점 중요한 내용을 드러내어 긴장감을 끌어올리고 마지막에 핵심을 제시하는 피라미드형 글이다.

02 윗글의 각 부분을 작성하는 방법으로 적절한 것만을 〈보기〉에서 고른 것은?

> **보기**
>
> 〈보기〉
> ㉠ 부제는 표제를 뒷받침하는 제목으로 표제보다 더 포괄적이고 추상적인 문구로 쓴다.
> ㉡ 전문은 본문에 드러낼 내용을 미리 요약문의 형태로 배치하는 글로 반드시 한 문장으로만 써야 한다.
> ㉢ 본문은 한 편의 완성된 글이 되도록 통일성과 긴밀성을 유지하면서 쓰되, 한 문단은 하나의 내용만을 독립적으로 다루어야 한다.
> ㉣ 표제는 다루고 있는 사안의 가장 중요한 내용을 압축하여 제시하며 사안의 핵심과 윤곽을 독자에게 한 번에 전달할 수 있도록 쓴다.

① ㉠, ㉡   ② ㉠, ㉢
③ ㉠, ㉣   ④ ㉡, ㉢
⑤ ㉢, ㉣

03 윗글에 〈보기〉의 내용을 가장 적절하게 쓴 것은?

> **보기**
>
> ㉠ 적정 보유량 5일분에 크게 미달
> ㉡ O형 혈액 보유량 1.8일분뿐 '수급 비상'
> ㉢ 겨울철일수록 헌혈자 적은 편… 올 연말 혈액 재고량 최저 우려
> ㉣ 혈액 수급에 비상등이 켜졌다. 대한적십자사가 보유한 O형 적혈구제제가 1.8일분에 불과한 것으로 나타났다. 정부는 전체 혈액 보유량이 1일 미만이면 비상 상황으로 간주한다. 통상적으로 겨울철에 헌혈자가 적다는 점을 고려하면 올 연말 혈액 보유량이 사상 최저치를 기록할 것이라는 우려마저 나오고 있다.

① 〈보기〉의 ㉠을 윗글의 (가)에 쓴다.
② 〈보기〉의 ㉡을 윗글의 (나)에 쓴다.
③ 〈보기〉의 ㉢을 윗글의 (가)에 쓴다.
④ 〈보기〉의 ㉠과 ㉢을 모두 윗글의 (나)에 쓴다.
⑤ 〈보기〉의 ㉣은 윗글의 맨 마지막 문단에 쓴다.

[4-5] 다음 보도 자료를 읽고 물음에 답하시오.

(가)

수용 우수기관은 국가○○처, 경기 ○○시, 국민○○공단 등 7개 기관

□ 국민권익위원회(이하 국민권익위)는 최근 3년간 253개 행정기관 등에 권고한 시정권고와 의견표명 1,679건 중 84.7%인 1,422건이 수용되었다고 밝혔다.

【위원회 권고사항 수용 현황】   (2013. 10. 1.~2016. 9. 30.)

구분	권고사항 건수	수용 건수	수용률
계	1,679	1,422	84.7%
시정권고	677	592	87.4%
의견표명	1,002	830	82.8%

□ 권고 수용률 95% 이상 우수 기관은 국가○○처(100%), 경기 ○○시(100%), 국민○○공단(100%) 등 7개 기관이며 80% 미만은 경기 ○○시(50.0%), 한국○○공사 (66.7%), 근로○○공단(67.3%) 등 8개 기관이다.

□ 기관 유형별로는 중앙행정기관의 권고 수용률이 87.0%로 가장 높았고, 지방자치단체와 공직 유관단체는 각각 83.4%와 83.0%로 나타났다.

---

04 위와 같은 글을 쓸 때의 유의 사항으로 적절하지 않은 것은?

① 될 수 있으면 전문용어를 피하고 짧은 문장으로 작성한다.

② 사전지식이나 정보가 부족한 사람의 입장에서 쉽고 짧게 쓴다.

③ 수식어는 빼고 전달하고자 하는 핵심만을 간결하고 명쾌하게 적는다.

④ 반드시 완결되었거나 주어진 자료로 예측 가능한 내용을 가지고 작성한다.

⑤ 구체적이고 감각적인 어휘를 사용하여 실질적이고 유용한 정보를 제공한다.

05 윗글의 (가)에 쓸 표제로 가장 적절한 것은?

① 연말 의견 수용 우수기관 표창 이어져

② 국민권익위 권고사항 수용 현황 보고

③ 국민권익위의 시정권고와 의견표명 수용률 낮아져

④ 국민권익위, "지난 3년간 고충 민원 권고 84.7% 수용돼"

⑤ 중앙행정기관일수록 권고 수용률이 높아져 "지역 차 심해"

9 거래문서, 계약서

(1) 거래문서

개념		둘 또는 그 이상의 당사자가 서로 자기에게 이익이 된다고 생각하는 것을 교환하는 행위에 관한 문서 ※ 기본적으로 소유권 이전을 목적으로 한다.	
종류	거래 신청서	신규 거래처와의 거래를 신청하기 위한 목적으로 작성된 문서	
	거래 약정서	물품의 계속적인 공급, 인수 등을 위한 쌍방 간 허락에 의해 거래 조건을 작성한 문서	
	약관	계약 당사자가 상대방과 계약을 체결하기 위해 미리 마련한 계약을 기록한 문서	
	거래 사실 확인서	상대 거래처와 쌍방 간에 계약을 맺고 거래한 사실이 있음을 확인하는 문서	
	거래명세서	공급한 자와 공급받은 자의 인적 사항과 거래 내용, 공급가액, 세액 등이 기재된 명세서	
	협약서	계약 당사자들이 계약의 내용을 자율적으로 합의하고 상호 준수할 것을 명시한 문서	
		양해 각서 (MOU)	정식 계약을 체결하기 전에 기존 협정의 합의 내용에 관한 의미를 명확하게 하거나 기존 협정에 따른 후속 조치 또는 관련 내용을 규정하는 문서
		합의 각서 (MOA)	양해 각서(MOU) 체결 후 이에 대한 세부 조항이나 이행 사항을 구체적으로 명시화하여 계약한 것으로, 법적 구속력을 지니는 문서
	의향서	계약 이전에 참여 의사를 표시하는 것으로, 최종 계약 전에 당사자들이 협약의 대략적인 사항을 기록한 문서	
	협의서	업무 수행이나 재산권 문제, 사고 처리 등에 관해 당사자 간 협의한 내용이 명시된 문서로, 동일한 사실을 서면으로 증명하고자 하는 목적으로 작성한 문서	
	합의서	피해 또는 손해를 배상하기 위해 당사자 간에 적정한 선에서 합의점을 찾고 합의 내용에 대한 합의를 보았음을 증명하는 문서	

(2) 계약서 ★

개념	계약의 당사자 간의 의사표시에 따른 계약 내용을 문서화한 것
요소	① 계약서의 제목 ② 당사자의 표시 ③ 전문(前文) ④ 약인 표시 ⑤ 정의 조항 ⑥ 실질 조항 ⑦ 일반 조항 ⑧ 말미 문언 ⑨ 서명란 ⑩ 부록
특징	① 법적 강제력이 있다. ② 계약서의 작성은 미래의 계약에 관한 분쟁 발생 시 중요한 증빙자료가 된다. ③ 계약 당사자 간 의사 표시가 확실히 드러나야 한다. ④ 계약 관계 이외의 예외 사항들은 법률의 규정이나 관행에 따른다. ⑤ 금액이나 숫자는 한자와 병기한다.

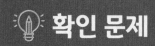
[1-5] 다음 설명이 바르면 ○, 바르지 않으면 X 하시오.

01 거래문서는 기본적으로 소유권 이전을 목적으로 한다.　　　　　　　　[○ ×]

02 거래 약정서는 계약서에 비해 법적 구속력이 강하다.　　　　　　　　[○ ×]

03 거래 신청서는 계약 당사자가 상대방과 계약을 체결하기 위해 미리 마련한 계약을 기록한 문서이다.　　[○ ×]

04 계약서는 분쟁 발생 시 중요한 증빙자료가 된다.　　　　　　　　[○ ×]

05 계약서의 금액이나 숫자는 아라비아 숫자와 병기한다.　　　　　　　　[○ ×]

01 다음 문서의 ㉠~㉤에 쓸 내용으로 가장 적절한 것은?

일반 구매 거래 약관

본 일반 구매거래 약관은 ㈜○○(이하 "구매자")과 물품공급자(이하 "공급자") 간의 상호신뢰를 바탕으로 한 물품 거래를 신속, 정확하게 처리하고 당사자 간의 이해관계를 합리적으로 조정하기 위하여 기본적이고 일반적인 거래조건을 정한 것이다.

제1조 (적용 범위)
"공급자"가 직접 제작/생산한 물품 납품과 제삼자가 제작/생산한 물품을 조달 납품하는 모든 경우에 적용된다.

제2조 (㉠)
1. "공급자"는 "구매자"가 발행한 발주서에서 지정한 모델, 사양, 수량, 납품기일, 인도조건, 납품장소를 준수하여 거래 물품이 최상의 조건으로 "구매자"에게 납품 완료될 수 있도록 최선의 노력을 다해야 할 책임과 의무를 갖는다.
2. "구매자"가 지정한 검수자의 검사에 합격한 때, 납품을 완료한 것으로 인정하며 "구매자"의 요청 시 검수자 서명을 얻은 납품 증빙자료(검수/인수 확인서, 거래명세표, 배달표 등)를 제출하여야 한다.

제3조 (㉡)
1. "공급자"는 거래 물품에 대해서 발주서에 명기된 사양과 비교하여 제품에 하자가 없음을 보증하고 하자 부존재에 대한 증명책임을 갖는다. 제품보증 기간 안에 하자가 발생한 경우 하자 유형에 따라 무상 수리, 교환, 환급 조치를 이행해야 하며 제품하자로 발생한 "구매자"의 손해에 대해서도 배상의 책임을 진다.

제4조 (㉢)
1. "구매자" 또는 "공급자"가 정당한 사유 없이 발주서 및 본 약관에 규정한 거래약정을 준수하지 않았을 경우 상대방에게 서면으로 최고를 한 후 30일 이내 시정되지 않을 경우 해당 물품거래 무효화 및 발주사항을 취소할 수 있다.

제5조 (㉣)
1. "공급자"는 거래 물품 납품 시 "구매자"의 원활한 물품 사용을 위한 사용설명서 등 관련 자료를 최대한 제공하여야 하고 "구매자"의 요청 시 사용법 시연 등 현장방문 교육에도 적극적으로 임해야 한다.
2. "공급자"는 납품이 완료된 후에도 "구매자"의 요청 시 관련 정보/자료 제공 및 조언을 해야 할 의무가 있다.

제6조 (㉤)
"구매자"와 "공급자"는 서면을 통하여 상호 합의한 경우를 제외하고 본 거래와 관련한 권리와 의무를 제삼자에게 양도, 담보제공, 대여 및 기타 처분행위를 할 수 없다. 단, 상호 합의한 경우라도 양 당사자는 제삼자와 연대 책임을 부담하며 거래 관련한 책임이나 의무로부터 면제되는 것은 아니다.

제7조 거래약정사항의 변경 및 통지의무
1. "구매자"가 발행한 발주서 및 본 거래약관에 의해 성립된 거래약정사항은 상호 서면 합의를 통해 변경할 수 있다.
2. "구매자"와 "공급자"는 영업양도, 상호 및 대표자 변경 등 중요 변경사항 발생 시 바로 상대방에게 통지하여야 한다.

- 하략 -

---

① ㉠: 납품 증빙자료 제출
② ㉡: 손해배상 책임을 다한다.
③ ㉢: 거래 무효처리 및 발주 취소
④ ㉣: 공급자의 의무를 다한다.
⑤ ㉤: 거래 관련한 책임이나 의무로부터 면제되는 경우

10 특허 명세서

개념	특허 발명에 대한 특허 청구권을 취해 특허 내용을 공개하고, 이를 보호받고자 하는 내용을 기재한 문서
특징	발명의 내용을 간명하게 표시할 수 있는 발명 명칭과 영문 명칭을 함께 기재하고, 도면의 간단한 설명, 발명의 상세한 설명, 특허 청구 범위, 발명의 목적 및 구성, 효과 등을 상세히 기재한다.
법적 성격	① 기술 문헌적 성격: 기술 내용의 설명서, 공개 의사 표시 ② 권리서적 성격: 독점권 표시, 등록원부

01 다음 특허 명세서의 ㉠에 공통으로 들어갈 고안의 명칭으로 가장 적절한 것은?

등록실용신안 20-0476641

	(19)대한민국특허청(KR) (12)등록실용신안공보(Y1)	(45) 공고일자 20○○년 ○월 ○○일 (11) 등록번호 20-0476641 (24) 등록일자 20○○년 ○월 ○○일

(21) 출원번호 20-20○○-0004858
(22) 출원일자 20○○년 ○월 ○○일
		(73) 실용신안권자 강○○
		       경기도 시흥시 대○로 72 (대야동)
		(72) 고안자 강○○
		       경기도 시흥시 대○로 72 (대야동)
		(74) 대리인 임○○

(57) 요 약

　본 고안은 (　㉠　)에 관한 것으로서, 전원(10)에 전기적으로 연결된 모터(20)와; 상기 모터(20)의 회전축과 연결되는 흡입 임펠러(30)와; 상기 모터(20)의 회전축과 연동되는 지우개 장착부(40)와; 상기 모터(20), 흡입 임펠러(30), 지우개 장착부(40) 및 전원 스위치(50)가 설치되는 부재로서, 상기 흡입 임펠러(30)를 외기(外氣)에 노출하는 흡입 구멍(91)과, 지우개(70)를 상기 지우개 장착부(40)에 결합하기 위한 장착 구멍(92)이 형성되어 있는 케이스(90)를 포함하여 구성되는 것을 특징으로 하므로, 지우는 작업이 매우 용이하고, 주위가 청결하며 손이 더러워지지 않는다는 장점이 있다.

대 표 도 - 도1

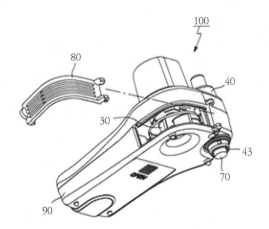

① 전동식 지우개
② 흡입형 전동 지우개
③ 전동 지우개 자동 털이기
④ 탈부착 가능 전동 지우개
⑤ 분필 홀더 겸용 전동 지우개

02 다음은 특허 명세서의 일부이다. '고안의 목적'에 들어갈 내용을 적절하게 쓴 것은?

---

(54) 무인 항공기용 기계식 수신 전환 장치

　요약

　본 고안은 컴퓨터 프린터 수동 전환 장치에서 1개의 입력단을 조종면 제어를 위한 서보(servo) 동작을 위한 1개의 출력단으로 사용하고, 2개의 출력단은 수신기로부터 받은 조종 신호를 전달하는 2개의 입력단으로 사용하여 이를 무인기 또는 모형항공기에 장착하여 비행 중 잡음이나 수신기 고장, 배터리 방전 등의 위급한 경우에 다른 수신기로의 전환이 가능하도록 하고, 그로 인해 안전하게 비행을 할 수 있는 무인 항공기용 기계식 수신 전환 장치를 제공하기 위한 것이다.

　고안의 상세한 설명

　고안의 목적

- 이하 생략 -

---

① 수신 장치(Receiver)는 조종기에서 보내온 신호를 수신하는 장치로서, 서보(servo)나 배터리를 연결할 수 있도록 단자가 준비되어 있으며 신호를 분리하여 각 장치로 전달하는 역할을 한다.

② 푸쉬로드(push rods)는 비행기를 조종하기 위해서 각 부분과 서보(servo) 모터를 연결하는 부품으로서, 철사에 발사나 유리 섬유질의 막대와 끝이 조여지는 크래비스로 구성된 것이 있으며, 철선 그대로 또는 플라스틱에 철선을 넣은 형태의 것도 있다.

③ 본 고안의 기계식 수신 전환 장치는 첨부 도면 중 도3과 4에 나타낸 바와 같이, 기계식 수신 전환 장치(30)는 무인 항공기의 내부에 장착되며, 제1수신기(31) 및 제2수신기(32)를 파워선 및 신호선(33, 34)으로 연결하기 위한 프린터 포트(35,36)와 서보(servo)선(37)을 통해서 조종면 제어용 서보(servo)(40)와 연결하기 위한 프린터 포트(39)로 구성되어 있다.

④ 본 고안은 종래의 컴퓨터 프린터 수동 전환 장치에서 1개의 입력단을 서보(servo) 동작을 위한 1개의 출력단으로 사용하고, 2개의 출력단은 수신기로부터 받은 신호를 전달하는 2개의 입력단으로 사용하여 이를 무인기 또는 모형항공기에 장착하여 비행 중 잡음이나 수신기 고장, 배터리 방전 등의 위급한 경우에 다른 수신기로의 전환이 가능하도록 하고, 그로 인해 안전하게 비행을 할 수 있는 무인 항공기용 기계식 수신 전환 장치를 제공하는 데 있다.

⑤ 본 고안의 무인 항공기용 기계식 수신 전환 장치는 제1, 제2수신기로부터 연결된 두 개의 프린터 포트가 수신 전환 장치의 입력단에 부착되어 있고, 조종면 제어용 서보(servo)와 연결된 한 개의 프린터 포트는 상기 수신 전환 장치의 출력단에 부착되어 있으며, 제1, 제2수신기 변환을 서보(servo)로 전환하기 위해 장착한 서보(servo)의 신호선이 수신기에 부착되어 있되, 상기 신호선이 제1수신기에 부착하면 제1조종기로 전환이 가능하고, 상기 신호선이 제2수신기에 부착하면 제2조종기로 전환이 가능하며, Y자형 컨넥터로 제1, 제2수신기에 모두 부착하면 제1, 제2조종기로 전환이 가능하게 된 것을 특징으로 한다.

PART 1
실용글쓰기 준비

03 **사고력 –직업기초능력**
(독해와 글쓰기, 화법과 글쓰기)

검정 과목	평가 영역	
	대영역	중영역
사고력	직업기초능력	3. 조직이해
		4. 대인관계
		5. 자원관리
	1. 독해와 글쓰기	6. 수리·자료 활용
	2. 화법과 글쓰기	7. 문제해결

03 직업기초능력

1 독해와 글쓰기

(1) 요약문

개념	어떤 글이나 담화의 중심 내용을 정확히 파악하고 분석하여 압축한 글
요약 전략	① 삭제하기: 반복적이거나 부수적인 내용을 삭제한다. ② 선택하기: 사소한 내용, 불필요한 내용, 구체적인 예시 등은 걸러 내고 전체 내용을 포괄하는 중심 문장을 선택한다. ③ 일반화하기(대체하기): 구나 절을 한 단어로 대체하거나, 여러 하위 개념의 단어를 상위 개념의 단어로 교체하고, 긴 설명은 중요한 의미를 정리하여 한두 문장으로 일반화하여 서술한다. ④ 재구성하기: 중심 문장이 뚜렷하게 드러나 있지 않을 때 중심 문장을 새로 구성한다.

2 화법과 글쓰기

(1) 화법의 요소

화자	말할 내용을 생산하는 사람
청자	말의 내용을 수용하는 사람
메시지(전언)	화자와 청자가 주고받는 말의 내용
장면(맥락)	화법이 이루어지는 배경 장면

(2) 대화의 원리

협력의 원리	대화의 참여자가 대화의 목적에 성공적으로 도달하기 위해 지켜야 하는 원리	
	양의 격률	대화의 목적에 필요한 만큼의 정보를 제공하라.
	질의 격률	타당한 근거를 들어 진실을 말하라.
	관련성의 격률	대화의 목적이나 주제와 관련된 것을 말하라.
	태도의 격률	모호성이나 중의성이 있는 표현을 피하고 간결하고 조리 있게 말하되, 언어 예절에 맞게 말하라.
	대화 함축	협력의 원리를 의도적으로 어긋나게 함으로써, 발화 의도를 함축적으로 전달하는 것

공손성의 원리	상대방에게 공손하지 않은 표현은 최소화하고 공손한 표현은 최대화하여 표현하는 원리	
	요령의 격률	상대방에게 부담이 되는 표현은 최소화하고 상대방의 이익을 극대화하라.
	관용의 격률	화자 자신에게 혜택을 주는 표현은 최소화하고 자신에게 부담이 되는 표현을 최대화하라.
	찬동의 격률	다른 사람에 대한 비방을 최소화하고 칭찬을 극대화하라.
	겸양의 격률	자신에 대한 칭찬은 최소화하고 자신에 대한 비방을 극대화하라.
	동의의 격률	다른 사람과의 의견 차이를 최소화하고 일치점을 극대화하라.

(3) 순서 교대의 원리

개념	순서를 적절히 교대해 가며 말을 주고받는 대화의 원리
어긴 경우	① 혼자만 오랫동안 말을 하는 경우 ② 대화에 참여하지 않고 침묵만 지키는 경우 ③ 다른 사람이 말을 하고 있는데 중간에 끼어드는 경우' ④ 진행되고 있는 대화의 화제와 관련이 없는 화제를 꺼내는 경우

(4) '나' 전달법

개념	문제 상황에서 다른 사람을 평가하고 해석하는 대신 자신이 느끼는 감정과 바람에 집중하여 표현하는 의사소통 방법
특징	① '사건 – 감정 – 기대'로 메시지를 구성하여 전달한다. 　예 사건: 네가 나에게 빌려간 교과서를 돌려주지 않아서 　　　감정: 교과서 없이 수업을 해서 나는 너무 속상하고 화가 났어. 　　　기대: 앞으로는 빌려간 물건을 제때 돌려줬으면 좋겠어. ② 갈등이 증폭되지 않고, 갈등을 해결하는 데 효과적이다.

3-1. 조직 문화

(1) 조직 문화의 개념과 특성

개념	기업이 의사 결정이나 사업을 수행하는 과정에서 겪게 되는 여러 가지 상황을 조직 내의 공유된 비공식적 지침으로 해석하고 해결하는 기업 가치 체계
특성	① 구성원들을 공유되는 가치관과 상징물로 인지적, 사회적으로 단결력을 유도하는 힘을 가지고 있다. ② 구성원의 결집 정도에 따라 '약한 문화'과 '강한 문화'라 나뉜다. ③ 전체 조직 차원에서 공통점을 가지고 있지만 부서별, 하부 조직 간에 상이성을 가지고 있다.

(2) 조직 문화의 유형

합의문화	① 조직원들의 자발적 참여, 충성, 신뢰를 통한 팀워크를 중시한다. ② 직장 내 가족적인 인간관계를 최대 목적으로 한다. ③ '인간관계모형'이라고도 한다.
발전문화	① 무엇보다 외부 환경에 능동적인 적응 능력을 핵심 역량으로 꼽고 조직의 유연한 변화를 강조한다. ② 조직원의 도전과 창의적인 업무를 촉진시킨다. ③ '개방체계모형'이라고도 한다.
위계문화	① 공식적 명령과 규칙, 통제와 안전 지향성을 강조하는 관료제의 규범을 우선시한다. ② '내부과정모형'이라고도 한다.
합리문화	① 조직의 과업 수행을 위해 생산성을 강조하는 유형이다. ② 목표 달성, 계획, 능률성, 성과 보상 등 성과주의를 강조한다. ③ '합리적 목적모형'이라고도 한다.

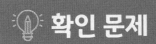
[1-5] 다음 설명이 바르면 ○, 바르지 않으면 X 하시오.

01   조직 문화는 구성원들의 단결력을 유도하는 힘을 가지고 있다.   [○   ×]

02   하부 조직 간에는 조직 문화가 다를 수 있다.   [○   ×]

03   '합의문화'는 직장 내 가족적인 인간관계를 최대 목적으로 한다.   [○   ×]

04   목표 달성, 성과주의를 강조하는 것은 '발전문화'이다.   [○   ×]

05   위계문화는 '내부과정모형'이라고도 한다.   [○   ×]

기출 문제

[1-2] ○○기업의 조직 문화를 진단하기 위한 항목별 점수를 종합한 표를 읽고 물음에 답하시오.

〈만점: 5.0〉

전략적 강조		
구분	내용	점수
가	우리 회사는 인적자원개발을 중요하게 여기며 신뢰, 개방성, 참여를 강조한다.	4.6
나	우리 회사는 경쟁과 성과를 중시하여 시장에서 목표 달성과 이기는 것을 강조한다.	1.2
다	우리 회사는 영속성과 안정성을 강조한다. 효율성, 통제, 원활한 운영을 중요하게 여긴다.	2.0
라	우리 회사는 새로운 자원을 발굴하고, 도전하는 것을 중요하게 여기며 새로운 시도와 기회의 창조를 높이 평가한다.	1.5

성공의 기준		
구분	내용	점수
가	우리 회사에서 성공은 인적자원개발, 팀워크, 헌신도, 동료에 대한 배려를 기준으로 평가한다.	4.3
나	㉠	1.5
다	우리 회사에서 성공은 시장 경쟁에서 이기고 앞서가는 등 경쟁적인 시장을 이끌어 가는 것을 기준으로 평가한다.	1.0
라	우리 회사에서 성공은 효율성을 기준으로, 신뢰성 있는 납품, 원활한 일정 관리, 저비용 생산 등을 중요하게 여긴다.	2.0

01 위 표의 ㉠에 들어갈 내용을 가장 적절하게 쓴 것은?

① 우리 회사는 매우 개인적인 장소이다.

② 우리 회사에서 실패는 팀워크, 합의, 참여 등을 기준으로 평가한다.

③ 우리 회사에서 성공은 개발자나 혁신자로서의 모습을 기준으로 평가한다.

④ 우리 회사에서 리더십이란 일반적으로 합리적이고 적극적이며 결과 지향적인 성격을 띤다.

⑤ 우리 회사에서 근무태도는 회사 내부의 규율 준수와 안정적인 조직 유지를 기준으로 평가한다.

02 위 표의 점수를 근거로 ○○기업의 조직 문화 특징을 가장 적절하게 쓴 것은?

① 조직구성원의 업무수행에 대한 자율성과 자유 재량권 부여 여부를 핵심으로 한다.

② 주어진 과업을 효율적으로 수행하기 위하여 실적을 중시하고, 직무에 몰입하여 미래를 위한 계획 수립을 강조한다.

③ 성과를 강조하는 문화로서 조직에 대한 조직구성원들의 방어적인 태도와 개인주의적인 성향을 드러내는 경향을 보인다.

④ 관계 지향적인 문화이며, 조직구성원 간의 인간애를 중시하는 문화로서 조직 내부의 통합과 유연한 인간관계를 강조한다.

⑤ 조직구성원의 개성을 강조하며 외부 환경에 대한 변화지향성과 신축적 대응성을 기반으로 조직구성원의 도전의식, 모험성, 창의성, 혁신성 등을 중시한다.

3-2. 경영 전략

(1) 경영과 경영 전략의 개념

경영	기업이나 조직이 어떤 목적을 달성하기 위한 전략을 선택하고, 인적 자원과 경제적 자원을 할당하여 효율적으로 제품과 서비스를 생산하는 활동
경영 전략	① 변화하는 환경에 조직이 적응하기 위한 모든 활동을 체계화하는 것으로, 전략은 조직의 목표가 아니라 목표 달성을 위한 방법, 수단을 의미한다. ② '전략 목표 설정→환경 분석→경영전략 도출→경영 전략 실행→평가 및 피드백'의 과정으로 진행된다.

(2) 경영 전략의 유형

방어형 전략	① 제품의 원가에 대한 효율성을 높이고, 기술력을 개선하며 품질을 향상시키는 전략 ② 제품 서비스의 관리와 통세가 중요한 활동이나. ③ 조직 내에서 생산관리자의 역할이 크다.
선도형 전략	① 변화하는 시장에서 최초의 제품을 개발하여 새로운 기회를 얻고 새로운 시장을 개척하는 것을 경영 목표로 하는 전략 ② 새로운 시장을 공격적으로 개척하기 위해 연구 개발비와 마케팅 비용이 지속적으로 들어간다.
분석형 전략	① 방어형과 선도형의 혼합된 형태의 전략 ② 선도형 전략이 개발해 놓은 제품 시장에 신속하게 진입하는 전략 ③ 수익을 최대화하면서 위험을 최소화하는 전략

(3) 경영 참가

개념	경영 민주화의 사고방식에 따라 근로자가 경영에 참여하는 일	
종류	관리 참가, 분배 참가, 자본 참가 등 3가지 형태가 있다.	
	관리 참가	종업원의 대표가 경영자에게 이의 주장을 신청하는 제도나 종업원의 대표가 톱 매니지먼트에 참가하는 것
	분배 참가	생산 보상 제도나 이윤 분배 제도를 시행하는 것
	자본 참가	종업원 지주 제도를 통해 종업원이 자기가 속해 있는 기업의 주식을 소유하는 것

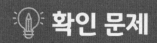
[1-5] 다음 설명이 바르면 ○, 바르지 않으면 X 하시오.

01 경영 전략은 '환경 분석 →전략 목표 설정 → 경영전략 도출 → 경영 전략 실행 → 평가 및 피드백'의 과정으로 진행
    된다.   [○ ×]

02 '방어형 전략'에서는 조직 내에서 생산관리자의 역할이 작다.   [○ ×]

03 '분석형 전략'은 '방어형'과 '선도형'의 혼합된 형태의 전략이다.   [○ ×]

04 '경영 참가'는 경영 민주화의 사고방식에 따라 경영자가 경영에 참여하는 일이다.   [○ ×]

05 종업원이 자기가 속해 있는 기업의 주식을 소유했다면, 이는 '분배 참가'이다.   [○ ×]

기출 문제

01   **다음 제도에 대한 설명으로 적절하지 않은 것은?**

> 이 제도는 근로자 또는 노동조합이 경영과정에 참여하여 자신의 의사를 반영함으로써 공동으로 문제를 해결하고, 새로운 아이디어를 제시하거나 현장에 적합한 개선방안을 마련해 줌으로써 경영의 효율성을 높일 수 있다.

① 경영자의 고유한 권리인 경영권을 약화할 수 있다.

② 경영 참가, 이윤 참가, 자본 참가의 3가지 유형이 있다.

③ 모든 조직에 효과적이거나 반드시 확대되어야 할 제도는 아니다.

④ 분배 문제를 해결함으로써 노동조합의 단체교섭 기능을 강화할 수 있다.

⑤ 경영능력이 부족한 근로자가 경영에 참여할 경우 의사결정이 늦어질 수 있다.

4-1. 갈등

(1) 갈등의 개념과 원인

개념	당사자 간의 의견에 차이가 있거나 서로 간의 가치, 이해 등이 불일치하여 충돌하는 상태
원인	① 추구하는 목표의 차이 ② 인지의 차이: 사람마다 추구하는 가치관, 신념, 경험 등이 다르기 때문에 ③ 의사소통의 장애: 의사가 잘못 전달되거나 왜곡될 경우 발생 ④ 자원의 한정성 예 예산, 한정된 직위

(2) 갈등 관리의 유형

상호 간에 누가 더 강한 힘을 발휘할 수 있느냐에 따라 5가지 유형으로 나뉜다.

회피	갈등으로부터 물러나거나 책임을 전가시키는 등 무관심해지려는 상태
강압	자신의 만족을 위해 상대를 압도해 버리는 상태
적응	자기 소속 집단의 갈등은 잠시 접어두고 다른 집단의 갈등을 충족시키려는 상태
협동	집단 간 갈등을 해결 방안에 도달하기 위해 서로 정보를 교환하여 모두 만족시키려는 상태
타협	서로의 희생을 통해 부분적 만족을 취하려는 상태

[1-5] 다음 설명이 바르면 ○, 바르지 않으면 X 하시오.

01 서로 간의 가치의 차이가 없다면 갈등은 발생하지 않는다.　　　　　　　　　[○ ×]

02 의사가 왜곡되어 전달될 경우에 '갈등'이 발생할 수 있다.　　　　　　　　　[○ ×]

03 '자신의 만족을 위해 상대를 압도해 버리는 상태'는 '회피'이다.　　　　　　　[○ ×]

04 '자기 소속 집단의 갈등은 잠시 접어두고 다른 집단의 갈등을 충족시키려는 상태'는 '적응'이다.　　[○ ×]

05 '서로의 희생을 통해 부분적 만족을 취하려는 상태'는 '협동'이다.　　　　　　[○ ×]

01   다음 사례에서 파악할 수 있는 갈등의 단서에 관해 쓴 것은?

> 필기도구를 생산하는 ○○ 회사가 부도 위기에 처했다. 이에 따라 ○○ 회사는 부서를 합리화시키고 원가를 절약할 방법을 찾고자 특별 대책반을 만들었다. 반장인 갑은 반원들에게 원가절감 방안에 대해 자유롭게 의견을 제시하라고 하였다. 을은 다음과 같은 제안을 했다. "제가 생각하기에는 재고를 줄이는 것이 추가비용을 절감하는 길입니다."라고 말하자, 병이 "잠깐만요."라고 말하며 을의 말을 가로막았다. "현 상황에서 재고를 줄일 수는 없습니다. 그건 말도 안 되는 소리예요."라고 병이 다소 큰 목소리로 말하였다.

① 차분하게 논평과 제안을 한다.
② 편을 가르고 타협하기를 거부한다.
③ 핵심을 이해하지 못한 데 대해 서로 비난한다.
④ 타인의 의견발표가 끝나기도 전에 그 의견에 대해 공격한다.
⑤ 개인적인 감정을 내세우면서 미묘한 말투와 방식으로 서로를 공격한다.

4-2. 협상

(1) 협상의 개념과 절차

개념	① 어떤 목적에 부합되는 결정을 하기 위해 여럿이 서로 의논하는 행위 ② 둘 또는 그 이상의 주체들이 희소자원을 어떻게 분배할 것인가 의논하고 업무의 중요 결정 사항을 조정하는 과정			
절차	단계	내용	주요 내용	주요 전략
	1단계	준비 단계	• 갈등 문제 파악 • 협상 참여자 구성 • 협상 목표 설정	객관적인 입장에서 갈등 파악
	2단계	문제 해결 단계	• 의제 확인 • 상대방 입장 파악 • 최선의 대안 선택	동기 파악의 중요성 객관적 기준 적용
	3단계	합의 단계	합의 도달 또는 파행	합의 수행의 접근 방법

(2) 협상의 전략

회피 전략	① 갈등 상황이 발생하면 갈등을 피하고자 하는 태도를 보이며, 이를 통해 원하는 것을 얻을 수 있다고 생각한다. ② 더 이상 문제 제기를 하지 않고, 중요도를 낮게 평가하거나 무시하고 넘어가려는 태도를 보여 협상에서 자신이 원하는 바를 표현하지 못하며 저자세를 취한다. 예 더 이상 그 문제에 대해 이야기를 하지 말자.
힘의 전략	① 상대방의 단점이나 약점을 찾아 패배를 강요함으로써 자신이 원하는 바를 얻는다. ② 공격적인 자세를 보인다. 예 김 과장, 자네가 목표한 계약을 달성하지 못하면, 자네가 말한 대로 회사를 나가야지.
타협 전략	① 상대방과의 관계나 상황을 다루면서 협상을 전개한다. ② 논리와 이성을 강조하며 감정이나 개인적인 정서는 협상을 방해한다고 생각하는 계산적인 자세를 취한다. 예 만약 네가 1등을 하면 네가 원하는 운동화를 사줄게.
약화 전략	① 목표보다 관계를 중시하여 갈등을 약화시키려 하는 조정적인 자세를 취하여 위협적 갈등 상황을 피하려고 노력한다. ② 피할 수 없는 상황에 부딪치면 다른 사람들의 감정을 조정하는 전략을 사용한다. 예 이 문제는 직원들과 좀 더 상의한 후에 다시 논의를 해 봅시다. 배도 고프니 저녁 식사를 같이한 다음에 협상을 계속 진행하죠.
호혜 전략	① 갈등 상황에서 문제를 공동으로 해결하기 위해 서로의 목표와 관계를 우선 생각하고, 솔직하고 분명한 자세를 취한다. ② 이 전략은 의사소통을 통해 공동으로 문제를 해결하려는 것이며, 협상 과정에서 자신감을 갖도록 도와주고, 자신의 믿는 바를 두려움 없이 말할 수 있다는 뿌듯함을 준다. 예 내가 당신의 문제에 대해 이해하지 않는다면, 내 문제도 이해시키기 어렵겠죠. 우리 함께 두 집단의 근본적인 문제를 모두 만족시킬 방안을 이야기해 봅시다.

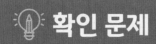

[1-5] 다음 설명이 바르면 ○, 바르지 않으면 X 하시오.

01   '협상'은 둘 또는 그 이상의 주체들이 희소자원을 어떻게 분배할 것인가 의논하고 업무의 중요 결정 사항을 조정하는
     과정이다.   [○   ×]

02   '합의 단계'에서 객관적 입장에서 갈등을 파악해야 한다.   [○   ×]

03   '회피 전략'에서는 공격적인 자세를 보인다.   [○   ×]

04   '타협 전략'에서는 논리와 이성보다는 감정이나 개인적 정서를 강조한다.   [○   ×]

05   '약화 전략'에서는 목표보다 관계를 중시한다.   [○   ×]

01 다음 상황에서 김○○ 부장이 선택한 협상 전략을 설명하는 내용으로 가장 적절한 것은?

> 대기업 영업 부서에서 일하는 김○○ 부장은 재고를 처리할 목적으로 도매업체 사장과 가격 협상을 하고 있었다. 그런데 도매업체 사장이 자금 부족을 이유로 난색을 표하면서도 새로 출시된 제품에 대하여 관심을 보였다. 그래서 김○○ 부장은 도매업체 사장에게 재고 물품을 도매업체 사장이 원하는 가격에 맞춰서 공급하고, 이를 지키면 이후에 신제품 또한 가격 조정에 이익이 될 수 있도록 노력하겠다고 하여 문제를 해결하였다.

① 김 부장은 목표를 달성하기 위해 상대방의 약점을 찾아 자신이 원하는 결과를 달성하였다.

② 김 부장은 도매업체 사장의 자금 부족과 신제품에 대한 관심을 회피하여 문제를 해결하였다.

③ 김 부장은 재고 처리의 목적보다 관계를 중시하여 갈등을 약화시키는 조정적 자세를 취하여 문제를 해결하였다.

④ 김 부장은 자신의 목표와 도매업체 사장과의 요구를 고려하여 재고 처리에 대한 적절한 타협을 통해 문제를 해결하였다.

⑤ 김 부장은 공동의 문제인 재고 처리를 해결하기 위해 솔직하고 분명한 태도를 취하고 문제를 해결하였다.

5　자원관리

5-1. 자원 관리 능력

(1) 개념

업무에 필요한 자원인 시간, 예산, 물적·인적 자원 등을 실제 업무에 적재적소에 배치하고 그 활용 시기를 적절하게 계획, 집행하는 능력

(2) 하위 능력

시간 관리 능력	업무에 활용해야 할 시간 자원을 예측해서 계획하고 실행하는 능력
예산 관리 능력	업무에 필요한 자본 자원을 확인해서 실제 업무에 활용하는 능력
물적 자원 관리 능력	재료, 시설 자원을 최대한 수집하여 실제 업무에 활용하는 능력
인적 자원 관리 능력	업무에 필요한 인적 자원의 규모 파악, 적재적소 배치, 운영하는 능력

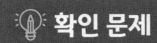
[1-5] 다음 설명이 바르면 ○, 바르지 않으면 X 하시오.

01   업무에 필요한 자원에 시간은 포함되지 않는다.   [○   ×]

02   '자원 관리 능력'의 하위 능력으로는 '시간 관리 능력', '예산 관리 능력', '물적 자원 관리 능력', '인적 자원 관리 능력'
     이 있다.   [○   ×]

03   업무에 활용해야 할 시간 자원을 예측해서 계획하고 실행하는 능력을 '시간 관리 능력'이라 한다.   [○   ×]

04   업무에 필요한 자본 자원을 확인해서 실제 업무에 활용하는 능력을 '물적 자원 관리 능력'이라 한다.   [○   ×]

05   업무에 필요한 인적 자원의 규모 파악, 적재적소 배치, 운영하는 능력을 '인적 자원 관리 능력'이라 한다.   [○   ×]

01 ○○ 기업 인사과에서 배부한 다음 '시간 관리의 필요성과 효과'에 대한 글 중 ㉠~㉣에 쓸 내용으로 가장 적절한 것끼리 짝지은 것은?

시간 관리의 필요성과 효과

1. 필요성
   시간의 통제가 아니라 시간을 제대로 활용함으로써 삶의 여러 가지 문제를 개선하는 데 있다.

2. 효과
   (㉠): 시간 낭비는 잠재적인 스트레스 유발 요인이므로 시간의 효율적 관리는 효과적인 스트레스 관리법이다.
   (㉡): 시간 관리를 잘하여 일을 수행하는 시간을 줄일 수 있다면 다양한 여가를 즐길 수 있다.
   (㉢): 시간은 매우 한정된 자원이므로 적절히 관리하여 효율적으로 일을 하게 된다면 기업의 생산에 큰 도움이 된다.
   (㉣): 시간을 줄이지 않고서 까다로운 목표를 성취한 사람은 없다. 목표에 매진할 시간을 갖도록 하는 것이 시간 관리의 역할이다.

	㉠	㉡	㉢	㉣
①	스트레스 감소	목표 달성	균형적인 삶	생산성 향상
②	목표 달성	생산성 향상	균형적인 삶	스트레스 감소
③	균형적인 삶	생산성 향상	목표 달성	목표 달성
④	생산성 향상	목표 달성	스트레스 감소	균형적인 삶
⑤	스트레스 감소	균형적인 삶	생산성 향상	목표 달성

02 다음을 참고하여 하○○ 사원에 대한 평가지에 쓸 조언으로 적절하지 않은 것은?

〈하○○ 사원에 대한 동료들의 평가〉

■ 책상에서 매번 필요한 것을 찾는 데 시간을 허비해서 답답합니다.
■ 사소한 문구를 계속 수정하고 마음에 들 때까지 같은 작업을 반복합니다.
■ 항상 바쁘고 늘 뭔가 열심히 하는 것 같은데 마감기한을 자주 넘기는 편입니다.

---

① 물건은 항상 제자리에 두는 습관을 들이는 것이 좋겠습니다.
② 서류는 하나하나 숙독하며 완벽하게 정리를 해두는 것이 좋겠습니다.
③ 일의 우선순위를 정하고 긴급하고 중요한 일을 먼저 하는 것이 좋겠습니다.
④ 할 일에 드는 예상 시간을 결정하고 시간 계획서를 작성해 보는 것이 좋겠습니다.
⑤ 완벽하게 일을 처리하기 위해 기한을 넘기는 것보다는 기한 내에 일을 끝내는 것이 좋겠습니다.

5-2. 고객 서비스

(1) 개념

다양한 고객의 요구를 파악하고 그 대응법을 마련하여 고객 감동을 이끌어내는 활동

(2) 고객 불만 유형

유형	성향	대응
거만형	자신의 과시욕을 드러내고 싶어하거나 보통 제품을 폄하하는 유형	• 정중하게 대하고, 자신의 과식욕이 채워지도록 호응을 해 준다. • 고객이 호감을 얻으면 오히려 쉽게 설득된다.
의심형	직원의 설명이나 제품의 품질에 대해 의심을 하는 유형	• 분명한 증거나 근거를 제시하여 고객 스스로 확신을 갖게 한다. • 때로는 책임자로 하여금 응대하도록 한다.
트집형	사소한 것으로 트집을 잡는 까다로운 유형	• 정중한 자세로 이야기를 경청하거나 고객의 입장에서 호응하여 추켜세운다. • 지적한 잘못에 대해 정중하게 사과 또는 인정을 한다.
빨리빨리형	성격이 급하고, 확신 있는 말이 아니면 잘 믿지 않는 유형	제품이나 서비스에 대해 확신 있는 어조로 명료하게 설명한다.

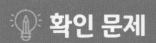
[1-4] 다음 설명이 바르면 ○, 바르지 않으면 X 하시오.

01 '거만형' 유형의 고객에게는 정중하게 대하고, 고객의 과식욕이 채워지도록 호응을 해 줘야 한다. [○ ×]

02 직원의 설명이나 제품의 품질에 대해 의심을 하는 유형의 고객에게는 제품이나 서비스에 대해 확신 있는 어조로 명료하게 설명해야 한다. [○ ×]

03 사소한 것으로 트집을 잡는 까다로운 유형의 고객에게는 분명한 증거나 근거를 제시하여 고객 스스로 확신을 갖게 해야 한다. [○ ×]

04 '빨리빨리형' 유형의 고객은 책임자로 하여금 응대하도록 해야 한다. [○ ×]

[1-2] 다음은 ○○백화점에 근무하는 인사팀의 정○○ 대리는 '고객 불만 유형의 사례별로 대처방안 사례집'을 만들기 위해 사례를 모으고 있다. 다음 사례를 보고 물음에 답하시오.

> 백화점의 신사복 매장에 중년의 신사가 방문했다. 신사는 매장을 이리저리 돌아보면서 가격이 너무 싸고, 디자인 이나 색상이 촌스럽다든지, 다른 백화점과 비교해서 전체적으로 수준이 떨어진다는 등 거들먹거리며 불평을 늘어놓 았다.

01 위 사례의 고객을 제시하기에 가장 적절한 고객 불만 유형은?

① 거만형   ② 도둑형

③ 의심형   ④ 조급형

⑤ 트집형

02 위 사례의 고객 불만 유형에 대한 대응 방법을 정○○ 대리가 쓰려고 한다. 다음 중 정○○ 대리가 쓴 것을 모두 고른 것은?

> ㉠ 정중하게 대한다.
> ㉡ 자존심을 세워 준다.
> ㉢ 분명한 증거 및 사례를 제시한다.
> ㉣ 자신의 과시욕을 발산하도록 한다.

① ㉠, ㉡   ② ㉢, ㉣

③ ㉠, ㉡, ㉢   ④ ㉠, ㉡, ㉣

⑤ ㉠, ㉡, ㉢, ㉣

(1) 개념

수리 능력	직무 수행에 필요한 사칙연산과 통계 자료 또는 도표를 이해하고 그 의미를 파악하여 문제 해결에 필요한 결과를 효과적으로 제시하는 능력
자료 해석 능력	일반적 학습 능력에 속하는 것으로 수치, 도표 또는 그림으로 되어 있는 자료를 정리할 수 있는 기초 통계 능력, 수 처리 능력, 수학적 추리력 등을 포함한다.

※ 대개 간단한 계산 문제이지만, 개념 정리가 안 되어 있으면 문제 풀이에 시간이 불필요하게 소요될 수 있다. 따라서 기본 개념 정리를 해 둘 필요가 있다.

(2) 유형

<table>
<tr><td rowspan="4">사칙 연산</td><td colspan="4">예 1.04cm + 0.18mm = ( )mm
→ 앞뒤의 단위가 다르기 때문에, 단위 환산을 정리해서 알아두어야 한다.</td></tr>
<tr><td>km</td><td>m</td><td>cm</td><td>mm</td></tr>
<tr><td>1</td><td>1000</td><td>100000</td><td>1000000</td></tr>
<tr><td>$\frac{1}{1000}$</td><td>1</td><td>100</td><td>1000</td></tr>
</table>

$\frac{1}{100000}$	$\frac{1}{100}$	1	10

전년 대비 증가율 계산	* 증가율: 늘어난 양이 전년도의 양에서 차지하는 비율 예 전년도 수입액이 300만 원이고, 올해 수입액은 1200만 원이면 증가율은 300%이다.

<table>
<tr><td rowspan="9">통계</td><td colspan="2">① 주요 통계 용어</td></tr>
<tr><td>백분율</td><td>비율을 나타내는 방식(백분비)으로, 전체 수량을 100으로 하여 생각하는 수량이 그중 몇이 되는가를 가리키는 수
예 50%(퍼센트)</td></tr>
<tr><td>산포도</td><td>데이터들이 평균을 중심으로 가깝게 분포하는지 아니면 넓게 퍼져 있는지를 판단할 수 있는 값이 흩어져 있는 정도
예 범위, 분산, 표준 편차 등</td></tr>
<tr><td>평균</td><td>모든 사례의 수치를 합한 후 총 사례 수로 나눈 값
예 '2, 4, 7, 8, 9'의 평균은 '6'이다.</td></tr>
<tr><td>중앙값</td><td>원 자료 중에서 정확하게 중간에 있는 값으로, 최솟값부터 최댓값까지 순서대로 배열했을 때 중앙에 위치하는 사례의 값(평균과는 다르다.)
예 '2, 4, 7, 8, 9'의 중앙값은 '7'이다.</td></tr>
<tr><td colspan="2">② 데이터 유형</td></tr>
<tr><td>정상적 데이터</td><td>수치로 측정할 수 없는 어떠한 성질을 나타내는 자료
예 불량 항목, 학력 수준, 담당 부서, 날짜, 요일, 계절 등</td></tr>
<tr><td>정량적 데이터</td><td>수치로 측정할 수 있는 자료
예 제품의 품질에서 물성을 나타내는 두께, 무게, 지름, 강도, 길이, 수명 등</td></tr>
</table>

	① 개념과 목적	
도표	개념	자료나 정보를 선, 그림, 원 등으로 그려 내용을 시각적으로 표현한 것
	목적	㉠ 보고 또는 설명 ㉡ 상황 분석 예 매출 경향, 거래처 분포 등 ㉢ 관리 예 진도 관리 도표, 회수 상황 도표 등

② 종류

선(절선 그래프)	시간의 경과에 따라 수량에 의한 변화의 상황을 나타내어야 하는 경우에 적합하다.
막대그래프	수량을 비교하려고 할 때 길이로 표시하여 각 수량 간의 대소 관계를 나타내거나 수량을 비교하는 경우에 적합하다.
원그래프	전체 통계량에 대한 부분의 구성비를 분할하여 나타낸 그래프로서 각 부분의 비율을 파이 조각으로 나타내기 때문에 '파이도표'라고도 한다.
점그래프	통계 데이터들의 분포를 점으로 나타내는 도표로, 보고자 하는 것이 어떤 위치에 있는가를 알고자 하는 경우에 적합하다.
방사형그래프	비교하는 수량을 직경, 또는 반경으로 나누어 원의 중심에서의 거리에 따라 각 수량의 관계를 나타내는 그래프로, 비교하거나 경과를 나타내는 용도로 활용된다. 원그래프의 일종으로 '거미줄그래프'라고도 한다.

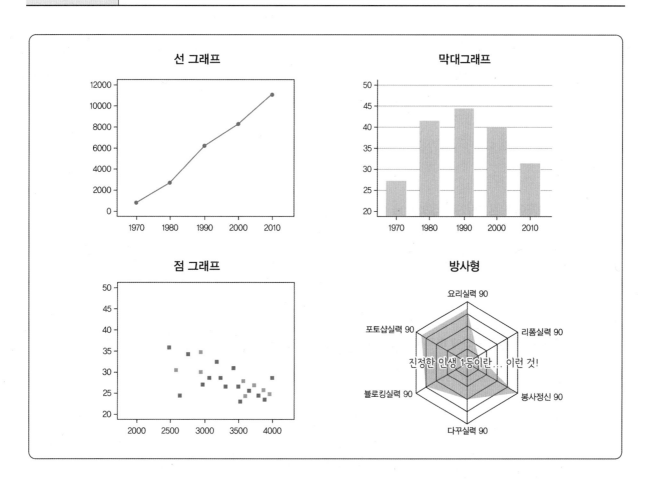

확인 문제

[1-5] 다음 설명이 바르면 ○, 바르지 않으면 X 하시오.

01   2km는 200000cm이다.   [○ ×]

02   '평균값'과 '중앙값'은 동일한 개념이다.   [○ ×]

03   날짜나 요일은 수치로 측정할 수 없는 자료이기 때문에 '정량적 데이터'이다.   [○ ×]

04   도표는 상사에게 보고하거나 설명할 때 활용할 수 있다.   [○ ×]

05   '원그래프'는 시간의 경과에 따른 수량의 변화 상황을 나타낼 때 적합하다.   [○ ×]

01 ○○운하 관리소 직원인 김○○ 씨는 소장님의 지시에 따라 운하를 통과할 수 있는 배의 길이를 계산하여 안내문을 쓰려고 한다. 운하 통과의 최대 기준으로 다음과 같은 자료를 수집하였다. 다음 자료에 나타난 선박의 길이로 적절한 것은?

> 운하를 통과한 배 중 최장 길이를 가진 ○○호는 속력이 일정한 상태에서 1, 2운하를 통과하고 있다. 길이 1km인 1운하를 통과하는 데 28초, 길이 2km의 2운하를 통과하는데 53초가 걸렸다.

① 90m
② 100m
③ 110m
④ 120m
⑤ 130m

02 다음 통계를 활용하여 쓴 내용 중 적절하지 않은 것은?

7개 대도시별 공공 및 개인 서비스 등락률

(단위: %)

	전월 대비				전년 동월 대비			
	공공 서비스	개인 서비스	외식	외식 제외	공공 서비스	개인 서비스	외식	외식 제외
전국	0.0	0.1	0.2	0.1	-0.1	2.2	2.5	2.0
서울	0.0	0.1	0.3	0.0	0.0	2.7	3.6	2.1
부산	0.0	0.3	0.3	0.2	0.1	2.7	3.6	2.1
대구	0.0	0.1	0.1	0.1	0.1	2.7	3.4	2.1
인천	0.0	0.0	0.1	-0.1	-0.6	1.0	0.4	1.5
광주	0.0	0.3	0.1	0.4	-0.1	2.0	2.3	1.8
대전	0.0	0.2	0.4	0.1	0.0	2.9	3.3	2.7
울산	0.0	-0.1	0.0	-0.1	-0.1	0.5	-0.5	1.4

※ 출처: 통계청

① 공공 서비스 부문을 전월 대비로 보면, 서울 등 7개 지역 모두 변동이 없다.

② 공공 서비스 부문을 전년 동월 대비로 보면, 부산과 대구가 각각 0.1% 상승하였고 광주 등 3개 지역은 0.1~0.6%가 하락하였다.

③ 전년 동원 대비 개인 서비스 부문은 서울 등 4개 지역은 2.7~2.9% 상승하였고 가장 적게 상승한 지역은 1.0% 상승한 인천이다.

④ 개인 서비스 부문을 전월 대비로 보면, 부산 등 3개 지역은 0.2~0.3%, 서울 등 2개 지역은 0.1%로 각각 상승, 울산은 0.1%로 하락하였다.

⑤ 전년 동월 대비 가장 많이 상승한 부문은 개인 서비스의 외식 항목인데 전국 평균에 못 미치는 지역은 0.5% 하락한 울산 등 3개 지역이다.

03 다음 〈보기〉에서 '2015년 인구주택총조사 표본집계 결과' 중 '1인 가구 현황' 그래프를 보고 쓸 수 있는 글만 묶은 것은?

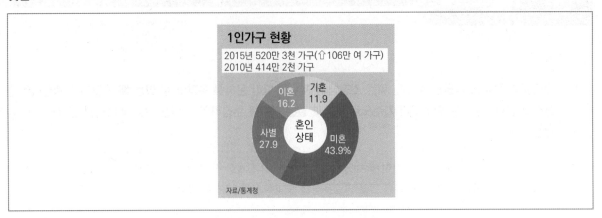

┌─ 보기 ─
│ ㉠ 1인 가구 중 미혼 인구는 2010년 184만 3,000명에서 2015년 228만 6,000명으로 24.0% 늘었다.
│ ㉡ 이혼 상태의 1인 가구는 지난해 84만 5,000명으로 5년 전(55만 6,000명)보다 51.9% 증가했다.
│ ㉢ 2015년 기준 우리나라 1인 가구는 520만 3,000가구로 2010년(414만 2,000가구)보다 약 25.6% 증가했다.
│ ㉣ 전체 1인 가구 구성비로는 미혼이 43.9%로 가장 많았고 사별(27.9%), 이혼(16.2%), 기혼(11.9%) 등의 순으로 나타났다.

① ㉠, ㉡   ② ㉡, ㉢   ③ ㉢, ㉣

④ ㉠, ㉡, ㉢   ⑤ ㉡, ㉢, ㉣

04 다음 도표를 보고 2022년 기준으로 ㉠~㉣까지 들어갈 말을 모두 적절하게 쓴 것은?

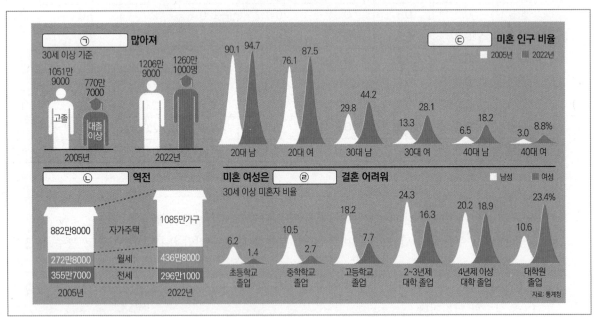

① ㉠: 고졸자가 대졸자보다, ㉡: 월세 가구가 전세 가구, ㉢: 줄어드는, ㉣: 학력 높을수록

② ㉠: 고졸자가 대졸자보다, ㉡: 전세 가구가 월세 가구, ㉢: 늘어나는, ㉣: 학력 낮을수록

③ ㉠: 대졸자가 고졸자보다, ㉡: 전세 가구가 월세 가구, ㉢: 줄어드는, ㉣: 학력 높을수록

④ ㉠: 대졸자가 고졸자보다, ㉡: 월세 가구가 전세 가구, ㉢: 늘어나는, ㉣: 학력 낮을수록

⑤ ㉠: 대졸자가 고졸자보다, ㉡: 월세 가구가 전세 가구, ㉢: 늘어나는, ㉣: 학력 높을수록

7 문제해결

(1) 문제와 문제 해결 능력

문제	일반적 의미의 '문제'가 아니라, 조직의 바람직한 상태와 현재 상태와의 차이
문제 해결 능력	'문제'를 창의적이고 비판적인 사고를 활용해서 최적의 해결 방안을 강구하는 것 ※ 이는 개인의 경쟁력만이 아니라 조직의 경쟁력이기도 하다.

(2) 문제의 유형

일상적 문제 (발생형 문제)	업무의 목표나 기준이 확실하지만 그것을 만족하지 못하고 있는 상태 ※ 해결을 위해서는 분석적 사고가 요구된다.
탐색적 문제 (탐색형 문제)	계획이 진행되고는 있으나 무엇인가 목표에서 벗어난 상태로 진행되고 있을 때 인식되는 문제 ※ 해결을 위해서는 비판적, 분석적 사고가 요구된다.
창조적 문제 (설정형 문제)	현재 특별한 문제가 있는 것은 아니지만 보다 바람직한 수준의 목표를 설정할 때 발생하는 문제 ※ 해결을 위해서는 창의적 사고가 요구된다.

PART 1
실용글쓰기 준비

04 **직업윤리**
- 직업윤리, 글쓰기 윤리

검정 과목	평가 영역	
	대영역	중영역
글쓰기 윤리	직업윤리 글쓰기 윤리	1. 직업윤리
		2. 글쓰기 윤리

| 직업윤리 |
04 직업윤리, 글쓰기 윤리

1 직업 윤리

(1) 개념

직업 생활에서 자신의 역할을 수행하며 비판적으로 바라보고 도덕적 기능적으로 이를 향상시키고자 하는 자세나 태도 등이 긍정적 가치관, 그리고 직장 내에서의 갈등 상황을 도덕적으로 해결하려는 능력

(2) 기본 원칙

객관성의 원칙	업무의 공공성을 바탕으로 공사 구분을 명확히 하고 모든 것을 투명하게 처리하는 원칙
고객 중심의 원칙	고객에 대한 봉사를 최우선으로 생각하고 현장 중심, 실천 중심으로 일하는 원칙
전문성의 원칙	자기 업무에 전문가로서 능력과 의식을 가지고 책임감 있게 일하는 원칙
정직과 신용의 원칙	업무와 관련된 모든 것을 정직하게 수행하고 본분과 약속을 지켜 신뢰를 유지하는 것
공정 경쟁의 원칙	법규를 준수하고 경쟁 원리에 따라 공정하게 행동하는 것

(3) 하위 능력

※ NCS 직업 기초 능력으로서 직업윤리는 직업인들에게 요구되는 행동 규범이다. 원만한 직장 생활을 하기 위해 요구되는 자세, 가치관 및 올바른 직업관을 직업윤리라 할 수 있다.

하위 능력	내용	세부 요소
근로 윤리	맡은 업무를 근면하고 성실한 자세로 처리하고, 정직하게 업무에 임하는 자세	근면성, 성실성, 정직성
공동체 윤리	인간 존중을 바탕으로 봉사하며, 책임감을 지니고 업무를 충실히 수행하며, 직장의 규범을 지키고, 대인 관계에서 예의를 지켜 행동할 수 있는 자세	준법성, 봉사 정신, 책임 의식, 직장 예절

2 쓰기 윤리

(1) 개념: 개인이나 공동체가 글을 쓰는 과정에서 지켜야 할 윤리적인 규범

(2) 글쓰기 윤리 위배 유형

표절	다른 사람이 창작한 저작물의 일부 또는 전부를 도용하여 자신의 창작물인 것처럼 발표하는 행위 * 비교 - 인용, 모방	
	인용	글을 작성할 때 필자의 논지를 증명하기 위한 논거나 남의 글에 대한 비판의 자료를 삼기 위해 문헌이나 다른 사람의 논저에서 정보를 가져오는 것
	모방	다른 사람의 창작물로부터 영감을 얻어 나름대로 재창조한 행위
변조	연구 재료 등을 인위적으로 조작하거나 자료를 임의로 변형·삭제함으로써 연구 내용 또는 결과를 왜곡하는 행위	
위조	존재하지 않는 데이터 또는 연구 결과 등을 허위로 만들어내는 행위	
중복 게재	독자에게 이미 출간된 본인 논문을 다른 학술지에 다시 제출하여 출간하는 행위	

 확인 문제

[1-5] 다음 설명이 바르면 ○, 바르지 않으면 X 하시오.

01 '객관성의 원칙'은 업무의 공공성을 바탕으로 공사 구분을 명확히 하고 모든 것을 투명하게 처리하는 원칙이다.

[○ ×]

02 공동체 윤리의 세부 요소로는 '근면성, 성실성, 정직성'이 있다.

[○ ×]

03 인용과 모방도 글쓰기 윤리를 위배한 경우이다.

[○ ×]

04 존재하지 않는 데이터 또는 연구 결과 등을 허위로 만들어내는 행위는 '변조'이다.

[○ ×]

05 독자에게 이미 출간된 본인 논문을 다른 학술지에 다시 제출하여 출간하는 행위도 글쓰기 윤리를 위배한 행위이다.

[○ ×]

01 ○○대학교 경영학과에 재학 중인 김○○ 씨는 기업 윤리 관련 보고서를 쓰고 있다. (가)에 쓸 내용으로 가장 적절한 것만을 〈보기〉에서 있는 대로 고른 것은?

> 기업의 존재 이유는 이윤 추구이다. 그러므로 가능하면 최소의 자원을 투입하여 최대의 성과를 거두려고 하고, 이러한 논리는 기업 운영의 핵심축을 구성한다. 그러나 이러한 운영을 둘러싸고 있는 다양한 환경이 있으므로 무턱대고 이윤 추구의 논리만 적용했다가는 그 기업은 유지될 수 없다. 고용자의 이윤 추구를 위해 노동을 하는 노동자가 있을 것이고, 거기서 나온 생산품을 구매하는 소비자가 있을 것이다. 그러므로 반드시 각각의 이해관계자에게 피해를 주지 않아야 하는 것은 기업이 지켜야 할 기본 원칙이다. 기업이 이윤 추구만을 목적으로 최소한 지켜야 할 것도 지키지 않는다면 그 기업은 존재할 가치가 없음은 물론, 노동자와 소비자 모두에게 소외되어 결국 망하게 될 것이다. 이를 보다 세부적으로 살펴보면 다음과 같은 기업윤리가 있음을 알 수 있다.
>
> ((가)   )

보기

ㄱ 사회 환경 및 자연환경에 피해를 주어서는 안 된다.
ㄴ 재화나 서비스의 생산 과정에 거짓이 있어서는 안 된다.
ㄷ 기업 상호 간에 선의의 경쟁 체제를 유지해서는 안 된다.
ㄹ 기업에서 일하고 있는 근로자의 희생을 강요해서는 안 된다.
ㅁ 생산된 재화나 서비스가 소비자에게 위해를 가해서는 안 된다.

① ㉠, ㉡, ㉢
② ㉡, ㉢, ㉣
③ ㉢, ㉣, ㉤
④ ㉠, ㉡, ㉢, ㉣
⑤ ㉠, ㉡, ㉣, ㉤

02 글쓰기 윤리에 관해 쓴 자료 중 다음 유형에 해당하는 것을 〈보기〉에서 있는 대로 고른 것은?

> 개정 지침 제12조 제1항 제4호는 부당한 저자 표시를 '연구 내용 또는 결과에 대하여 공헌 또는 이바지를 한 사람에게 정당한 이유 없이 저자 자격을 부여하지 않거나, 공헌 또는 이바지를 하지 않은 사람에게 감사의 표시 또는 예우 등을 이유로 저자 자격을 부여하는 행위'로 규정하였다.

보기

ㄱ. 지도 학생의 학위 논문을 학술지 등에 지도 교수의 단독 명의로 게재, 발표하는 경우
ㄴ. 연구 내용 또는 결과에 대한 공헌 또는 이바지가 없음에도 저자 자격을 부여하는 경우
ㄷ. 원고 초안을 작성하거나 중요한 지적 내용을 위해 이 초안을 비판적으로 수정하여 저자 자격을 부여하는 경우
ㄹ. 연구 후원사가 연구에 아무런 이바지를 하지 않았던 여론 주도자를 저자에 포함하도록 요구하였기에 저자 자격을 부여하는 경우
ㅁ. 연구의 이해와 설계, 또는 데이터의 획득, 또는 데이터의 분석과 해석에 실제로 이바지하여 저자 자격을 부여하는 경우

① ㄱ, ㄴ, ㄷ
② ㄱ, ㄴ, ㄹ
③ ㄴ, ㄷ, ㄹ
④ ㄴ, ㄹ, ㅁ
⑤ ㄷ, ㄹ, ㅁ

m·e·m·o

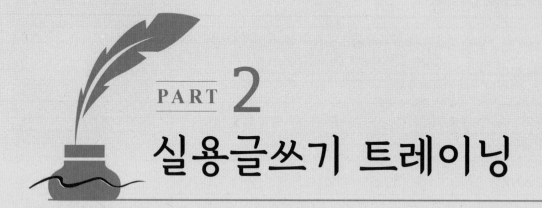

PART 2
실용글쓰기 트레이닝

이론

| 이론 |

형태가 비슷한 어휘

1 명사

(1) 물건의 값이 갑절로 비싸졌지만, 양은 세 곱절로 늘었다.

갑절	곱절
어떤 수나 양을 두 번 합한 만큼. 예 그의 몸무게는 나보다 <u>갑절</u>이나 무겁다.	1. 어떤 수나 양을 두 번 합한 만큼. 예 생산량이 작년보다 <u>곱절</u>이나 늘었다. 2. (흔히 고유어 수 뒤에 쓰여) 일정한 수나 양이 그 수만큼 거듭됨을 이르는 말. 늑곱. 예 세 <u>곱절</u>. / 여러 <u>곱절</u>.

※ '세 갑절', '네 갑절'과 같은 표현은 항상 틀렸다.

(2) 나는 귤 껍질과 달걀 껍데기를 갖고 있다.

껍질	껍데기
물체의 겉을 싸고 있는 단단하지 않은 물질. 예 귤의 <u>껍질</u>을 까다.	1. 달걀이나 조개 따위의 겉을 싸고 있는 단단한 물질. 늑 각. 예 달걀 <u>껍데기</u>를 깨뜨리다. 2. 알맹이를 빼내고 겉에 남은 물건. 예 이불의 <u>껍데기</u>를 갈다.

※ '조개껍데기', '조개껍질'은 복수 표준어이다.

(3) 한라산 봉우리 가까이 오르니, 바위틈에 철쭉이 터질 듯 봉오리를 물고 있었다.

봉우리	봉오리
산에서 뾰족하게 높이 솟은 부분. 예 산의 제일 높은 <u>봉우리</u>에 오르다.	망울만 맺히고 아직 피지 아니한 꽃. 예 <u>봉오리</u>가 맺히다.

(4) 사내는 노루를 산 채로 잡았다고 잘난 체를 하였다.

채	체
('-은/는 채로', '-은/는 채' 구성으로 쓰여) 이미 있 는 상태 그대로 있다는 뜻을 나타내는 말. 예 옷을 입은 <u>채</u>로 물에 들어간다.	(어미 '-은', '-는' 뒤에 쓰여) 그럴듯하게 꾸미는 거짓 태도 나 모양. =척. 예 보고도 못 본 <u>체</u> 딴전을 부리다.

(5) 그녀는 임신을 하여 홑몸도 아닌 채로, 사고로 남편과 형제를 모두 잃고 홀몸이 되었다.

홑몸	홀몸
1. 딸린 사람이 없는 혼자의 몸. 예 그는 교통사고로 가족을 모두 잃고 <u>홑몸</u>이 되었다. 2. 아이를 배지 아니한 몸. 예 <u>홑몸</u>이 아니다.	배우자나 형제가 없는 사람. 예 사고로 아내를 잃고 <u>홀몸</u>이 되었다.

2 동사와 형용사

(1) 오늘 경기는 축구에서 농구로 갈음합니다. 농구 경기로 승패를 가름합시다.

갈음하다	가름하다
다른 것으로 바꾸어 대신하다. 예 여러분과 여러분 가정에 행운이 가득하기를 기원하는 것으로 치사를 갈음합니다.	1. 쪼개거나 나누어 따로따로 되게 하다. 2. 승부나 등수 따위를 정하다. 예 이번 경기는 선수들의 투지가 승패를 가름했다고 해도 과언이 아니다.

(2) 교사는 학생들을 가르치다 말고, 하늘을 가리키며 혼잣말로 중얼거렸다.

가르치다	가리키다
1. 지식이나 기능, 이치 따위를 깨닫게 하거나 익히게 하다. 예 그는 그녀에게 운전을 가르쳤다. 2. 상대편이 아직 모르는 일을 알도록 일러 주다. 예 제가 당신께 김 사장에 대한 의문점을 한 가지만 더 가르쳐 드리지요.	1. 손가락 따위로 어떤 방향이나 대상을 집어서 보이거나 말하거나 알리다. 예 그는 손가락으로 북쪽을 가리켰다. 2. (주로 '가리켜' 꼴로 쓰여) 어떤 대상을 특별히 집어서 두드러지게 나타내다. 예 모두들 그 아이를 가리켜 신동이 났다고 했다.

(3) 빛이 바랜 사진을 볼 때마다, 나는 그를 다시 만나기를 바랐다.

바래다	바라다
1. 볕이나 습기를 받아 색이 변하다. 예 종이가 누렇게 바래다. 2. 볕에 쬐거나 약물을 써서 빛깔을 희게 하다. 예 속옷을 볕에 바래다.	1. ('-기를' 대신에 '-었으면 하고'가 쓰이기도 한다) 생각이나 바람대로 어떤 일이나 상태가 이루어지거나 그렇게 되었으면 하고 생각하다. 예 너의 성공을 바란다. 2. 원하는 사물을 얻거나 가졌으면 하고 생각하다. 예 돈을 바라고 너를 도운 게 아니다.

(4) 돈이 잘 벌린다고 능력 이상으로 사업을 벌이다가는 실패하기가 쉽다.

벌리다	벌이다
벌리다1 1. 둘 사이를 넓히거나 멀게 하다. 예 입을 벌리고 하품을 하다. 2. 껍질 따위를 열어 젖혀서 속의 것을 드러내다. 예 생선의 배를 갈라 벌리다. 3. 우므러진 것을 펴지거나 열리게 하다. 예 양팔을 옆으로 벌리다. 벌리다2 일을 하여 돈 따위가 얻어지거나 모이다. '벌다'의 피동사. 예 돈이 벌리다.	1. 일을 계획하여 시작하거나 펼쳐 놓다. 예 잔치를 벌이다. 2. 여러 가지 물건을 늘어놓다. 예 책상 위에 책을 어지럽게 벌여 두고 공부를 한다.

(5) 그는 부모를 여의고, 몸이 많이 여위었다.

여의다	여위다
1. 부모나 사랑하는 사람이 죽어서 이별하다. 예 그는 일찍이 부모를 여의고 고아로 자랐다. 2. 딸을 시집보내다. 예 막내딸을 여의다.	1. 몸의 살이 빠져 파리하게 되다. 예 오래 앓아서인지 얼굴은 홀쭉하게 여위고 두 눈만 퀭하였다. 2. 살림살이가 매우 가난하고 구차하게 되다.

(6) 가없는 부모님의 은혜를 받았지만, 지금의 나는 세상에 의지할 곳 없는 가엾은 존재다.

가없다	가엾다
끝이 없다. 예 가없는 어머니의 은혜에 그는 눈물을 흘렸다.	마음이 아플 만큼 안되고 처연하다. 늑가엽다. 예 소년 가장이 된 그 애가 보기에 너무 가엾었다.

(7) 전 회사보다 지금 회사는 규모도 작고, 직원 수도 적다.

작다	적다
1. 길이, 넓이, 부피 따위가 비교 대상이나 보통보다 덜하다. 예 깨알처럼 작은 글씨. 2. 정하여진 크기에 모자라서 맞지 아니하다. 예 치수가 작다. / 살이 쪄서 옷이 작다.	수효나 분량, 정도가 일정한 기준에 미치지 못하다. 예 수입이 적다.

(8) 친구가 내 선글라스를 부수어서, 선글라스가 없다. 그래서 지금 눈이 부시다.

부수다	부시다
1. 단단한 물체를 여러 조각이 나게 두드려 깨뜨리다. 예 돌을 잘게 부수다. 2. 만들어진 물건을 두드리거나 깨뜨려 못 쓰게 만들다. 예 문을 부수다.	빛이나 색채가 강렬하여 마주 보기가 어려운 상태에 있다. 예 햇빛에 눈이 부시다.

(9) 물이 오른 살진 과일을 많이 먹어서, 요즘 살찐 것 같다.

살지다	살찌다
1. 살이 많고 튼실하다. 예 살진 암소. 2. 땅이 기름지다. 예 살진 옥토. 3. 과실이나 식물의 뿌리 따위에 살이 많다. 예 물이 오른 살진 과일은 보기에도 탐스럽다.	몸에 살이 필요 이상으로 많아지다. 예 살쪄서 바지가 작다.

(10) 머리가 허옇게 센 노인이 자식 걱정을 하는 사이 날이 새 버렸다.

세다	새다
머리카락이나 수염 따위의 털이 희어지다. 예 머리가 허옇게 세다.	날이 밝아 오다. 예 어느덧 날이 새는지 창문이 뿌옇게 밝아 온다.

3

부사와 관형사

(1) 아버지가 재산을 일체 사회에 기부했다는 사실을 어느 누구에게도 일절 말하지 않았다.

일체(一切)	일절(一切)
모든 것을 다. 예 걱정 근심일랑 일체 털어 버리고 자, 즐겁게 술이나 마시자.	아주, 전혀, 절대로의 뜻으로, 흔히 행위를 그치게 하거나 어떤 일을 하지 않을 때에 쓰는 말. 예 출입을 일절 금하다.

(2) 내가 여느 때처럼 늦잠을 자고 일어났던 어느 날이었다.

여느	어느
그 밖의 예사로운. 또는 다른 보통의. 예 오늘은 여느 때와 달리 일찍 자리에서 일어났다.	1. 둘 이상의 것 가운데 대상이 되는 것이 무엇인지 물을 때 쓰는 말. 예 어느 것이 맞는 답입니까? 2. 둘 이상의 것 가운데 똑똑히 모르거나 꼭 집어 말할 필요가 없는 막연한 사람이나 사물을 이를 때 쓰는 말. 예 옛날 어느 마을에 가난한 형제가 살고 있었다.

(3) 지금은 식당에 사람이 한창 붐빌 시간이다. 그런데도 주인 부부는 한참 싸움을 했다.

한창	한참
어떤 일이 가장 활기 있고 왕성하게 일어나는 모양. 또는 어떤 상태가 가장 무르익은 모양. 예 벼가 한창 무성하게 자란다.	1. 어떤 일이 상당히 오래 일어나는 모양. 예 한참 난투극이 벌어졌다. 2. 수효나 분량, 정도 따위가 일정한 기준보다 훨씬 넘게. 예 붉은 노을빛이 아직 한참 남아 있어 간신히 글은 보일 정도였다.

(4) 갖은 고생을 다한 나지만, 현재는 아무것도 가진 것이 없다.

갖은	가진
골고루 다 갖춘. 또는 여러 가지의. 예 갖은 노력을 다하다.	'가지다'의 관형사형 예 내가 가진 돈은 이게 전부입니다.

(5) 네가 그럼으로(써) 다른 사람에게 방해가 된다. 그러므로 너를 내쫓을 수밖에 없다.

그럼으로(써)	그러므로
'그러다'의 명사형 '그럼'에 조사 '으로(써)'가 붙은 것 예 그는 열심히 노력한다. 그럼으로(써) 삶의 보람을 찾는다.	앞의 내용이 뒤의 내용의 이유나 원인, 근거가 될 때 쓰는 접속 부사. 예 나는 생각한다. 그러므로 존재한다.

조사와 어미

(1) 언니로서 동생에게 설명을 해 줬다. 쌀로써 떡을 만든다고.

(으)로서	(으)로써

1. 지위나 신분 또는 자격을 나타내는 격 조사.
  예 그것은 교사<u>로서</u> 할 일이 아니다.
2. (예스러운 표현으로) 어떤 동작이 일어나거나 시작되는 곳을 나타내는 격 조사.
  예 이 문제는 너<u>로서</u> 시작되었다.
	1. 어떤 물건의 재료나 원료를 나타내는 격 조사. '로'보다 뜻이 분명하다.
	  예 쌀<u>로써</u> 떡을 만든다.
	2. 어떤 일의 수단이나 도구를 나타내는 격 조사. '로'보다 뜻이 분명하다.
	  예 말<u>로써</u> 천 냥 빚을 갚는다고 한다.
	3. 시간을 셈할 때 셈에 넣는 한계를 나타내거나 어떤 일의 기준이 되는 시간임을 나타내는 격 조사. '로'보다 뜻이 분명하다.
	  예 고향을 떠난 지 올해<u>로써</u> 20년이 된다.

(2) 아침 비행기를 타러 가기 위해 내일 아침 일어나려 한다.

-(으)러	-(으)려

가거나 오거나 하는 동작의 목적을 나타내는 연결 어미.
예 나물 캐<u>러</u> 가자.
	1. 어떤 행동을 할 의도나 욕망을 가지고 있음을 나타내는 연결 어미.
	  예 그들은 내일 일찍 떠나<u>려</u> 한다.
	2. 곧 일어날 움직임이나 상태의 변화를 나타내는 연결 어미.
	  예 하늘을 보니 곧 비가 쏟아지<u>려</u> 한다.

(3) 오늘은 우루과이와의 대결에서 비겼지마는, 다음 가나와의 대결에서만은 승리할 거야.

마는	만은
앞의 사실을 인정을 하면서도 그에 대한 의문이나 그와 어긋나는 상황 따위를 나타내는 보조사. 종결 어미 '-지', '-다' 따위와 결합하여 확대된 연결 어미 '-지마는', '-다마는' 따위를 만들기도 한다. 예 사고 싶<u>다마는</u> 돈이 없군.	보조사 '만'과 '은'의 결합 예 앞으로 다가올 우리의 미래가 낙관적인 것<u>만은</u> 아니다.

※ 〈보기〉에서 빈칸에 들어갈 알맞은 말을 찾아, 문맥에 맞게 넣으시오.

01 명사

보기			
갑절	곱절	껍질	껍데기
봉우리	봉오리	채	체
홑몸	홀몸		

(1) 영농 방식을 이처럼 개선하면 소득이 몇 (   ) 높아지게 됩니다.

(2) 그 상점은 도매보다 가격을 (   )로 비싸게 부른다.

(3) 양파의 (   )을/를 벗기다.

(4) 속에 든 과자는 다 먹고 (   )만 남았다.

(5) 한라산 (   )에 묵은 솜같이 우중충한 구름 덩이 하나 얹혀 있다.

(6) 이제 막 (   )가 맺을락 말락 하는 할미꽃….

(7) 벽에 기대앉은 (   )로 잠이 들었다.

(8) 알지도 못하면서 아는 (   )는 왜 하니?

(9) 임신해서 (   )도 아닌데 장시간의 여행은 무리다.

02 동사와 형용사

보기			
갈음하다	가름하다	가르치다	가리키다
바래다	바라다	벌리다	벌이다
여의다	여위다	가없다	가엾다
작다	적다	부수다	부시다
살지다	살찌다	세다	새다

(1) 과거에는 사람들이 소금이나 후추로 화폐를 (   ) 사용하기도 했다.

(2) 한 사람의 말만 듣고는 누구의 잘잘못을 (   ) 어렵다.

(3) 너에게만 비밀을 (   ) 주마.

(4) 시곗바늘이 이미 오후 네 시를 (   ) 있었다.

(5) 오래 입은 셔츠가 흐릿하게 색이 (   ).

(6) 그는 한몫을 (   ) 이 일에 뛰어들었다.

(7) 밤송이를 (   ) 알밤을 꺼냈다.

(8) 사업을 (   ).

(9) 문을 연 곳은 좌판을 (   ) 생선 장수들과 쌀가게와 식료품상뿐이었다.

⑽ 오랜만에 집에 돌아온 그의 얼굴은 몹시 (   ) 있었다.

⑾ 나는 어려서 부모님을 (   ) 할머니의 손에 자랐다.

⑿ 한꺼번에 부모와 형제를 모두 잃은 그 애가 (   ) 보인다.

⒀ 발이 커서 신이 (   ).

⒁ 행사에 대한 사람들의 관심이 (   ).

⒂ 사람의 이는 음식물을 잘게 (   ) 삼키기 좋게 하여 소화를 돕는 역할을 한다.

⒃ 어두운 실내에 있다가 밖으로 나오자 눈이 (   ) 눈을 뜰 수가 없다.

⒄ (   ) 싱싱한 물고기.

⒅ 너무 (   ) 움직임이 둔할뿐더러 건강에도 해롭다.

⒆ 그날 밤이 (   ), 그는 흥분이 되어서 자기의 과거를 일일이 다 이야기하였습니다.

03 부사와 관형사

보기

| 일체 | 일절 | 여느 | 어느 |
| 한창 | 한참 | 갖은 | 가진 |

⑴ 그는 고향을 떠난 후로 연락을 (   ) 끊었다.

⑵ 그들도 (   ) 가족들처럼 오순도순 살고 있다.

⑶ 산과 바다 가운데 (   ) 곳을 더 좋아하느냐?

⑷ 꽃샘추위가 (   ) 기승을 부릴 때 우리는 이사를 했다.

⑸ 네 친구가 (   ) 전에 왔다 갔다.

⑹ 아버지는 늦둥이 막내딸에게 (   ) 정성을 쏟아 부었다.

⑺ 나는 아무것도 (   ) 것 없이 무작정 상경했다.

⑻ 인간은 말을 한다. (   )로 동물과 구별된다.

04 조사와 어미

보기

| 로서 | 로써 | -러 | -려 |
| 마는 | 만은 | | |

⑴ 언니는 아버지의 딸(   ) 부족함이 없다고 생각했었다.

⑵ 대화(   ) 갈등을 풀 수 있을까?

⑶ 시험을 치는 것이 이(   ) 일곱 번째가 됩니다.

⑷ 아저씨는 동네방네 엿을 팔(   ) 다녔다.

⑸ 남을 해치(   ) 들다니.

⑹ 차가 막 출발하(   ) 한다.

⑺ 비가 옵니다(   ) 이번 농사가 잘되기는 틀렸습니다.

⑻ 다른 사람은 몰라도 너(   ) 내가 믿는다.

표기 관련 규정

1 한글 맞춤법

제7항	'ㄷ' 소리로 나는 받침 중에서 'ㄷ'으로 적을 근거가 없는 것은 'ㅅ'으로 적는다. 예) 웃어른, 무릇, 사뭇, 얼핏, 자칫하면 ※ 제7항은 'ㄷ'으로 적을 근거가 있을 때만 'ㄷ'으로 적으라는 의미이다.

제10항 ~ 제12항	※ 제10항~제12항은 '두음법칙'에 관한 것이다. 'ㄴ', 'ㄹ'로 시작하는 한자어가 두음(첫소리)에 올 때, 'ㅇ, ㄴ'으로 적으라는 의미이다. 즉 두음이 아닐 때에는 본음(원래 소리)대로 적으라는 의미이기도 하다. 이때 암기가 필요한 내용은 다음과 같다. ① 모음이나 'ㄴ' 받침 뒤에 이어지는 '렬, 률'은 '열, 율'로 적는다.

바른 표기	잘못된 표기	바른 표기	잘못된 표기
입학률(入學率)	입학율	나열(羅列)	나렬
출생률(出生率)	출생율	균열(龜裂)	균렬
경쟁률(競爭率)	경쟁율	백분율(百分率)	백분률

② 고유어나 외래어 뒤에는 두음법칙이 적용되지 않는다.

바른 표기	잘못된 표기	바른 표기	잘못된 표기
수량(數量)	수양	소식란(消息欄)	소식난
구름-양(量)	구름-량	어린이-난	어린이란
에너지(energy)-양(量)	에너지(energy)-량	가십(gossip)-난	가십(gossip)-란

제28항	끝소리가 'ㄹ'인 말과 딴 말이 어울릴 적에 'ㄹ' 소리가 나지 아니하는 것은 아니 나는 대로 적는다. 예) 따님(딸-님), 다달이(달-달-이), 마소(말-소), 바느질(바늘-질) ※ 제28항은 'ㄹ' 탈락에 관한 것이다. 역사적으로 'ㄹ'은 'ㄴ, ㄷ, ㅅ, ㅈ' 앞에서 탈락하는 일이 적지 않았다. 또 하나 알아둬야 할 내용은 한자 '불(不)'이 첫소리 'ㄷ, ㅈ' 앞에서 '부'로 읽힌다는 점이다. 예) 부당(不當), 부득이(不得已), 부조리(不條理), 부주의(不注意)

제30항	※ 제30항은 '사이시옷'에 관한 것이다. ①~③의 조건을 모두 만족할 때, 사이시옷을 받쳐 적을 수 있다. ① '고유어+고유어' 또는 '고유어+한자어(한자어+고유어)' 합성어 ② 앞말이 모음으로 끝난 경우 ③ ㉠ 뒷말의 첫소리가 된소리로 나는 것 　　ㄴ 뒷말의 첫소리 'ㄴ, ㅁ' 앞에서 'ㄴ' 소리가 덧나는 것 　　ㄷ 뒷말의 첫소리 모음 앞에서 'ㄴㄴ' 소리가 덧나는 것 따라서 원칙적으로는 한자 합성어라면 ②와 ③의 조건을 만족하더라도, 사이시옷을 받쳐 적을 수 없다. 다만, 다음 6개는 예외이다. 예) 곳간(庫間), 셋방(貰房), 숫자(數字), 찻간(車間), 툇간(退間), 횟수(回數)

제7항	수컷을 이르는 접두사는 '수-'로 통일한다.

바른 표기	잘못된 표기	바른 표기	잘못된 표기
수꿩	수퀑/숫꿩	수사돈	숫사돈
수나사	숫나사	수소	숫소
수놈	숫놈	수은행나무	숫은행나무

다만1. 다음 단어에서는 접두사 다음에서 나는 거센소리를 인정한다. 접두사 '암-'이 결합되는 경우에도 이에 준한다.

바른 표기	잘못된 표기	바른 표기	잘못된 표기
수캉아지	숫강아지	수탕나귀	숫당나귀
수캐	숫개	수톨쩌귀	숫돌쩌귀
수컷	숫것	수퇘지	숫돼지
수키와	숫기와	수평아리	숫병아리
수탉	숫닭		

다만2. 다음 단어의 접두사는 '숫-'으로 한다.

바른 표기	잘못된 표기	바른 표기	잘못된 표기
숫양	수양	숫염소	수염소
숫쥐	수쥐		

※ 제7항은 '수컷'을 이르는 접두사로 '수-'를 쓴다는 의미이다. '다만1'과 '다만2'의 단어들을 잘 기억해 두자.

제9항	'ㅣ' 역행 동화 현상에 의한 발음은 원칙적으로 표준 발음으로 인정하지 아니하되, 다만 다음 단어들은 그러한 동화가 적용된 형태를 표준어로 삼는다.

바른 표기	잘못된 표기	비고
-내기	-나기	서울-, 시골-, 신출-, 풋-.
냄비	남비	
동댕이치다	동당이치다	

※ 제9항은 'ㅣ' 모음 역행 동화에 관한 것이다. 이때 암기가 필요한 내용은 '-장이'와 '-쟁이'의 구별이다. 기술자에게는 '-장이', 그 외에는 '-쟁이'가 붙는 형태를 표준어로 삼는다.

바른 표기	잘못된 표기	바른 표기	잘못된 표기
미장이	미쟁이	유기장이	유기쟁이
멋쟁이	멋장이	소금쟁이	소금장이
담쟁이덩굴	담장이덩굴	골목쟁이	골목장이
발목쟁이	발목장이		

제12항	※ 제12항은 '위', '윗-', '웃-' 표기에 관한 것이다. 조건에 따라 달리 표기한다. ① 뒤에 오는 말이 예사소리이면, '윗-' 　예 윗넓이, 윗도리, 윗목 ② 뒤에 오는 말이 된소리나 거센소리이면, '위-' 　예 위쪽, 위층 ③ '위, 아래' 대립이 없는 단어는 '웃-' 　예 웃국, 웃돈, 웃어른

제20항	문장의 각 단어는 띄어 씀을 원칙으로 한다.
	※ '조사'를 제외한 단어는 모두 띄어 쓰는 것이 원칙이라는 의미이다.

제41항	조사는 그 앞말에 붙여 쓴다.
	예 꽃이, 꽃마저, 꽃밖에, 꽃에서부터이다
	※ 두 개 이상의 조사가 이어질 때도 붙여 쓴다.

제44항	수를 적을 적에는 '만(萬)' 단위로 띄어 쓴다.
	예 십이억 삼천사백오십육만 칠천팔백구십팔
	12억 3456만 7898

제46항

단음절로 된 단어가 연이어 나타날 적에는 붙여 쓸 수 있다.

원칙	허용	원칙	허용
좀 더 큰 것	좀디 큰것	이 말 저 말	이밀 저밀
한 잎 두 잎	한잎 두잎		

제47항

보조 용언은 띄어 씀을 원칙으로 하되, 경우에 따라 붙여 씀도 허용한다.

원칙	허용
불이 꺼져 간다.	불이 꺼져간다.
비가 올 듯하다.	비가 올듯하다.

※ 본용언과 보조 용언은 붙여 쓸 수도 있지만, 앞말에 조사가 붙거나 앞말이 복합어(합성어, 파생어)인 경우, 그리고 중간에 조사가 들어갈 적에는 그 뒤에 오는 보조 용언은 띄어 쓴다.

○	X
책을 읽어도 보고	책을 읽어도보고
나에게 덤벼들어 보아라.	나에게 덤벼들어보아라.

제48항

성과 이름, 성과 호 등은 붙여 쓰고, 이에 덧붙는 호칭어, 관직명 등은 띄어 쓴다.

○	X	○	X
김철수	김 철수	이영희 씨	이영희씨
최치원 선생	최치원선생	이순신 장군	이순신장군

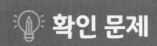
※ 밑줄 친 부분을 바르게 고치시오.

01　한글 맞춤법

(1) <u>윗어른</u>의 말씀은 잘 새겨들어야 한다.　　　(2) <u>자칟하면</u> 우리가 질 수도 있겠군.

(3) <u>출생율</u>은 보통 1년간 인구 1,000명에 대한 출생아 수의 비율로 나타낸다.

(4) 유럽은 <u>출산률</u>이 우리나라보다 낮다.

(5) 권투와 같은 <u>격열한</u> 격투기를 운동 삼아 하는 사람들이 늘어나고 있다.

(6) 내용을 항목별로 <u>나렬하다</u>.　　　(7) 물고기는 <u>먹이량</u>을 조절해 주어야 한다.

(8) 그는 친구를 기다리면서 대충 <u>가십란</u>을 훑어보았다.

(9) 잡지에서 관심 있는 기사를 <u>달달이</u> 스크랩해 두었다.

(10) 어머니는 <u>바늘질</u> 솜씨가 좋아서 웬만한 옷 수선을 뚝딱 해치웠다.

(11) 운전사가 <u>불주의</u>해서 교통사고가 일어났다.　　　(12) 나는 지난달보다 카드 사용 <u>회수</u>가 줄었다.

(13) 서울에 온 지 <u>해수</u>로 5년이 되었다.

(14) 그들은 십 년 동안 모은 돈으로 작은 <u>전세집</u>을 하나 얻었다.

(15) 은미는 월세로 살다가 자취 생활 5년 만에 <u>전셋방</u>을 구했다.

02　표준어

(1) 저 <u>숫소</u>는 보기보다 몹시 힘이 세다.　　　(2) 노새는 <u>숫당나귀</u>와 암말 사이에서 태어난 튀기이다.

(3) 병아리 감별사가 <u>숫병아리</u>만 따로 골라냈다.　　　(4) <u>수염소</u> 두 마리가 한가롭게 풀을 뜯고 있다.

(5) 남자는 갑자기 마시던 물그릇을 <u>동당이쳤다</u>.　　　(6) <u>신출나기</u>가 설치는 꼴을 도저히 못 보겠다.

(7) 그의 집안은 대대로 <u>미쟁이</u> 일을 가업으로 물려받았다.

(8) <u>소금장이</u> 몇 마리가 물위에 떠다니고 있다.

(9) 나는 준비한 돈에다가 <u>윗돈</u>을 얹어 내밀며 말했다.

(10) 이층에 있던 사람들이 밥을 먹으러 <u>아랫층</u>으로 내려왔다.

03　띄어쓰기

(1) 일을 <u>하기는 커녕</u> 놀고 있니?　　　(2) 가지고 있는 돈이 <u>천원 밖에</u> 없었다.

(3) 자동차 <u>만오천대</u>를 주문하다.　　　(4) 이것보다 <u>좀더큰것</u>은 없나요?

(5) <u>이말저말</u> 너주레하게 지껄이다.　　　(6) 드레스를 구경만 한 게 아니라 <u>입어도봤다</u>.

(7) 이 난국을 타개할 방법을 <u>생각해내야</u> 한다.　　　(8) 제 이름은 <u>홍 길동 입니다</u>.

(9) 그 일은 <u>김철수씨</u>가 맡기로 했네.　　　(10) 우리는 나라를 구한 <u>이순신장군</u>을 영웅으로 추앙한다.

- **유의어**

(1) 고치다

치료(治療)하다	병이나 상처 따위를 잘 다스려 낫게 하다. ≒요치하다. 예 상처를 <u>치료하다</u>.
수정(修正)하다	바로잡아 고치다. 예 계획을 전면으로 <u>수정하다</u>.
개조(改造)하다	고쳐 만들거나 바꾸다. 예 부엌을 거실로 <u>개조하다</u>.
수리(修理)하다	고장 나거나 허름한 데를 손보아 고치다. 예 자전거를 <u>수리하다</u>.
개혁(改革)하다	제도나 기구 따위를 새롭게 뜯어고치다. ≒혁개하다. 예 세제를 <u>개혁하다</u>.

(2) 나오다

출생(出生)하다	세상에 나오다. 예 그는 외가가 있는 시골에서 <u>출생했다</u>.
발생(發生)하다	어떤 일이나 사물이 생겨나다. 예 이곳에서 사건이 <u>발생한</u> 것은 오늘 새벽 두 시께였다.
출현(出現)하다	나타나거나 또는 나타나서 보이다. 예 해안에 무장간첩이 <u>출현하다</u>.
사직(辭職)하다	맡은 직무를 내놓고 물러나다. 예 그는 부득이한 사정으로 국무총리의 직에서 <u>사직하고</u> 고향으로 돌아가 병사할 때까지 지냈다.
돌출(突出)되다	1. 예기치 못하게 갑자기 쑥 나오거나 불거지다. 예 <u>돌출된</u> 행동. 2. 쑥 내밀거나 불거지다. 예 <u>돌출된</u> 돌을 보지 못하고 가던 나는 그만 넘어졌다.

(3) 말하다

개진(開陳)하다	주장이나 사실 따위를 밝히기 위하여 의견이나 내용을 드러내어 말하거나 글로 쓰다. 예 발표자에게 반대 의견을 <u>개진하다</u>.
보고(報告)하다	일에 관한 내용이나 결과를 말이나 글로 알리다. 예 논문을 정리해서 학계에 <u>보고하였다</u>.
설명(說明)하다	어떤 일이나 대상의 내용을 상대편이 잘 알 수 있도록 밝혀 말하다. 예 강사는 수강생들에게 컴퓨터를 어떻게 사용하는지를 <u>설명했다</u>.
언급(言及)하다	어떤 문제에 대하여 말하다. ≒언송하다. 예 그는 자신의 강한 생활력을 <u>언급했다</u>.
토로(吐露)하다	마음에 있는 것을 죄다 드러내어서 말하다. 예 어머니께 흉금을 <u>토로하다</u>.

(4) 바꾸다

교환(交換)하다	1. 서로 바꾸다. 예 쌀을 한 되 퍼서 땔감과 <u>교환했다</u>.
	2. 서로 주고받고 하다. 예 동료와 의견을 <u>교환하다</u>.
교체(交替)하다	사람이나 사물을 다른 사람이나 사물로 대신하다.
	예 부식된 낡은 상수도관을 새것으로 <u>교체하였다</u>.
전환(轉換)하다	다른 방향이나 상태로 바꾸다.
	예 우리는 우울한 기분을 즐거운 마음으로 <u>전환하기</u> 위해 오락 시간을 갖기로 했다.
경질(更迭)하다	어떤 직위에 있는 사람을 다른 사람으로 바꾸다.
	예 정부는 이번 사건의 책임을 물어 관계 장관을 <u>경질할</u> 방침이라고 발표했다.
대체(代替)하다	다른 것으로 대신하다. 예 성리학을 <u>대체한</u> 서구 사상.

(5) 살다

생존(生存)하다	살아 있거나 살아남다.
	예 이번 사고에서 <u>생존한</u> 사람은 한 명도 없다.
거주(居住)하다	일정한 곳에 머물러 살다.
	예 외국에 <u>거주하고</u> 있는 동포들이 조국을 찾아왔다.
생활(生活)하다	1. 사람이나 동물이 일정한 환경에서 활동하며 살아가다.
	예 그 사람들은 도시에서 <u>생활한다</u>.
	2. 생계나 살림을 꾸려 나가다.
	예 이 정도의 월급으로는 네 식구가 <u>생활하는</u> 것이 불가능하다.
연명(延命)하다	숨을 겨우 이어 살아가다.
	예 초근목피로 겨우 <u>연명하다</u>.
존재(存在)하다	현실에 실재하다.
	예 이 세상에는 신이 <u>존재한다</u>.

(6) 값

금액(金額)	돈의 액수
	예 그가 은행으로부터 대출받은 <u>금액</u>은 모두 1억 5천만 원이었다.
대가(代價)	1. 물건의 값으로 치르는 돈.
	예 물품의 <u>대가</u>를 지불하다.
	2. 일을 하고 그에 대한 값으로 받는 보수.
	예 노동의 <u>대가</u>로 임금을 받다.
역할(役割)	1. 자기가 마땅히 하여야 할 맡은 바 직책이나 임무.
	예 각자 맡은 바 <u>역할</u>을 다하다.
	2. 영화나 연극 따위에서 배우가 맡아서 하는 소임.
	예 동생은 드라마에서 할아버지 <u>역할</u>을 맡았다.
가치(價値)	사물이 지니고 있는 쓸모.
	예 상품 <u>가치</u>.
가격(價格)	물건이 지니고 있는 가치를 돈으로 나타낸 것. 늑고가.
	예 <u>가격</u> 인상.

(7) 길

도로(道路)	사람, 차 따위가 잘 다닐 수 있도록 만들어 놓은 비교적 넓은 길. 예 도로를 내다.
방법(方法)	어떤 일을 해 나가거나 목적을 이루기 위하여 취하는 수단이나 방식. 예 극복 방법.
과정(過程)	1. 해야 할 일의 정도. 2. 일정한 기간에 교육하거나 학습하여야 할 과목의 내용과 분량. 　예 오늘로 1학년 1학기 과정을 마치고 여름 방학에 들어간다. 3. 대학에서, 일정한 분야의 교수·연구를 위한 전문적인 절차. 　예 정규 과정 이수 계획.
도리(道理)	1. 사람이 어떤 입장에서 마땅히 행하여야 할 바른길. 　예 도리에 어긋나다. 2. 어떤 일을 해 나갈 방도(方道). ≒도철. 　예 알 도리가 없다.
분야(分野)	여러 갈래로 나누어진 범위나 부분. 예 외교 분야.

(8) 형편

동정(動靜)	일이나 현상이 벌어지고 있는 낌새. 예 적의 동정을 살피다.
동태(動態)	움직이거나 변하는 모습. 예 민심의 동태를 파악하다.
사정(事情)	1. 일의 형편이나 까닭. 　예 피치 못할 사정. 2. 어떤 일의 형편이나 까닭을 남에게 말하고 무엇을 간청함. 　예 사정도 한두 번이지 무슨 염치로 또 말하겠느냐?
사태(事態)	일이 되어 가는 형편이나 상황. 또는 벌어진 일의 상태. ≒사상, 사체. 예 사태를 수습하다.
상태(狀態)	사물·현상이 놓여 있는 모양이나 형편. 예 무방비 상태.

2 주요 속담과 한자 성어

(1) 속담

가랑잎에 불붙듯	1. 바싹 마른 가랑잎에 불을 지르면 걷잡을 수 없이 잘 탄다는 뜻으로, 성미가 조급하고 도량이 좁아 걸핏하면 발끈하고 화를 잘 내는 것을 비유적으로 이르는 말. 2. 어떤 주장에 호응하거나, 자극에 대하여 빠르게 반응함을 비유적으로 이르는 말.
내 코가 석 자	내 사정이 급하고 어려워서 남을 돌볼 여유가 없음을 비유적으로 이르는 말.
등잔 밑이 어둡다.	대상에서 가까이 있는 사람이 도리어 대상에 대하여 잘 알기 어렵다는 말.
말 타면 경마 잡히고 싶다.	사람의 욕심이란 한이 없다는 말.
빛 좋은 개살구	겉보기에는 먹음직스러운 빛깔을 띠고 있지만 맛은 없는 개살구라는 뜻으로, 겉만 그럴듯하고 실속이 없는 경우를 비유적으로 이르는 말.
아랫돌 빼서 윗돌 괴기	일이 몹시 급하여 임시변통으로 이리저리 둘러맞추어 일함을 비유적으로 이르는 말.
자라 보고 놀란 가슴 솥뚜껑 보고 놀란다.	어떤 사물에 몹시 놀란 사람은 비슷한 사물만 보아도 겁을 냄을 이르는 말.
천 리 길도 한 걸음부터	무슨 일이나 그 일의 시작이 중요하다는 말.
티끌 모아 태산	아무리 작은 것이라도 모이고 모이면 나중에 큰 덩어리가 됨을 비유적으로 이르는 말.
혀 아래 도끼 들었다.	말을 잘못하면 재앙을 받게 되니 말조심을 하라는 말.

(2) 한자 성어

풍전등화 (風前燈火)	바람 앞의 등불이라는 뜻으로, 사물이 매우 위태로운 처지에 놓여 있음을 비유적으로 이르는 말. 예 풍전등화와 같은 나라의 운명.
부화뇌동 (附和雷同)	줏대 없이 남의 의견에 따라 움직임. 예 남이 무어라고 한다 해서 쉽사리 부화뇌동, 주견도 없이 남의 의견을 따라 이리저리 흔들리는 것은 아예 처음부터 하지 않음만 못합니다.
조삼모사 (朝三暮四)	간사한 꾀로 남을 속여 희롱함을 이르는 말.
교언영색 (巧言令色)	아첨하는 말과 알랑거리는 태도. 예 이 밖의 일은 아무리 미사여구, 교언영색으로 장식해도 전부가 거짓이고 사기다.
목불식정 (目不識丁)	아주 간단한 글자인 '丁' 자를 보고도 그것이 '고무래'인 줄을 알지 못한다는 뜻으로, 아주 까막눈임을 이르는 말.
진퇴양난 (進退兩難)	이러지도 저러지도 못하는 어려운 처지. 예 이럴 수도 없고 저럴 수도 없는 진퇴양난의 길에 빠졌다.
견강부회 (牽强附會)	이치에 맞지 않는 말을 억지로 끌어 붙여 자기에게 유리하게 함.
교각살우 (矯角殺牛)	소의 뿔을 바로잡으려다가 소를 죽인다는 뜻으로, 잘못된 점을 고치려다가 그 방법이나 정도가 지나쳐 오히려 일을 그르침을 이르는 말.
상전벽해 (桑田碧海)	뽕나무밭이 변하여 푸른 바다가 된다는 뜻으로, 세상일의 변천이 심함을 비유적으로 이르는 말. 예 어린 시절 뛰놀던 고향은 상전벽해라는 비유가 어울릴 만큼 큰 변화가 있었다.
괄목상대 (刮目相對)	눈을 비비고 상대편을 본다는 뜻으로, 남의 학식이나 재주가 놀랄 만큼 부쩍 늚을 이르는 말.

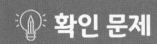
※ 〈보기〉에서 빈칸에 들어갈 알맞은 말을 찾아 넣어라.

01 한자 유의어

(1) 고치다

> 보기
>
> 치료(治療)하다   수정(修正)하다   개조(改造)하다
> 수리(修理)하다   개혁(改革)하다

① 부상병을 (   )하다.
② 그 집은 오래전에 지어서 (   )할 곳이 많다.
③ 잘못된 제도와 관행을 (   )하다.
④ 향후 목표를 근본적으로 (   )하다.
⑤ 차고를 서재로 (   )하는 일은 그리 어렵지 않다.

(2) 나오다

> 보기
>
> 출생(出生)하다   발생(發生)하다   출현(出現)하다
> 사직(辭職)하다   돌출(突出)되다

① 화재가 (   )하지 않도록 각별히 주의해라.
② 서울 북쪽 상공에 비행기가 (   )했다.
③ 그녀는 결혼을 앞두고 비서직을 (   )하였다.
④ 꿀밤 맞은 이마 부분이 툭 (   )되었다.
⑤ 그 작가는 울산에서 (   )하여 어린 시절의 대부분을 거기서 보냈다.

(3) 말하다

> 보기
>
> 개진(開陳)하다   보고(報告)하다   설명(說明)하다
> 언급(言及)하다   토로(吐露)하다

① 그녀는 남편에게 결혼 생활의 불만을 (   )했다.
② 그는 자신의 생각을 글로 (   )하였다.
③ 선생님은 학생들에게 인수 분해에 대해 (   )해 주셨다.
④ 각 부서별로 계획서를 작성하여 상관에게 (   )해 주시오.
⑤ 김 후보는 자신에 대한 소문이 악성 루머일 뿐이라고 간단히 (   )하고 넘어갔다.

(4) 바꾸다

> 보기
>
> | | | |
> |---|---|---|
> | 교환(交換)하다 | 교체(交替)하다 | 전환(轉換)하다 |
> | 경질(更迭)하다 | 대체(代替)하다 | |

① 담당자를 다른 사람으로( )하다.
② 그 사건은 역사의 방향을 ( )하는 계기가 되었다.
③ 관중은 거칠게 경기하는 그를 다른 선수와 ( )할 것을 요구하였다.
④ 그를 갑작스럽게 ( )한 것은 무언가 이유가 있을 것이라는 분석이 지배적이다.
⑤ 두 사람은 그렇게 은근히 마주 보면서 서로 의미 있는 시선을 ( )했다.

(5) 살다

> 보기
>
> | | | |
> |---|---|---|
> | 생존(生存)하다 | 거주(居住)하다 | 생활(生活)하다 |
> | 연명(延命)하다 | 존재(存在)하다 | |

① 무너진 갱도 안에 몇 명의 광부가 ( )하고 있는 것으로 확인되었다.
② 그는 영국으로 유학을 가서 계속 그곳에 ( )하고 있다.
③ 그 정도의 벌이라면 ( )하는 데 큰 어려움은 없으리라 생각된다.
④ 우리는 산나물을 캐어 하루하루 ( )해 갔다.
⑤ 우리에게는 아직 가능성이 ( )해 있다.

(6) 값

> 보기
>
> | | | |
> |---|---|---|
> | 금액(金額) | 대가(代價) | 역할(役割) |
> | 가치(價値) | 가격(價格) | |

① 자신의 ( )에 충실하다.
② 식료품의 ( )이 올랐다.
③ 잃어버린 ( )이 얼마나 됩니까?
④ 상인은 남의 집 앞을 사용하는 ( )로 집주인에게 약간의 돈을 지불했다.
⑤ 한 나라의 정치, 경제, 문화는 그 사회의 ( ) 체계를 반영한다.

(7) 길

> 보기
>
> | | | |
> |---|---|---|
> | 도로(道路) | 방법(方法) | 과정(過程) |
> | 도리(道理) | 분야(分野) | |

① 마을로 들어오는 ( )가 새로 포장되었다.
② 그는 수단과 ( )을/를 가리지 않고 일을 해결하기로 유명하다.
③ 우리 할머니께서는 검정고시로 뒤늦게 중학교 ( )을 마치셨다.
④ 스승에게 제자 된 ( )을/를 다했다.
⑤ 이 모임에 참석한 사람들은 모두 경제 ( )의 전문가입니다.

(8) 형편

보기

동정(動靜)	동태(動態)	사정(事情)
사태(事態)	상태(狀態)	

① 건강 (   )가 좋다.

② 약소국은 강대국의 (   )에 민감하다.

③ 주민 등록 제도의 실시로 주민의 거주 관계 및 인구의 (   )를 쉽게 파악할 수 있었다.

④ 수연이가 유학을 포기한 데에는 그만한 (   )이 있다.

⑤ 이런 식으로 간다면 (   )는 더욱더 악화될 것이다.

02 주요 속담과 한자 성어

(1) 속담

보기

가랑잎에 불붙듯	내 코가 석 자
등잔 밑이 어둡다.	말 타면 경마 잡히고 싶다.
빛 좋은 개살구	아랫돌 빼서 윗돌 괴기
자라 보고 놀란 가슴 솥뚜껑 보고 놀란다.	천 리 길도 한 걸음부터
티끌 모아 태산	혀 아래 도끼 들었다.

① 너희 언제부터 연애를 시작한 거니? (   )고 나는 옆방에 살면서도 전혀 알지 못했구나.

② (   )이라더니 정혜는 한푼 한푼 모아서 집 한 채를 장만했더라.

③ 옆집 할아버지는 몹시 성말라 아이들의 초인종 장난에도 (   ) 심하게 화를 낸다.

④ (   )더니 광배는 함부로 남을 험담하다가 인심을 잃었다.

⑤ 이 테마파크는 내건 광고와 콘셉트만 거창했지, 실상 와 보니 놀이기구도 변변찮고 콘셉트도 제대로 살리지 못한 것이 딱 (   )다.

(2) 한자 성어

보기

풍전등화(風前燈火)	조삼모사(朝三暮四)	진퇴양난(進退兩難)
교각살우(矯角殺牛)	부화뇌동(附和雷同)	교언영색(巧言令色)
견강부회(牽強附會)	상전벽해(桑田碧海)	목불식정(目不識丁)
괄목상대(刮目相對)		

① 나라의 운명이 (   )와도 같던 상황에서 많은 선각자들이 그 어려움을 헤쳐 나가기 위해 나섰다.

② 그는 피나는 노력의 결과 기타 연주 실력이 (   )했다.

③ 자기 민족의 역사를 주장하는 데에 어떤 근거도 없이 (   )한 설명을 하여서는 안 된다.

④ 안보상의 비밀도 중요하지만 국민의 알 권리를 희생시키는 (   )의 잘못을 범하지 말아야 한다.

⑤ 출근 시간은 늦었는데 신호등은 고장나고 차들은 꽉 막혀 있으니 정말 (   )이다.

04 꼭 알아 두어야 할 표기

1 틀리기 쉬운 표기

바른 표기	잘못된 표기	바른 표기	잘못된 표기
가든지 오든지	가던지 오던지	아무튼	아뭏든
(집에) 가려고	(집에) 갈려고	안 돼	안 되
곱빼기	곱배기	앳되다	애띠다
그램(g)	그람	없음, 없습니다	없슴, 없읍니다
넓적하다	넙적하다	여태껏/입때껏/이제껏	여지껏
널따랗다	넓다랗다	오랜만	오랫만
뇌졸중/뇌중풍	뇌졸증	오므리다	오무리다
다다랐다	다달았다	올바르다	옳바르다
되뇌다	되뇌이다	우리나라	저희나라
뒤풀이	뒷풀이	육개장	육계장
머리말	머릿말	잠갔다, 담갔다	잠궜다, 담궜다
몇 월 며칠	몇 월 몇 일	주책없다/주책이다	주착맞다
반짇고리	반짓고리	짜깁기	짜집기
봉숭아/봉선화	봉숭화	찌개	찌게
비로소	비로서	초점(焦點)	촛점
살코기	살고기	코방아	콧방아
설거지	설겆이	통째로	통채로
손목시계	팔목시계	하마터면	하마트면
싫증	실증	하여튼	하여턴
십상이다	쉽상이다	희로애락	희노애락

2 외래어

바른 표기	잘못된 표기	바른 표기	잘못된 표기
가스레인지	가스렌지	비즈니스	비지니스
글로벌	글로발	사이렌	싸이렌
깁스	기브스	샐러리맨	셀러리맨
나르시시즘	나르시즘	선글라스	썬글라스
내레이션	나레이션	쇼윈도	쇼윈도우
내비게이션	네비게이션	커피숍	커피샵
녹다운	넉다운	스케줄	스케쥴
다이내믹	다이나믹	싱가포르	싱가폴
다큐멘터리	도큐멘터리	아웃렛	아울렛
데스크톱	데스트탑	엘리베이터	엘레베이터
러닝셔츠/러닝샤쓰	런닝셔츠	인스턴트	인스탄트
레크리에이션	레크레이션	초콜릿	초콜렛
렌터카	렌트카	카세트	카셋트
리더십	리더쉽	컨테이너	콘테이너
마케팅	마켓팅	콘텐츠	컨텐츠
메시지	메세지	킬로미터	키로미터
미스터리	미스테리	텀블링	덤블링
바리캉	바리깡	텔레비전/티브이	텔레비젼/티비
보디랭귀지	바디랭귀지	퍼센티지	퍼센테이지
불도그	불독	하이라이트	하일라이트

3 순화어

순화 대상어	순화어	순화 대상어	순화어
내비게이션	길도우미(길안내기)	원데이 클래스	일일 강좌
노블레스 오블리주	지도층 의무	콘텐츠	꾸림 정보
딜레마	난처한 지경, 궁지	테이크아웃	포장 구매(판매)
마일리지	이용 실적(점수)	플리마켓	벼룩 시장
멘토	인생 길잡이	하이브리드카	복합 동력차
바우처 제도	상품권(이용권) 제도	기스	흠(흠집)
발레파킹	대리 주차	노가다	노동자(막일꾼/인부)
벤치마킹	본따르기	구좌(口座)	계좌(計座)
블랙 컨슈머	악덕 소비자	시말서(始末書)	경위서(經緯書)
쇼케이스	선보임 공연	운임(運賃)	짐삯(찻삯)

4 잉여적 표현

① 남은 여생(餘生)

→ 남은 생, 여생(餘生)

※ '여생(餘生: 남을 **여**, 날 **생**)'이라는 말 속에 '남다'라는 의미가 포함되어 있다.

② 낙엽이 떨어지는 가을이다.

→ 나뭇잎이 떨어지는 가을이다.

※ '낙엽(落葉: 떨어질 **낙**(락), 잎 **엽**)'이라는 말 속에 '떨어지다'라는 의미가 포함되어 있다.

③ 공기를 자주 환기시키자.

→ 공기를 자주 바꾸어 주자. / 자주 환기시키자.

※ '환기(換氣: 바꿀 **환**, 공기 **기**)'라는 말 속에 '공기'라는 의미가 포함되어 있다.

④ 이미 가지고 있던 기존의 생각들

→ 이미 가지고 있던 생각들 / 기존의 생각들

※ '기존(旣存: 이미 **기**, 있을 **존**)'이라는 말 속에 '이미 가지고 있다'라는 의미가 포함되어 있다.

⑤ 여기는 매주 월요일마다 쉰다.

→ 여기는 매주 월요일에 쉰다. / 여기는 월요일마다 쉰다.

※ '매주(每週: 매양 **매**, 돌 **주**)'라는 말 속에 '마다'라는 의미가 포함되어 있다.

5 중의적 표현

① 나는 밤이 좋다.

→ 나는 낮보다는 밤이 좋다. / 나는 도토리보다는 밤이 좋다.

※ '밤'은 동음이의어이다. '밤[夜, 밤 **야**]'인지, '밤[栗, 밤 **률**]'인지 그 의미를 분명히 하기 위해 다른 말을 추가함으로써 중의성을 해소할 수 있다.

② 아버지의 사진을 보았다.

→ 아버지가 찍은 사진을 보았다. / 아버지가 찍힌 사진을 보았다. / 아버지가 소장하고 있는 사진을 보았다.

※ 관형격 조사 '의'의 기능 때문에 다양한 의미로 해석될 수 있다.

③ 동생은 나보다 강아지를 더 좋아한다.

→ 내가 강아지를 좋아하는 것보다 동생이 강아지를 더 좋아한다. / 동생은 나랑 강아지 중에서 강아지를 더 좋아한다.

※ 비교의 대상이 불분명하여 다양한 의미로 해석될 수 있다.

④ 나는 민수와 현아를 만났다.

→ 나는 민수와 함께 현아를 만났다. / 나는 민수도 만나고 현아도 만났다.

※ 조사 '와'의 기능 때문에 다양한 의미로 해석될 수 있다.

⑤ 나는 귀여운 동생의 친구를 좋아한다.

→ 내 동생은 귀엽다. 나는 내 동생의 친구를 좋아한다. / 나는 동생의 친구를 좋아한다. 동생의 친구는 귀엽다.

※ 관형어 '귀여운'이 수식하는 대상이 '동생'인지, '친구'인지 모호하여 다양한 의미로 해석될 수 있다.

05 | 이론 |
꼭 알아 두어야 할 내용

1 음절, 어절, 문장

음절	글자 수와 관련 ＊'음절의 수 = 글자 수'
어절	띄어쓰기 단위와 관련 ＊'어절의 수 = 띄어쓰기 단위의 수'
문장	문장 끝맺음과 관련 ＊'문장의 수 = 마침표의 수'

2 문장 종결 형식

① 완성된 문장 형식(원칙)
　별다른 조건이 없다면, 완성된 문장 형식(평서문, 의문문, 명령문, 청유문, 감탄문)으로 쓰는 것이 원칙이다.

② 명사형
'명사형으로 쓸 것'이라는 조건이 있다면, 문장 종결 표현은 '명사'처럼 바꿔야 한다. 이때 방법은 간단하다.
'-다' 대신에 '-음/-기'를 넣으면 된다.

받침 ○	받침 ×	받침이 'ㄹ'
-음/-기 예 먹음/먹기	-ㅁ/-기 예 봄/보기	-ㅁ/-기 예 열다: 엶, 열기

③ 명사
'명사로 마무리할 것'이라는 조건이 있다면, 명사로 종결하면 된다. 서술어라면 '~할 것'으로 수정하면 된다.
※ 명사형이나 명사로 끝나는 문장에는 '마침표'를 쓰는 것을 원칙으로 하되, 쓰지 않는 것을 허용한다.

원칙	허용
목적을 이루기 위하여 몸과 마음을 다하여 애를 씀.	목적을 이루기 위하여 몸과 마음을 다하여 애를 씀
결과에 연연하지 않고 끝까지 최선을 다하기.	결과에 연연하지 않고 끝까지 최선을 다하기
신입 사원 모집을 위한 기업 설명회 개최.	신입 사원 모집을 위한 기업 설명회 개최
내일 오전까지 보고서를 제출할 것.	내일 오전까지 보고서를 제출할 것

3 원고지 작성 방법

① 한 칸에 한 자씩만 쓴다.

• 알파벳과 숫자

원칙을 따르는 경우	예외인 경우
㉠ 알파벳 대문자 ㉡ 로마 숫자 예 Ⅰ, Ⅱ, Ⅲ 등	㉠ 알파벳 소문자 ㉡ 아라비아 숫자

※ 홀수 개로 이루어진 것은 앞에서부터 두 자씩 쓴다.
소수점, 금액 표시 쉼표도 아라비아 숫자 하나에 준하여 처리한다.

1.	05	%		10	.5	%		
1,	00	0	원					

---

② 문단 첫머리는 한 칸을 비우고 둘째 칸부터 쓴다.

③ 문장 부호도 한 글자로 취급한다.

㉠ 느낌표(!)나 물음표(?) 등은 한 칸의 가운데에 쓴다.
㉡ 따옴표(" "), 쉼표(,), 마침표(.) 등은 칸의 구석에 쓴다.
㉢ 줄표(—)는 두 칸을 차지한다.

※ 대화는 줄을 바꾸어 쓰되, 큰따옴표를 붙인다. 줄의 첫 칸은 비우고, 둘째 칸에 따옴표가 오게 한다.

	"	사	랑	이		뭐	냐	?	"	

---

④ 교정 부호 사용 방법

띄어쓰기(∨)	글자 사이를 한 칸 비우라는 의미의 기호이다.
붙여 쓰기(⌒)	떨어진 글자를 붙이라는 의미의 기호이다.
수정(◯)	어법에 어긋난 철자를 바르게 수정한다는 의미의 기호이다.
삭제(◯)	불필요한 부분을 제거하라는 의미의 기호이다.

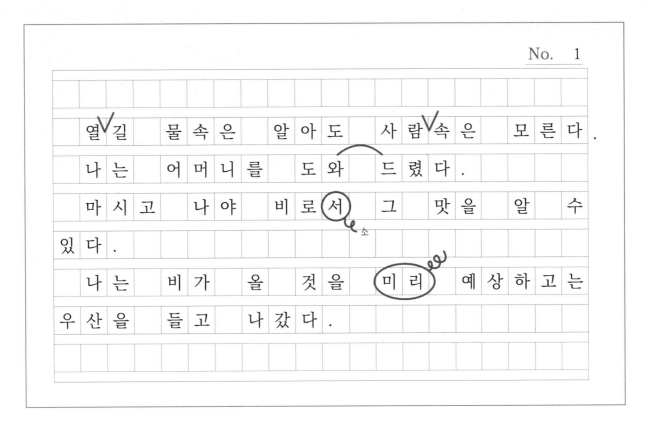

⑤ 단락을 구분

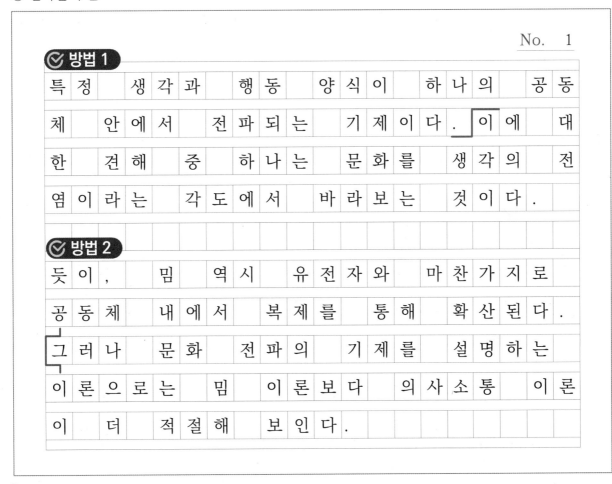

⑥ 구분된 단락을 연결

| | | | | | | | | | | | | | | |
|로| |이|어|져|서| |오|늘|에| |이|르|고| |있|습|니|다|.|
	그		과	정	에	서	는		정	의	가		패	배	하	고		기	회
주	의	가		득	세	하	는		불	행	한		역	사	를		겪	었	습
니	다	.																	

⑦ 빠진 내용의 추가와 문장의 수정

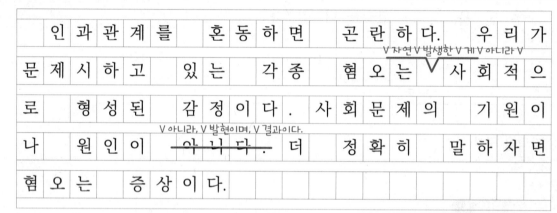

인	과	관	계	를		혼	동	하	면		곤	란	하	다	.		우	리	가
문	제	시	하	고		있	는		각	종		혐	오	는	∨	사	회	적	으
로		형	성	된		감	정	이	다	.		사	회	문	제	의		기	원	이
나		원	인	이		아	니	다	.		더		정	확	히		말	하	자	면
혐	오	는		증	상	이	다	.											

∨ 자연 ∨ 발생한 ∨ 게 ∨ 아니라 ∨

∨ 아니라, ∨ 발현이며, ∨ 결과이다.

※ 이때는 반드시 '∨' 표시를 해 주어야 한다.

m·e·m·o

PART 3

실용글쓰기 완성

| 혜 | 원 | 국 | 어 | 실 | 용 | 글 | 쓰 | 기 |

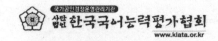

(1)형 국가공인 한국실용글쓰기 검정

수험번호	□□□□□□□	제한시간 90분

객관식 영역 (400점)	감 독 관 확 인	

※ 다음은 정○○ 기자가 쓴 기사문 초고이다. 다음 글을 읽고 물음에 답하시오. (1~2번)

(㉠) 4일 "근로소득자 1,668만 명 중에서 나의 연봉 순위와 절세비율 등 연봉과 관련된 다양한 정보를 알려주는 '연봉탐색기'를 서비스한다."라고 밝혔다.

연봉탐색기 서비스를 이용하려는 사람은 한국납세자연맹 홈페이지에 접속해 메인 홈페이지 오른쪽 위의 '1,668만 명 중 내 연봉 순위는?' 코너를 클릭하면 된다. 그리고 자신의 연봉 액수를 입력하면 전체 근로자 중 자신의 연봉 순위와 연봉의 실제 수령액, 공제 항목 실태, 연봉이 100만 원 올라갈 때 자신에게 돌아오는 몫, 소득공제가 증가할 때 늘어나는 환급액 규모, 지금보다 세율이 한 단계 상승하는 연봉 액수 등 모두 9개의 사항이 제시된다.

(㉡) 회원 가입 후에는 세전 수입만 입력하면 모든 게 가능하다. 회원 정보는 저장되지 않고 연봉 액수만 입력하기 때문에 연봉탐색기를 이용하더라도 개인 정보가 누출될 위험성은 거의 없다.

연봉탐색기는 연봉 순위뿐만 아니라 내가 실제로 내는 세금과 실수령액, 절세비율, 연봉에 맞는 각종 ㉢세테크팁까지 제공해 합리적인 지출계획을 세우려는 직장인들에게 큰 도움이 될 전망이다.

특히 본인의 ㉣연봉을 입력하면 연봉 순위는 물론 여기에 입력된 연봉 데이터를 근거로 세금 등을 제외한 내 연봉의 실수령액과 내 연봉에서 빠져나가는 공제항목의 분포 및 금액을 분석해 준다. (㉤)

연봉탐색기의 분석값과 연봉 순위에 사용된 데이터는 올해 국정감사에서 나온 연말정산을 한 근로자 1,668만 명에 대한 290구간 자료이다. 오차범위가 최대 ±0.8%로 정확도가 아주 높다.

한국납세자연맹 김○○ 회장은 "연봉탐색기는 연초, 자신의 올해 연봉에서 실수령 예상액을 확인하여 합리적인 소비지출을 계획하는 데 도움이 된다."며 "연말정산을 앞둔 직장인에게는 내 연봉에 맞는 절세 요령을 통해 올해 환급액을 늘릴 수 있을 것"이라고 밝혔다.

---

01 윗글을 수정할 방안으로 적절하지 **않은** 것은?

① ㉠에 '한국납세자연맹은'을 넣는다.

② ㉡에 '다만 연봉탐색기 서비스를 이용하고자 하는 사람은 반드시 회원 가입을 해야 한다.'를 넣는다.

③ ㉢'세테크팁'을 '절세 요령'으로 수정한다.

④ ㉣'연봉'을 '분석값'으로 수정한다.

⑤ ㉤에 연봉탐색기를 이용하면 얻을 수 있는 도움을 더 나열하여 쓴다.

---

02 윗글을 쓴 정○○ 기자가 예상한 독자의 반응으로 적절하지 **않은** 것은?

① 내 연봉에 맞는 각종 절세 요령을 알 수 있다니 한번 이용해 봐야겠네.

② 연봉탐색기에 입력한 정보가 저장되지 않는데 왜 회원 가입을 해야 할까?

③ 연봉 탐색기에 입력한 값을 바탕으로 내년 연봉탐색기 분석 값을 업데이트하겠군.

④ 합리적인 소비지출을 계획하는 데 굳이 연봉서열을 확인해야 하는 이유는 무엇이지?

⑤ 연봉을 협상할 때 회사가 제시한 연봉 인상액 중에서 세금을 뺀 나의 몫을 제시할 수 있겠군.

---

03 다음 글을 쓰기 위해 글쓴이가 수집한 자료로 가장 적절하지 <u>않은</u> 것은?

> **기준 금리 41개월 만에 하락**
>
> 한국은행 금융통화위원회가 12일 기준 금리를 연 3.0%로 0.25%p를 내렸다. 금리 인하는 2014년 2월 0.5%p를 내린 이후 41개월 만이다. 금리를 인하하면 시중에 돈이 많이 풀리면서 기대 인플레이션을 자극해 물가가 오를 수 있다. 또 기존 대출자의 금리 부담을 줄여 줄 수 있지만, 가계 부채 증가라는 위험이 따를 수 있다.

① 금리를 인하하면 물가가 내려간다.
② 기준금리를 연 3.25%에서 연 3.0%로 인하하였다.
③ 금리를 인하하면 가계 신규 대출이 늘어나는 경향이 있다.
④ 금리를 내리면 기존 대출자의 금리 부담이 줄어들 수 있다.
⑤ 기준금리를 결정하는 한국은행이 기준금리를 오랜만에 내렸다.

04 다음 중 도표를 삽입할 때 주의할 점으로 적절하지 <u>않은</u> 것은?

① 제목은 반드시 붙인다.
② 데이터의 정확한 일자를 쓴다.
③ 설명문은 도표의 위에 배치한다.
④ 데이터의 수치를 정확하게 쓴다.
⑤ 알아보기 쉽고 간단명료하게 구성한다.

※ 다음 글을 읽고 물음에 답하시오. (5~6번)

> "길 가던 버스가 갑자기 폭발하다니, 믿겨지지가 않아."
> "그러게 말이야. 이 사건은 오랫동안 잊혀지지 않을 거야."
> 최근 일어난 버스 폭발 사건에 대해서 두 여성이 나누는 대화이다. 두 사람 모두 잘못된 말을 쓰고 있다. (㉠) 이 대화 중 어디가 잘못됐는지 단번에 알아차리는 사람은 그리 많지 않다.
> 결론부터 말해서 이 두 사람은 모두 (㉡) 표현을 쓰고 있다. 이중피동은 피동형 동사에 '-어지-' 형태의 피동 표현을 한 번 더 쓰면서 중복된 피동 표현을 하는 것을 말한다.
> 국립국어원 김○○ 연구관은 "한글 창제 이후 중세시대에는 국어에서 피동표현이 거의 사용되지 않았는데 영어의 영향을 받으면서 현대에는 피동 표현이 자리를 잡아가고 있다."라고 말했다. 하지만 아직은 능동으로 표현하는 것이 익숙하고 자연스럽다는 설명이다. (㉢) "미용실에서 머리 깎고 왔다."라는 말은 미용사가 머리를 깎아 주었다면 (㉣) 표현을 쓰는 것이 맞는데 능동 표현을 주로 써 온 우리 언어 관습에서 나와 굳어진 표현이다.
> 더구나 이중피동은 말이 쓸데없이 길어지고 깔끔하지 못하다. 김○○ 연구관은 "피동 표현은 현대에 와서 점점 익숙해져 가고 있으나 이중피동은 분명히 잘못된 표현"이라고 지적했다.

05 윗글의 ㉠~㉣에 들어갈 말로 적절한 것은?

	㉠	㉡	㉢	㉣
①	그런데	이중피동	예를 들어	피동
②	그러나	이중피동	요컨대	능동
③	더구나	능동	예를 들어	이중피동
④	또한	이중피동	예를 들어	능동
⑤	그런데	능동	요컨대	피동

06 윗글에서 지적하고 있는 오류 유형이 나타나는 문장은?

① 이번 사건의 실마리가 잡히지 않는다.
② 한번 개에 물린 사람은 개를 무서워한다.
③ 편지에 담겨진 진실을 철저히 파헤쳐 보아야 한다.
④ 새롭게 알려진 사실에 의하면 그간의 소문은 모두 사실이었다.
⑤ 일본의 지진에도 성금을 보냈던 우리가 모금하지 못할 이유는 없다.

07 다음은 ○○회사의 인재상을 나타낸 도표이다. 이를 안내하는 안내문을 만들 때 역량별로 들어갈 내용을 가장 적절하게 쓴 것은?

넘치는 열정과 창의적인 도전으로 에너지 산업의 미래를 이끌어갈 인재를 구하고 있습니다.

① 신뢰: 자신의 역할을 다하며 서로 결집한다.
② 탁월: 구성원과 조직 모두가 최고를 지향한다.
③ 도전: 높은 목표를 설정하고 성과를 창출한다.
④ 상호 협력: 대내외 자원과 역량을 존중한다.
⑤ 유연: 열린 사고와 행동으로 앞서 행동한다.

※ 다음 글을 읽고 물음에 답하시오. (8~9번)

(가) 오늘도 '취업준비생'(이하 취준생)들은 '자소서'를 쓴다. 자소서는 '자기소개서'의 줄임말로, 기업에 원서를 낼 때 거의 예외 없이 제출하는 서류이다. 하지만 자소서에 쓰는 모든 소개는 그 자체로는 의미가 없다. 궁극적으로 채용담당자를 설득하지 않으면 무용지물이기 때문이다.

(나) 청년들이 자소서를 '자소설'이라고 부르는 이유도 여기에 있다. 자소서를 쓰는 이는 모든 항목에서 자신의 경험과 생각을 최대한 과장해야 한다. 당연히 경험은 과장될 수밖에 없다. 그래서 그것은 '소설'처럼 '있을 법한 허구'가 된다. 모두가 소설을 쓴다면, 그중 가장 극적이고 재미있는 소설을 쓴 이가 서류전형을 통과할 공산이 크다. 자소서 쓰기는 우리 시대의 청년 문학이자, 기업이 주관하는 신춘문예다.

(다) 결국 '학생부'가 중고등학생의 삶을 주조한다면, 자소서는 대학생의 삶을 주조하는 '주체화 장치'다. 자본은 상품을 생산하는 데서 그치는 게 아니라, 청년의 삶을 생산하는 방향으로 나아간다. 그의 삶은 완벽한 자유로 이루어진 것처럼 보이지만, 사실 그는 자본에 구속된 인간으로 자신을 관리한다. 오늘날 정치는 국회나 청와대에 있다기보다, 기업의 자소서가 만들어내는 청년들의 삶 속에 있다. '삶 정치'란 이런 것이다.

(라) 그래서 자소서의 기능은 단순히 기업에 '자기소개'를 하는 게 아니다. 그것은 짧게는 1~2년, 길게는 9~10년의 자기 인생을 기업이 요구하는 가치에 따라 조직하는 일이다. 청년 실업률이 역대 최고로 높은 오늘날, 자소서는 청년들이 '자기'의 삶을 설계하고 운영하고 관리하는 지침서. 이것은 기업이 운영하는 '고해성사'다. 그런 의미에서 자소서는 개인을 권력의 입맛에 맞춰 하나의 '주체'로 만드는 체계, 곧 푸코가 '장치'(dispositif)라고 불렀던 것의 대표적인 한국적 사례가 된다.

(마) 자소서가 '자소설'이 되는 또 하나의 이유는 그것이 '자기소개'의 독자성과 창의성이 없고, 기업이 제시하는 항목에 자기를 맞추는 글이기 때문이다. 회사를 초월해 자소서 항목에서 반복적으로 등장하는 단어들은 무엇일까? 그것은 '열정, 극복, 도전, 끈기, 성과, 창의, 문제 해결, 비전, 노력, 희생, 진지함, 헌신, 감동' 등이다. 취준생들은 자기 삶의 경험들을 이러한 단어들에 맞춰서 재배치해야만 한다. 이제 경험을 통해 가치를 추출하는 게 아니라, 자소서에서 요구하는 가치를 충족하기 위해 선제적으로 경험을 조직하는 게 최선이다. 대학생활에서 자소서가 만들어지는 게 아니라, 자소서를 위해 대학생활이 만들어지는 것이다.

---

08 다음 〈보기〉의 ㉠~㉤을 윗글의 (가)~(마) 문단에 넣으려고 할 때 가장 적절하게 넣을 방안은?

─ 보기 ┌

㉠ 자소서는 '자기'를 만들어내는 것, 기업의 인재상에 맞추어 '자기'를 생산하는 기능을 한다.

㉡ 명칭 그대로 자소서는 자기가 살아온 경험을 소개하면서 자신이 이 회사에 채용되어야 하는 이유를 기술하는 글이다.

㉢ 이 단어들은 기업이 찾는 인재가 거의 '슈퍼히어로'에 가까움을 보여준다. 평범한 대학생들의 삶과는 어울리지 않는 거창한 단어들이다.

㉣ 이렇게 생산되는 '자기'란 '자신을 인적자본으로 바라보고 투자 대비 이윤을 최대화하기 위해 자기를 관리하고 경영하는 인간', 곧 신자유주의적 인간형인 호모 에코노미쿠스이다.

㉤ '가장 어려웠던 일을 극복하기 위해 어떤 일을 했는지', '조직의 목표를 달성하기 위해 노력하고 희생함으로써 협력을 끌어낸 경험'에 대해 쓸 때, 지원자는 최근 4~5년의 대학생활 동안 경험했던 일들을 복기해서 아무리 작은 경험이라도 그 속에서 '어려움', '극복', '목표 달성', '희생', '협력'이라는 키워드를 끌어내야 한다.

① ㉠을 (라) 문단에 넣는다.
② ㉡을 (다) 문단에 넣는다.
③ ㉢을 (나) 문단에 넣는다.
④ ㉣을 (마) 문단에 넣는다.
⑤ ㉤을 (가) 문단에 넣는다.

09 윗글의 (가)~(마) 문단을 논리적인 순서대로 전개해 쓴 것으로 적절한 것은?

① (가) → (나) → (다) → (라) → (마)
② (가) → (나) → (라) → (마) → (다)
③ (가) → (나) → (마) → (라) → (다)
④ (가) → (라) → (다) → (나) → (마)
⑤ (가) → (라) → (마) → (나) → (다)

※ 다음 사례를 읽고 물음에 답하시오. (10~11번)

> 컨설팅 회사에 근무하는 신입사원 최○○ 씨의 부서가 고객으로부터 사업 제안서를 요청받았다. 그 고객은 신입사원 최○○ 씨 아버지의 회사와 오랫동안 협력관계에 있는 사람이었다. 신입사원 최○○ 씨는 심혈을 기울여 사업 제안서를 완성하여 개인적인 안부와 함께 제안서 초안을 이메일로 보냈다.
> 한편 그 고객의 비서는 여러 군데 컨설팅 회사에 요청하였던 사업 제안서를 취합하고 출력하여 회의 때 돌려 볼 수 있도록 하였다. 그런데 (㉠) 이메일에는 이전의 접대 자리가 만족스러웠는지를 묻는 극히 개인적인 내용이 들어 있었다.
> 며칠 후 신입사원 최○○ 씨는 그 고객으로부터 제안서 탈락과 동시에 컨설팅 업무 계약 취소 통보를 받았다.

10 윗글의 ㉠에 들어갈 문장을 쓴 것으로 가장 적절한 것은?

① 사업 제안서로는 이전의 협력 관계를 파악하기가 어려웠다.
② 여러 군데 컨설팅 회사의 사업 제안서의 우열을 가릴 수 없었다.
③ 신입사원 최○○ 씨가 보낸 이메일 내용이 회의의 분위기를 흐려놓았다.
④ 신입사원 최○○ 씨의 사업 제안서는 매우 훌륭하여 신입사원이 쓴 것으로는 보기 어려웠다.
⑤ 신입사원 최○○ 씨가 보낸 이메일에는 사업상 협력 관계에 대한 언급 없이 가벼운 인사만 들어 있었다.

11 위 상황에서 신입사원 최○○ 씨가 컨설팅 업무 계약 취소 통보를 받게 된 이유를 적절하게 쓴 것은?

① 사업 제안서 필수 항목을 빠뜨리고 썼기 때문이다.
② 제안서의 내용을 충분하게 쓰지 못했기 때문이다.
③ 인간관계를 고려하지 않고 딱딱한 문체로 썼기 때문이다.
④ 다른 회사의 제안서와 달리 신입사원의 신분으로 썼기 때문이다.
⑤ 공식적인 이메일에 공과 사를 구분하지 못하는 내용을 썼기 때문이다.

12 문서를 작성하던 김○○ 사원은 읽기에 따라 불필요한 말이 반복되거나 중의적으로 해석할 여지가 있는 문장을 가려내어 고쳤다. 다음 중 적절하게 고친 문장은?

① 그는 나보다 회사 일을 더 우선한다.
② 그 문제는 다시 재고해 볼 필요가 있습니다.
③ 성실한 그의 상사는 항상 일찍 출근하여 사무실 청소를 한다.
④ 일정한 액수 이하를 송금할 때는 수수료를 내지 않아도 됩니다.
⑤ 올바른 사회를 만들기 위해서는 사회악을 뿌리 뽑아 근절해야 한다.

13 다음 ㉠~㉣에 대한 설명으로 적절한 것은?

㉠ 호주 크리켓 경기장의 지나치게 엄격한 복장 규정이 기자 들의 반발로 논란에 휩싸였다.

㉡ 호주 인터넷 포털 사이트 '야후7'은 15일 '호주 퍼스의 웨스턴 오스트레일리아 크리켓협회(WACA)의 복장 규정에 대해 일부 여성 기자들이 반발했다.'라고 보도했다.

지난주 호주 퍼스의 WACA 그라운드에서 열린 호주와 남아 프리카공화국의 경기 취재에 나선 ESPN의 멜린다 패럴 기 자는 이날 '의상이 복장 규정에 맞지 않는다.'는 지적을 여러 차례 받았다고 주장했다. ㉢

패럴 기자는 자신의 트위터에 'WACA는 시대 흐름을 따라가야 한다.'고 비판했다. 그는 '1960년대에나 만들어졌을 법한 복장 규정을 고수한 결과 관중석이 텅 비어있는 것을 알지 못하는 모양'이라며 '협회 관계자가 경기장을 찾은 한 임신부에게도 치마가 너무 짧다고 ㉣ 지적하는 바람에 결국 그 여성은 허리띠를 풀어 치마를 아래로 내려 입어야 했다.'라고 밝혔다.

영국과 영연방 국가에서 인기가 많은 크리켓은 '신사의 스포츠'라고 해서 관중이나 크리켓 클럽 회원들의 복장 규칙을 정한 경우가 많다. 여성의 경우 어깨를 완전히 드러낸 옷이나 레깅스, 슬리퍼 등의 착용을 금지하고 남성도 깃이 없는 셔츠, 하와이 스타일이나 운동용 반바지 등을 입지 못하게 하는 식이다.

㉤ WACA의 복장 규정은 그중에서도 지나치게 엄격하고 특히 여성에 대한 복장 규제를 심하게 한다는 지적이 나온 것이다. ㉥ WACA의 크리스티나 매슈스 대표는 이번 논란에 대해 '복장 규정을 재점검하는 계기로 삼겠다.'며 주위 비판을 수용하겠다는 뜻을 밝혔다.

㉦ WACA의 복장 규정에 여성의 경우 '치마가 무릎 위 8.5㎝ 이상 올라가서는 안 되고, 어깨끈의 넓이는 5㎝ 이상이어야 한다.'라고 되어 있다는 것이다.

① ㉠과 ㉡의 밑줄 친 문장의 위치를 서로 바꾼다.
② ㉢의 위치로 ㉦의 밑줄 친 문장을 이동한다.
③ ㉣을 '지적한 덕에'로 고쳐 쓴다.
④ ㉤의 자리에 '그러므로'라는 접속어를 넣는다.
⑤ ㉥의 밑줄 친 문장은 문단의 통일성을 해치므로 삭제한다.

14 ○○회사의 직원들이 작성한 문서에서 다음과 같은 문장을 발견하였다. 다음 중 밑줄 친 단어의 쓰임이 적절하지 않은 것은?

① 빙산이 바다 위를 부상하는 것은 온난화 때문이다.
② 직장 내 권위주의 불식을 위해 활발한 토론 문화를 정착시켜야 한다.
③ 과자류에 지나친 식용 색소를 첨가하는 것은 소비자의 건강에 해롭다.
④ 우리 회사는 실추된 이미지의 회복을 위해 과감한 변신을 꾀해야 한다.
⑤ 한국 여성의 귀감인 신사임당을 이번 광고의 모델로 삼아야할 것이다.

15 다음 중 신입사원에게 배포할 공문서 작성법으로 적절하지 않은 것은?

① 전달력이 높은 공적인 언어를 씁니다.
② 경어체 '-합니다.', '-입니다.', '-습니다.'를 씁니다.
③ 문학적 표현보다는 논리적 표현과 공적인 용어 위주로 씁니다.
④ 일상용어보다 정확한 의미전달을 위해 어려운 한자어를 주로 씁니다.
⑤ 실용문에 적합한 용어로 핵심을 전달하는 구체적 실사 위주의 문장을 씁니다.

※ 다음 문서를 읽고 물음에 답하시오. (16~18번)

NCS 기반 채용 직무기술서(국내복귀기업지원)				
채용 구분	경리직 (정규직)	분류체계	채용분야	02. 경영·회계·사무
			세부 모집분야	01. 기획·사무
개요	(㉠)의 국내 복귀 지원을 위한 제반 업무를 수행한다.			
세부 직무	■ (㉠)의 국내 복귀 기업 선정 심사 및 사후관리 ■ 기업 자문 및 컨설팅 업무 수행			
업무 내용	■ 분야별 주요 이슈 심층 분석 및 조사 ■ (㉠)의 국내 복귀 전략 수립 등의 업무를 공통으로 수행하되, 세부			
직무 요건	■ 지식 및 기술 　■ 법률, 경영, 경제, 재무·회계 관련 지식 및 기술 　■ 지원 분야별 세부직무에서 명시한 분야 관련 지식 및 기술 　■ (㉡) ■ 직무 수행 태도 　■ 시장 환경, 고객, 경쟁자 동향 등을 종합적으로 고려하는 전략적 사고 　■ 사업계획의 실행 가능성 및 타당성을 확인하려는 자세 　■ 긍정적이고 미래지향적인 자세			
직무 관련 경력, 경험	■ 회계사 자격증 소유자 또는 해당 분야에서의 연구·조사, 전략 수립 등 업무 수행 참여 경력			

- 하략-

16 윗글의 ㉠에 공통으로 들어갈 말을 가장 적절하게 쓴 것은?

① 강소 기업
② 국외 진출 기업
③ 자사 컨설팅 직무
④ 국외 마케팅 업무
⑤ 현지 프랜차이즈 건설

17 윗글의 ㉡에 더 써넣을 내용을 가장 적절하게 쓴 것은?

① 지식재산권, 법률 관련 지식 및 기술
② 인수·합병 분야에 대한 기본 지식 및 기술
③ 국외 진출 현지화 전략 수립 및 실행 경험
④ 해당 분야에서의 국외마케팅 실무 업무 경력
⑤ 조사방법론, 통계분석 등에 대한 기본 지식 및 기술

18 위와 같은 채용공고문에 따른 입사지원서의 특성으로 적절하지 않은 것은?

① 직무기반 입사지원서: 해당 직무를 성공적으로 수행할 가능성이 높은 지원자를 선별하기 위한 것으로 해당 기업, 기관의 모집 분야별 직무수행에 필요한 내용을 기재할 수 있도록 구성되어 있다.
② 인적사항: 개별 지원자를 식별하고 관리하기 위한 성명, 생년월일, 연락처 등 최소한의 정보로만 구성되어 있다.
③ 교육사항: 직무 수행에 필요한 지식, 기술, 태도를 갖추고 있는가를 평가하기 위한 항목으로 크게 학교 교육과 직업교육으로 구성되어 직무에 대한 지원자의 관심과 노력을 판단하는 척도로 활용된다.
④ 자격사항: NCS 세부 분류별로 제시된 자격현황을 참고하여 지원자가 직무수행에 필요한 기술을 가졌는지 판단할 수 있도록, 취득한 자격은 모두 기록하도록 한다.
⑤ 경력 사항 및 직무 관련 활동: 지원자가 직무와 관련된 일이나 경험 여부를 평가하기 위한 항목으로 경력기술서, 경험기술서, 자기소개서에 구체적으로 작성하도록 하여 면접 시 참고자료로 활용한다.

※ 다음 글을 읽고 물음에 답하시오. (19~20번)

품의 제목	(㉠)		최종 결재자		
결재 번호			품의 번호		
결 재 일	2016년 월 일		품 의 일	2016년 월 일	
인가	조건부인가	보류	부결	기안자	
결재	담당	대리	과장	부장	이사	사장

총무팀은 업무용으로 사용하고 있는 프린터(SST123DN), 복합기(IR321i)의 장기간 사용으로 인한 고장(수리비 과다)에 따라 다음과 같이 복합기를 계약하여 업무에 사용하고자 합니다.
1. 계약 사유: 총무팀의 업무 진행 시 소요되는 많은 출력을 기존의 기기로는 출력을 할 수 없어 복합기 2대를 임대하여 사용하려고 함.
2. 계약 내용
   가. 물품명: 디지털 복합기 2대
       1) SY-K1234K(흑백)
       2) SY-K4321K(컬러)
   나. 계약 업체: 실용디에스
   다. 계약 기간: 2016년 6월 1일~2017년 2월 28일(9개월)
   라. 대 여 료: 금 267,000원/월

순	모델명	수량	월 임대료(원)	임대 기간	산출근거	비고
1	SY-K1234K (흑백)	1대	172,000원	9개월	172,000원×9 =1,548,000원	
2	SY-K4321K (컬러)	1대	95,000원	9개월	95,000원×9 =855,000원	
계			267,000원		2,403,000원	

19 윗글의 ㉠에 서술할 내용으로 가장 적절한 것은?

① 실용디에스 신규 계약의 건
② 디지털 복합기 구매 계약의 건
③ 디지털 복사기 대여료 지출의 건
④ 총무팀 프린터 및 복합기 수리의 건
⑤ 총무팀 업무용 복합기 장기대여의 건

20 위 품의서에 첨부할 내용으로 적절하지 않은 것은?

① 견적서
② 타사 비교 견적서
③ 복합기 임대차 계약서
④ 총무팀 업무량 증가 추이
⑤ 실용디에스 사업자 관련 서류

※ 다음은 김한국 사원이 작성한 기획서 초안이다. 다음 글을 읽고 물음에 답하시오. (21~22번)

1. 서문
   ○○ 영유아 전용 세제는 지금까지 발매된 제품과는 전혀 다른 100% 천연 재료로 만든 친환경 세제이다. 특히 3세 미만의 영유아용품 젖병, 이유식 식기, 영유아 장난감 등을 가장 위생적이고 친환경적으로 씻을 수 있는 제품이다. 그러므로 이 획기적인 상품을 많은 사람에게 알릴 필요가 있다.

2. **기획 배경**
   ○○ 영유아 전용 세제는 지금까지 발매된 제품과는 전혀 다른 100% 천연 재료로 만든 친환경 세제이다. 따라서 이 획기적인 상품을 많은 사람에게 알릴 필요가 있다.

3. **기획 목적**
   다양한 장소에서 이벤트를 하고 신문 광고를 통해 ○○ 영유아 전용 세제를 더 많은 사람에게 알려 판매를 촉진해야 한다.

4. **광고 기간**
   2017년 4월 1일~4월 31일

5. **광고 내용(개요)**

   광고명: ○○ 영유아 전용 세제
   이벤트: 서울 시내 대형 마트와 약국 체인점에서 제품 홍보
   매체: 신문 광고(○○일보, ○○신문, △△신문)

6. **붙임 자료**
   광고 실행에 관한 세부 사항

21 위와 같은 글을 작성하는 요령에 대한 설명으로 가장 적절한 것은?

① 기술을 담보로 투자를 유치하여 투자 회사와 이익을 공유하기 위해 작성한다.
② 주요 의사 결정 사항에 대한 담당자 및 실행 기한 등 향후 계획을 구체적으로 기술한다.
③ 문제 해결 요건을 충족하고 상대방의 공감과 흥미를 불러일으켜 해당 안이 채택될 수 있도록 쓴다.
④ 작성자의 이해관계 및 선입견을 배제하고 과거 사례 및 타부서의 의견 등을 포괄적으로 검토하여 작성한다.
⑤ 기업이 제공 또는 창출할 수 있는 제품 및 서비스 등을 제시하고 이를 실현하기 위한 구체적인 방법과 운영 계획 등을 소개한다.

22 윗글을 보고 상사가 쓴 평가로 가장 적절하지 않은 것은?

① 기획 목적과 광고 전략이 혼재되어 있습니다.

② '기획 목적-전략-실행 기획' 등의 항목으로 구분하면 더 좋겠습니다.

③ 신상품에 대한 광고 기획이므로 유통에 대한 대책 및 촉진 내용이 포함되어야 합니다.

④ 광고 실행에 관한 세부 사항은 붙임 자료로 넣기보다는 본문에 구체적으로 써야 합니다.

⑤ 서문과 기획 배경에 같은 내용을 반복하고 있으므로 두 항목을 통합하는 것이 좋겠습니다.

※ 다음 광고를 보고 물음에 답하시오. (23~24번)

이런 모습, 상상은 해보셨나요?

23 위 광고를 제작하기 전에 작성한 광고 기획서에 광고의 제작배경으로 제시할 수 있는 자료로 적절한 것은?

① 고령 친화제품 기술 개발 계획

② 1970년~2015년까지의 출산율 변화 추이

③ 고령사회 성장동력 확보를 위한 근로자 직업 훈련

④ 저출산 대책사업의 일환인 무상보육료 및 차등보육료

⑤ 고령화에 대한 각종 연금, 보험, 노인 복지사업비 내역

24 위 광고에 대한 부가적인 광고 문구를 쓰려고 한다. 다음 중 적절하지 않은 것은?

① OECD 국가 중 최저 출산율의 나라

② 세계에서 고령화가 가장 빨리 진행 중인 나라

③ 아이보다 어른이 많은 나라, 상상해 보셨나요?

④ 내 아이를 갖는 기쁨과 나라의 미래를 함께 생각해 주세요.

⑤ 아이 교육에 대한 투자, 스마트한 생활, ○○폰으로 함께 해요.

25 다음 중 기안문서에 관해 쓴 문장으로 가장 적절한 것은?

① 내용과 관련된 다른 부서의 협조를 얻기 위해 작성한 문서이다.

② 접수 문서를 배포 절차에 따라 담당 업무 처리과로 배포한 문서이다.

③ 결재 문서, 결재권자의 결재를 얻기 위해 서식에 따라 작성한 문서이다.

④ 발송문서, 기안 내용을 실행하기 위해 규정된 서식으로 작성한 문서이다.

⑤ 외부로부터 받은 문서를 접수 담당 부서에서 절차를 거쳐 접수한 문서이다.

26 다음 문서의 ㉠~㉤에 쓸 내용으로 가장 적절한 것은?

일반 구매 거래 약관

본 일반 구매거래 약관은 ㈜○○(이하 "구매자")과 물품공급자(이하 "공급자") 간의 상호신뢰를 바탕으로 한 물품거래를 신속, 정확하게 처리하고 당사자 간의 이해관계를 합리적으로 조정하기 위하여 기본적이고 일반적인 거래조건을 정한 것이다.

제1조 (적용 범위)

"공급자"가 직접 제작/생산한 물품 납품과 제삼자가 제작/생산한 물품을 조달 납품하는 모든 경우에 적용된다.

제2조 (㉠)

1. "공급자"는 "구매자"가 발행한 발주서에서 지정한 모델, 사양, 수량, 납품기일, 인도조건, 납품장소를 준수하여 거래 물품이 최상의 조건으로 "구매자"에게 납품 완료될 수 있도록 최선의 노력을 다해야 할 책임과 의무를 갖는다.

2. "구매자"가 지정한 검수자의 검사에 합격한 때, 납품을 완료한 것으로 인정하며 "구매자"의 요청 시 검수자 서명을 얻은 납품 증빙자료(검수/인수 확인서, 거래명세표, 배달표 등)를 제출하여야 한다.

제3조 (㉡)

1. "공급자"는 거래 물품에 대해서 발주서에 명기된 사양과 비교하여 제품에 하자가 없음을 보증하고 하자 부존재에 대한 증명책임을 갖는다. 제품보증 기간 안에 하자가 발생한 경우 하자 유형에 따라 무상 수리, 교환, 환급조치를 이행해야 하며 제품하자로 발생한 "구매자"의 손해에 대해서도 배상의 책임을 진다.

제4조 (㉢)

1. "구매자" 또는 "공급자"가 정당한 사유 없이 발주서 및 본 약관에 규정한 거래약정을 준수하지 않았을 경우 상대방에게 서면으로 최고를 한 후 30일 이내 시정되지 않을 경우 해당 물품거래 무효화 및 발주사항을 취소할 수 있다.

제5조 (㉣)

1. "공급자"는 거래 물품 납품 시 "구매자"의 원활한 물품 사용을 위한 사용설명서 등 관련 자료를 최대한 제공하여야 하고 "구매자"의 요청 시 사용법 시연 등 현장방문 교육에도 적극적으로 임해야 한다.

2. "공급자"는 납품이 완료된 후에도 "구매자"의 요청 시 관련 정보/자료 제공 및 조언을 해야 할 의무가 있다.

제6조 (㉤)

"구매자"와 "공급자"는 서면을 통하여 상호 합의한 경우를 제외하고 본 거래와 관련한 권리와 의무를 제삼자에게 양도, 담보제공, 대여 및 기타 처분행위를 할 수 없다. 단, 상

호 합의한 경우라도 양 당사자는 제삼자와 연대 책임을 부담하며 거래 관련한 책임이나 의무로부터 면제되는 것은 아니다.

제7조 거래약정사항의 변경 및 통지의무

1. "구매자"가 발행한 발주서 및 본 거래약관에 의해 성립된 거래약정사항은 상호 서면 합의를 통해 변경할 수 있다.

2. "구매자"와 "공급자"는 영업양도, 상호 및 대표자 변경 등 중요 변경사항 발생 시 바로 상대방에게 통지하여야 한다.

– 하략 –

---

① ㉠: 납품 증빙자료 제출
② ㉡: 손해배상 책임을 다한다.
③ ㉢: 거래 무효처리 및 발주 취소
④ ㉣: 공급자의 의무를 다한다.
⑤ ㉤: 거래 관련한 책임이나 의무로부터 면제되는 경우

---

27 회계과에 근무하는 황○○ 씨는 다음 계약서의 조항에 근거하여 〈보기〉의 사업에 대한 지체 기간을 계산하라는 지시를 받았다. 〈보기〉의 사업에 대한 지체일수는?

제○○조 지체일수는 아래와 같이 산정한다.

(가) 계약 기간 내에 준공검사요청서를 제출한 경우	
a. 계약 기간 경과 후 검사에 불합격하여 보완지시를 한 경우	보완지시일부터 최종검사에 합격한 날까지
b. 불합격판정으로 계약 기간내에 보완지시를 한 경우	계약 기간 다음 날부터 최종검사에 합격한 날까지
(나) 계약 기간을 경과하여 준공검사요청서를 제출한 경우	
검사의 합격 여부 및 보완지시 여부에 관계없이 계약 기간 다음 날부터 최종검사에 합격한 날까지	

보기

1. 사업명: 사내 소방안전시스템 구축사업
2. 계약 기간: 2017년 1월 5일~2017년 11월 4일
3. 상황: 낙찰받은 ○○사는 같은 해 10월 15일 준공검사 요청을 하여 준공검사를 받았으나 불합격 판정을 받았다. 보완지시를 받은 같은 해 10월 25일부터 보완작업을 수행하여 11월 10일에 재검사를 요청하였다. 그리고 재검사를 거쳐 같은 해 11월 19일에 준공검사 합격통보를 받았다.

---

① 10월 25일~11월 10일   ② 10월 25일~11월 19일
③ 11월 4일~11월 19일   ④ 11월 5일~11월 10일
⑤ 11월 5일~11월 19일

28 다음 〈보기〉 내용의 프레젠테이션 화면 구성으로 적절한 것은?

보기

【국민의 안전한 삶 보장】

■ 성폭력으로부터 안전한 사회(성폭력 근절)
■ 가정폭력 방지 및 피해자 보호 강화(가정폭력 근절)
■ 학교폭력 및 학생위험 청정 환경 조성(학교폭력 근절)
■ 먹거리 관리로 식품안전 확보(불량식품 근절)

①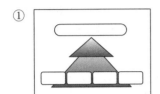

②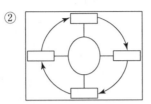

③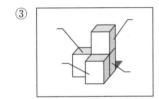

④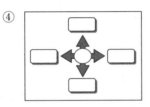

⑤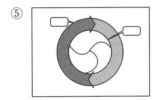

※ 다음 보도 자료를 읽고 물음에 답하시오. (29~30번)

| (가) |

수용 우수기관은 국가○○처, 경기 ○○시, 국민○○공단 등 7개 기관

□ 국민권익위원회(이하 국민권익위)는 최근 3년간 253개 행정기관 등에 권고한 시정권고와 의견표명 1,679건 중 84.7%인 1,422건이 수용되었다고 밝혔다.

【위원회 권고사항 수용 현황】

(2013. 10. 1.~2016. 9. 30.)

구분	권고사항 건수	수용 건수	수용률
계	1,679	1,422	84.7%
시정권고	677	592	87.4%
의견표명	1,002	830	82.8%

□ 권고 수용률 95% 이상 우수 기관은 국가○○처(100%), 경기 ○○시(100%), 국민○○공단(100%) 등 7개 기관이 며 80% 미만은 경기 ○○시(50.0%), 한국○○공사 (66.7%), 근로○○공단(67.3%) 등 8개 기관이다.

□ 기관 유형별로는 중앙행정기관의 권고 수용률이 87.0% 로 가장 높았고, 지방자치단체와 공직 유관단체는 각각 83.4%와 83.0%로 나타났다.

29 위와 같은 글을 쓸 때의 유의 사항으로 적절하지 않은 것은?

① 될 수 있으면 전문용어를 피하고 짧은 문장으로 작성 한다.
② 사전지식이나 정보가 부족한 사람의 입장에서 쉽고 짧 게 쓴다.
③ 수식어는 빼고 전달하고자 하는 핵심만을 간결하고 명 쾌하게 적는다.
④ 반드시 완결되었거나 주어진 자료로 예측 가능한 내용 을 가지고 작성한다.
⑤ 구체적이고 감각적인 어휘를 사용하여 실질적이고 유용 한 정보를 제공한다.

30 윗글의 (가)에 쓸 표제로 가장 적절한 것은?

① 연말 의견 수용 우수기관 표창 이어져
② 국민권익위 권고사항 수용 현황 보고
③ 국민권익위의 시정권고와 의견표명 수용률 낮아져
④ 국민권익위, "지난 3년간 고충 민원 권고 84.7% 수용돼"
⑤ 중앙행정기관일수록 권고 수용률이 높아져 "지역 차

31 다음은 입사 한 달 차 신입사원이 선배인 김○○ 씨의 도움을 받아 쓴 보고서이다. 선배가 알려주었을 보고서 작성 요령으로 적절하지 <u>않은</u> 것은?

<table>
<tr><td colspan="6" style="text-align:center">일일 영업보고서</td></tr>
<tr><td colspan="3">2017년 1월 3일
영업부 ○○○</td><td colspan="2" style="text-align:center">과장</td><td style="text-align:center">부장</td></tr>
<tr><td>시간</td><td>방문처/
면담자</td><td>방문
횟수</td><td colspan="2">방문 내용</td><td>전망등급·
실적</td></tr>
<tr><td>9:30</td><td>(주)○○공업
총무부장</td><td>처음</td><td colspan="2">처음 방문함. 이미 발주업체가 있어서 현시점에서 당사의 진입은 어려움.</td><td></td></tr>
<tr><td>11:00</td><td>○○물산(주)
총무부장</td><td>2</td><td colspan="2">이전 방문 당시 ◇◇시스템 도입의 추가 자료를 희망했으므로 지참. 계속 검토.</td><td></td></tr>
<tr><td>13:00</td><td>○○산업(주)
상무</td><td>3</td><td colspan="2">◇◇시스템에 대한 프레젠테이션. 12일, 견적서 지참하고 재방문 예정.</td><td></td></tr>
<tr><td>15:00</td><td>(주)○○○○
센터 소장</td><td>처음</td><td colspan="2">처음 방문했으나 계약 체결.</td><td>매출 계약
2,200만 원</td></tr>
<tr><td>16:30</td><td>○○상점(주)
총무부장</td><td>3</td><td colspan="2">참고 자료로 ◇◇시스템의 팸플릿 지참. 9일에 결론.</td><td></td></tr>
<tr><td>17:30</td><td>귀사</td><td></td><td colspan="2"></td><td></td></tr>
<tr><td rowspan="4">비고</td><td colspan="2">[오늘의 실적] 1건
[A등급] 1건
○○산업은 시스템 부분의 책임자와 면담할 수 있었고, 수주 확률도 높다.
○○물산과 ○○상점은 이후로도 계속 ◇◇시스템 도입의 이점을 언급할 예정.</td><td>종목</td><td>내용</td><td>금액</td></tr>
<tr><td></td><td></td><td rowspan="3">경비</td><td>교통비</td><td>자가용</td><td>영수증
3,800원</td></tr>
<tr><td></td><td></td><td>기타</td><td></td><td></td></tr>
<tr><td></td><td></td><td colspan="2">합계</td><td>3,800원</td></tr>
</table>

[전망등급] A: 유력 검토, B: 전망 있음, C: 전망 없음.

① 방문처의 기업명과 면담자의 부서나 직책을 써둡니다.

② 상담 내용은 간결하고 알기 쉽게 요약하여 기록합니다.

③ 비고에는 그날의 영업 실적만을 간략하게 정리해 보고합니다.

④ 면담의 소감으로 전망등급을 매기고 이후의 방문에 참고하는 것이 좋습니다.

⑤ 몇 번째 방문인지를 기재하는 칸을 만들어 두면 이후의 접근 방법을 생각할 때 참고가 됩니다.

※ 다음은 사원들의 연수에 활용하고자 ○○전자부설 연수원에서 작성한 연수 자료이다. 다음을 읽고 물음에 답하시오. (32~33번)

역할	혁신활동	필요한 자질과 능력
아이디어 창안 (idea generation)	■ 아이디어를 창출하고 가능성을 검증 ■ 일을 수행하는 새로운 방법 고안 ■ 혁신적인 진보를 위한 탐색	■ 각 분야의 전문지식 ■ 추상화와 개념화 능력
챔피언 (entrepreneuring or championing)	■ 아이디어의 전파 ■ 혁신을 위한 자원 확보 ■ 아이디어 실현을 위한 헌신	■ 정력적이고 위험을 감수함
프로젝트 관리 (project leading)	■ 리더십 발휘 ■ 프로젝트 기획 및 조직 ■ 프로젝트의 효과적인 진행 감독	■ 의사결정 능력
정보 수문장 (gate keeping)	■ 조직 외부의 정보를 내부 구성원들에게 전달 ■ 조직 내 정보원 기능	■ 높은 수준의 기술적 역량
후원 (sponsoring or coaching)	■ 혁신에 대한 격려와 안내 ■ 불필요한 제약으로부터 프로젝트 보호 ■ 혁신에 대한 자원 획득을 지원	■ 조직의 주요 의사결정에 대한 영향력

표 제목: 기술혁신의 자질과 역할

32 위 연수 자료를 바탕으로 각 역할을 강조하는 사례를 보충하여 글을 쓰고자 한다. 다음 사례가 들어가기에 가장 적절한 역할은?

> ○○기업은 조직 내 혁신활동을 지원하며 이를 업무에서 30%의 비율로 할당하고 평가하는 제도를 두고 있다. 또한, 혁신적인 아이디어에서 나온 상품들을 적극적으로 장려하여 이를 상품화하는 것을 강조한다. 이는 조직 내의 전반적인 분위기와 경영진의 강력한 의지이자 직원들에 대한 격려이기도 하다.

① 후원　　　　　　② 챔피언

③ 정보 수문장　　　④ 아이디어 창안

⑤ 프로젝트 관리

33 위 연수 자료의 검토를 부탁받은 기술혁신팀 김○○ 대리는 '필요한 자질과 능력'을 역할별로 추가하여 쓰는 것이 좋다고 말하였다. 역할별로 필요한 자질과 능력을 바르게 쓴 것은?

① 아이디어 창안: 아이디어의 응용에 관심
② 챔피언: 업무 수행 방법에 대한 지식
③ 프로젝트 관리: 혁신적인 빠른 진행
④ 정보 수문장: 원만한 대인 관계 능력
⑤ 후원: 새로운 분야의 일을 즐김

※ 정보팀의 김○○ 사원은 보안유지가 중요한 문서들을 많이 다루기 때문에 세단기 사용이 많다. 새로운 세단기를 구매한 후 다음과 같은 사용 매뉴얼을 숙지하라고 팀장에게 지시를 받았다. 다음 세단기 사용 매뉴얼을 읽고 물음에 답하시오. (34~35번)

【주의사항】

겨울철 건조한 날씨로 인해 정전기가 발생하여, 세단기 내부에 부착된 적외선 감지 센서가 가득 찬(FULL) 파지함이라는 오류를 일으킬 수 있습니다. 이런 오류를 방지하기 위해 전원을 끄신 후 세단기 내부를 섬유탈취제나 섬유유연제를 이용하여 젖은 걸레로 닦아주시면 좋습니다. 감지 센서의 오류를 예방할 수 있습니다. 또한, 다음과 같은 사항에 주의하시기 바랍니다.

1. 전기조심   2. 어린이 접근 금지
3. 옷 끼임 주의   4. 세단 매수 준수

---

34 팀장이 파지함 안에는 아직도 충분히 세단해도 될 만큼의 공간이 남아있는데도 '가득 찬(FULL) 파지함' 메시지가 나타났다며 이런 경우 어떻게 대처해야 하는지 사내 메신저를 통해 안내하라고 지시하였다. 최근 건조한 날씨가 이어졌다면 다음 김 사원의 메시지 중 ⊙에 쓴 글로 가장 적절한 것은?

정보팀원들께.
안녕하십니까? 정보팀 김○○ 사원입니다.
팀장님 지시에 따라 세단기 사용 시 주의할 사항을 한 가지 안내해 드립니다.
최근처럼 겨울철 건조한 날씨가 이어질 때, 파지함 안에는 아직도 충분히 세단해도 될 만큼의 공간이 남아있는데 '가득 찬(FULL) 파지함' 메시지가 나타났다면 (⊙   ) 바랍니다.
감사합니다.
정보팀 김○○ 사원 드림

---

① 전원을 10분 정도 끈 후 다시 켜시기
② 머리카락 등이 끼어있는지 확인하시기
③ 모터가 과열되었는지 손을 대어 확인하시기
④ 세단 매수를 초과하여 세단되지 않았는지 확인하시기
⑤ 전원을 끄신 후 걸레에 섬유유연제를 묻혀 세단기 내부를 닦아주시기

35 김○○ 사원의 사내 메신저 글을 읽고 정○○ 대리는 김○○ 사원에게 '건조한 날씨에 따른 주의사항 '1~4.' 항을 좀 더 자세한 내용으로 제품 사용 설명서를 써서 세단기에 부착하라고 지시하였다. 자세한 제품 사용 설명서를 쓸 때 그 내용으로 가장 적절한 것은?

① 옷 끼임 주의: 세단기에 따라 정해진 세단 매수를 지켜주세요.
② 어린이 접근 금지: 세단 매수 초과 시 세단기의 수명이 짧아집니다.
③ 전기 조심: 어린이의 사용은 위험합니다. 감전 및 화상 등 부상의 위험이 있습니다.
④ 세단 매수 준수: 많은 세단 매수를 한 번에 세단할 수 있는 강력한 모터를 가지고 있습니다.
⑤ 전기 조심: 물이 묻은 손으로 전원 플러그를 만지지 마세요. 감전 및 고장의 우려가 있습니다.

36 다음은 특허 명세서의 일부이다. '고안의 목적'에 들어갈 내용을 적절하게 쓴 것은?

> (54) 무인 항공기용 기계식 수신 전환 장치
>   요약
>   본 고안은 컴퓨터 프린터 수동 전환 장치에서 1개의 입력단을 조종면 제어를 위한 서보(servo) 동작을 위한 1개의 출력단으로 사용하고, 2개의 출력단은 수신기로부터 받은 조종신호를 전달하는 2개의 입력단으로 사용하여 이를 무인기 또는 모형항공기에 장착하여 비행 중 잡음이나 수신기 고장, 배터리 방전 등의 위급한 경우에 다른 수신기로의 전환이 가능하도록 하고, 그로 인해 안전하게 비행을 할 수 있는 무인 항공기용 기계식 수신 전환 장치를 제공하기 위한 것이다.
>   고안의 상세한 설명
>   고안의 목적
>
>   - 이하 생략 -

① 수신 장치(Receiver)는 조종기에서 보내온 신호를 수신하는 장치로서, 서보(servo)나 배터리를 연결할 수 있도록 단자가 준비되어 있으며 신호를 분리하여 각 장치로 전달하는 역할을 한다.

② 푸쉬로드(push rods)는 비행기를 조종하기 위해서 각 부분과 서보(servo) 모터를 연결하는 부품으로서, 철사에 발사나 유리 섬유질의 막대와 끝이 조여지는 크래비스로 구성된 것이 있으며, 철선 그대로 또는 플라스틱에 철선을 넣은 형태의 것도 있다.

③ 본 고안의 기계식 수신 전환 장치는 첨부 도면 중 도3과 4에 나타낸 바와 같이, 기계식 수신 전환 장치(30)는 무인 항공기의 내부에 장착되며, 제1수신기(31) 및 제2수신기(32)를 파워선 및 신호선(33, 34)으로 연결하기 위한 프린터 포트(35,36)와 서보(servo)선(37)을 통해서 조종면 제어용 서보(servo)(40)와 연결하기 위한 프린터 포트(39)로 구성되어 있다.

④ 본 고안은 종래의 컴퓨터 프린터 수동 전환 장치에서 1개의 입력단을 서보(servo) 동작을 위한 1개의 출력단으로 사용하고, 2개의 출력단은 수신기로부터 받은 신호를 전달하는 2개의 입력단으로 사용하여 이를 무인기 또는 모형항공기에 장착하여 비행 중 잡음이나 수신기 고장, 배터리 방전 등의 위급한 경우에 다른 수신기로의 전환이 가능하도록 하고, 그로 인해 안전하게 비행을 할 수 있는 무인 항공기용 기계식 수신 전환 장치를 제공하는 데 있다.

⑤ 본 고안의 무인 항공기용 기계식 수신 전환 장치는 제1, 제2수신기로부터 연결된 두 개의 프린터 포트가 수신 전환 장치의 입력단에 부착되어 있고, 조종면 제어용 서보

(servo)와 연결된 한 개의 프린터 포트는 상기 수신 전환 장치의 출력단에 부착되어 있으며, 제1, 제2수신기 변환을 서보(servo)로 전환하기 위해 장착한 서보(servo)의 신호선이 수신기에 부착되어 있되, 상기 신호선이 제1수신기에 부착하면 제1조종기로 전환이 가능하고, 상기 신호선이 제2수신기에 부착하면 제2조종기로 전환이 가능하며, Y자형 컨넥터로 제1, 제2수신기에 모두 부착하면 제1, 제2조종기로 전환이 가능하게 된 것을 특징으로 한다.

37 (가)와 (나)에 제시된 팀의 특징을 가장 적절하게 쓴 것은?

> **(가)** 팀 회의를 시작하면서 김 팀장은 막대 풍선을 팀원들에게 여러 개를 나누어주고 풍선을 불면서 긴장을 풀도록 하였다. 팀이 일상사에서 벗어나는 행동을 한 것은 어느 정도 팀에 성공적인 결과를 가져다주었다. 실습을 통해서 팀은 문제 상황을 새로운 관점으로 생각할 수 있게 되었으며, 팀원들은 많은 해결 방안을 내놓았다.
> **(나)** 팀원들은 각자의 강점과 약점을 정리해볼 필요가 있다고 결정했다. 팀원을 2인 1조로 짝지은 후, 어느 한 영역에서 강점을 가진 구성원은 그 영역에서 취약한 다른 구성원과 짝을 이루어 지도하게 하였다. 이따금 짝을 바꿈으로써 팀원들은 교차 훈련을 할 수 있었다. 이러한 과정은 모두에게 이익을 주었으며, 모든 팀원은 결정된 바를 실행하는 과정에 적극적으로 동참하였다.

① (가)의 팀은 사명과 목표를 명확히 제시하여 팀원들을 효과적으로 문제 해결 과정에 참여하고 있다.

② (가)의 팀은 개인이 지닌 강점을 효율적으로 활용하고 있다.

③ (나)의 팀은 규약, 절차, 방침을 명확하게 규정한 구조를 지니고 있다.

④ (나)의 팀은 팀원 간에 리더십 역할을 공유하여 각각 리더로서 능력을 발휘할 기회를 제공하고 있다.

⑤ (가)는 (나)와 달리 성과와 결과에 초점을 맞춰 팀을 운영하고 있다.

38 다음 사례에서 파악할 수 있는 갈등의 단서에 관해 쓴 것은?

> 필기도구를 생산하는 ○○ 회사가 부도 위기에 처했다. 이에 따라 ○○ 회사는 부서를 합리화시키고 원가를 절약할 방법을 찾고자 특별 대책반을 만들었다. 반장인 갑은 반원들에게 원가절감 방안에 대해 자유롭게 의견을 제시하라고 하였다. 을은 다음과 같은 제안을 했다. "제가 생각하기에는 재고를 줄이는 것이 추가비용을 절감하는 길입니다."라고 말하자, 병이 "잠깐만요."라고 말하며 을의 말을 가로막았다. "현 상황에서 재고를 줄일 수는 없습니다. 그건 말도 안 되는 소리예요."라고 병이 다소 큰 목소리로 말하였다.

① 차분하게 논평과 제안을 한다.

② 편을 가르고 타협하기를 거부한다.

③ 핵심을 이해하지 못한 데 대해 서로 비난한다.

④ 타인의 의견발표가 끝나기도 전에 그 의견에 대해 공격한다.

⑤ 개인적인 감정을 내세우면서 미묘한 말투와 방식으로 서로를 공격한다.

39 다음과 같은 업무수행 시트에 대한 설명을 가장 적절하게 쓴 것은?

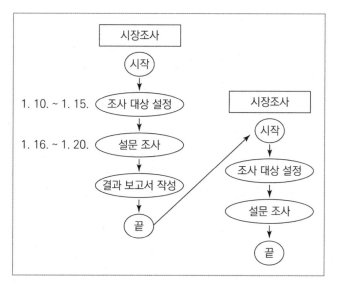

① 평가 기준을 명확히 하는 일이 중요하다.

② 일의 흐름을 동적으로 보여주는 데 효과적이다.

③ 여러 가지 기준에 대해 질문하고 현황을 파악하여 업무 수행을 점검하거나 평가한다.

④ 단계별로 업무를 시작해서 끝나는 데 걸리는 시간을 막대 형식으로 표시할 때 사용한다.

⑤ 업무를 세부적인 활동으로 나누고 각 활동별로 기대되는 수행 수준을 달성하였는지 확인할 수 있다.

40 ○○상사 영업팀 이○○ 팀장이 다음 자료를 바탕으로 팀워크 훼손을 방지하기 위한 대책을 수립할 때 가장 적절하지 않은 것은?

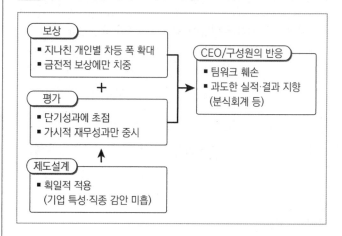

① 명확한 성과 측정 단위에 따라 성과를 공정하게 평가하여 구성원들의 동기를 유발한다.

② 성과주의 인사를 설계하고 운영할 때는 직종별 업무와 구성원의 특성 등을 고려해야 한다.

③ 기업의 특성, 경영전략, 조직문화, 인사방침에 따라 개별 및 집단 성과주의를 적절하게 조합한다.

④ 기업의 경쟁 원천은 무형 자산이 아닌 유형 자산에 있으므로 시장가치에 따른 인사 관리가 이루어져야 한다.

⑤ 팀, 부서, 회사 전체의 생산성이나 경영성과에 따라 집단 성과급을 지급하여 구성원들의 결속력을 향상한다.

※ 다음은 ○○백화점에 근무하는 인사팀의 정○○ 대리는 '고객 불만 유형의 사례별로 대처방안 사례집'을 만들기 위해 사례를 모으고 있다. 다음 사례를 보고 물음에 답하시오. (41~42번)

> 백화점의 신사복 매장에 중년의 신사가 방문했다. 신사는 매장을 이리저리 돌아보면서 가격이 너무 싸고, 디자인이나 색상이 촌스럽다든지, 다른 백화점과 비교해서 전체적으로 수준이 떨어진다는 등 거들먹거리며 불평을 늘어놓았다.

41 위 사례의 고객을 제시하기에 가장 적절한 고객 불만 유형은?

① 거만형
② 도둑형
③ 의심형
④ 조급형
⑤ 트집형

42 위 사례의 고객 불만 유형에 대한 대응 방법을 정○○ 대리가 쓰려고 한다. 다음 중 정○○ 대리가 쓴 것을 모두 고른 것은?

> ㉠ 정중하게 대한다.
> ㉡ 자존심을 세워 준다.
> ㉢ 분명한 증거 및 사례를 제시한다.
> ㉣ 자신의 과시욕을 발산하도록 한다.

① ㉠, ㉡
② ㉢, ㉣
③ ㉠, ㉡, ㉢
④ ㉠, ㉡, ㉣
⑤ ㉠, ㉡, ㉢, ㉣

43 예산책정에 어려움을 겪고 있는 박○○ 대리에게 전임자가 쓴 메시지 중 적절하지 않은 것은?

① 개발책정비용과 실제 비용은 비슷하게 맞추는 것이 가장 이상적이에요.
② 우선순위가 높은 활동부터 적절하게 예산을 배정하고 예산을 사용하세요.
③ 예산 지출 규모를 확인하고 예산을 우선 책정해야 하는 항목을 도출하는 것이 좋아요.
④ 처음에는 업무를 추진하는 과정에서 예산이 필요한 모든 활동을 도출하는 것이 필요해요.
⑤ 배정된 예산으로 모든 업무를 수행할 수 있도록 예산액을 필요한 곳에 적절히 증감 할당하는 것이 필요해요.

※ 다음을 읽고 물음에 답하시오. (44~45번)

> **〈문제 유형〉**
>
> ■ **발생형 문제**
> 발생형 문제는 우리가 바로 직면하여 걱정하고 해결하기 위해 고민하는 문제를 의미한다. 발생형 문제는 눈에 보이는 문제로, 어떤 기준을 일탈함으로써 생기는 일탈 문제와 기준에 미달하여 생기는 미달 문제로 대변된다.
>
> ■ **탐색형 문제**
> 탐색형 문제는 현재 상황을 개선하거나 효율을 높이기 위한 문제를 의미한다. 탐색형 문제는 눈에 보이지 않는 문제로, 문제를 내버려 두면 뒤에 큰 손실이 따르거나 결국 해결할 수 없는 문제로 나타나게 된다.
>
> ■ **설정형 문제**
> 설정형 문제는 지금까지 해오던 것과 전혀 관계없이 새로운 과제 또는 목표를 설정함에 따라 일어나는 문제라고 할 수 있다. 따라서 이러한 과제나 목표를 달성하는 데 따른 문제 해결에는 지금까지 경험한 바가 없으므로 많은 창조적인 노력이 요구되는 문제이므로, 설정형 문제를 창조적 문제라고도 한다.

> **〈문제 상황〉**
>
> 【상황 ㉠】 영업부 김 부장에게 제품 불량에 대한 고객들의 민원이 발생했다.
> 【상황 ㉡】 생산부서 임 부장에게 생산성을 현재보다 15% 이상 높이라는 임무가 부여되었다.
> 【상황 ㉢】 기획부 박 대리는 앞으로 자동차 산업에 진출하는 과정에서 발생 가능한 문제를 파악하라는 지시를 받았다.
> 【상황 ㉣】 생산부 민 부장은 태국에 생산설비를 설치하고 있는 현재, 고려해야 하는 문제들이 무엇인지를 파악해야 한다.
> 【상황 ㉤】 경쟁사의 품질 수준이 자사의 품질 수준보다 높다는 신문기사가 나온 후, 자사 상품의 판매가 계속 부진하다.
> 【상황 ㉥】 자사의 자금흐름을 이대로 두면 문제가 발생할지도 모르므로 향후 1년간 자금흐름에 대해 예측을 해야 할 상황이다.

44 윗글의 〈문제 유형〉을 올바르게 이해한 후 적절하게 쓴 것은?

① 발생형 문제는 지금 현재로는 문제가 없으나 현 상태의 진행상황을 예측이라는 방법을 사용하여 찾아야 하는 유형이다.

② 발생형 문제는 앞으로 일어날 문제를 예견하고 미리 문제를 발견하는 유형이다.

③ 탐색형 문제는 원인이 내재하여 있으므로 원인 지향적인 유형이라고 할 수 있다.

④ 설정형 문제는 이미 존재하지만 숨어 있는 문제를 조사와 분석을 통해 찾아야 하는 유형이다.

⑤ 설정형 문제는 미래지향적이고 목표지향적인 유형이라고 할 수 있다.

45 윗글의 〈문제 상황〉에 따른 〈문제 유형〉을 적절하게 쓴 것은?

① ㉠은 설정형 문제 유형이다.

② ㉡은 탐색형 문제 유형이다.

③ ㉢은 발생형 문제 유형이다.

④ ㉣은 발생형 문제 유형이다.

⑤ ㉤은 탐색형 문제 유형이다.

46 서술된 직무 내용을 참고하여 이어질 내용을 가장 적절하게 쓴 것은?

> 출근하면 각종 업무 관련 정보를 웹사이트를 통하여 확인하고, 각 본부, 팀별 현안 및 이슈에 대한 이메일 확인과 피드백, 전자결재 합의 등의 업무를 수행한다. 또한, 주요 일간지와 주간지 기사 검색, 각종 정보제공 사이트를 보면서 경제동향, 산업 동향, 국외투자 동향 등 전반적인 사업영역과 관련된 시장 및 경쟁사 동향 등을 점검하고 정리하기도 한다.
>
> 본격적인 업무가 시작되는 9시부터는 제반 문제를 해결하기 위한 업무 미팅, 회사 내 각종 회의체 참여 업무를 수행한다. 또한, (   )

① 회사의 사무공간과 각종 물품의 공급 및 관리를 총괄한다.

② 국외 법인의 매출 손익 분석 등을 통해 중장기 전략을 수립하는 일도 한다.

③ 영업현황 및 판매지표를 관리하고, 시장 환경 분석을 통한 마케팅전략을 수립한다.

④ 의전 및 비서업무, 집기 비품 및 소모품의 구매와 관리, 국내외 출장 업무 협조 요청을 한다.

⑤ 인사정책의 방향과 전략을 기획하고 직무분석을 통한 부서별 인력산정, 적정 인력의 배치와 평가를 한다.

47 김○○ 사원에게 해줄 조언으로 가장 적절한 것은?

> 김○○ 사원은 늘 바쁘지만, 매번 퇴근 시간 후에도 일이 끝나지 않아 스트레스가 심하다. 무엇이 문제인지 알아보기 위해 자신의 하루를 기록해 보았다.

오전	■ 업무가 시작되면 이메일 확인 　– 광고메일이 가득해 불필요한 것들을 지우고 중요한 정보를 담은 메일을 선별하여 읽음. 답장이 필요한 메일을 작성함. ■ 메신저 접속 　– 동료와 친구들에게 빠르게 답장을 하며 업무와 일상 이야기를 함. ■ 거래처 직원이 찾아와 30분에서 1시간 동안 이야기를 하고 업무를 처리함.
오후	■ 부서회의 ■ 주요 내용을 간단히 정리함. ■ 머리를 식힐 겸 인터넷 검색을 함. ■ 타 부서 직원에게 전달할 사항이 있어 메신저에 접속했다가 지인과 고민 상담을 함.

① 갈등을 효과적으로 관리하기 위해서는 갈등상황을 받아들이고 이를 객관적으로 평가해보아야 합니다.

② 다른 사람들의 방문, 인터넷, 전화, 메신저 등을 효과적으로 통제하기 위해 시간을 정해두는 것이 좋습니다.

③ 시간 관리를 통해 업무 과중을 극복하고 명상과 같은 방법으로 긍정적인 사고방식을 가지는 것이 좋습니다.

④ 과중한 업무 스트레스는 개인뿐 아니라 조직에도 부정적인 결과를 가져오기 때문에 반드시 해소해야만 합니다.

⑤ 신체 운동을 하거나 학습동아리 활동과 같은 사회적 관계 형성을 통해 스트레스를 줄여가려는 노력이 필요합니다.

48 ○○기업은 이번 신입사원 연수에서 문제의 유형에 따른 특징을 교육함으로써 문제해결능력을 기르고자 한다. 다음 문제의 유형에 따른 특징을 정리한 표에서 ㉠에 들어갈 내용이 아닌 것은?

문제의 유형에 따른 특징

구분	창의적 문제	분석적 문제
문제 제시 방법	현재 문제가 없더라도 더욱 나은 방법을 찾기 위한 문제 탐구로 문제 자체가 명확하지 않음	현재의 문제점이나 미래의 문제로 예견될 것에 대한 문제 탐구로 문제 자체가 명확함
해결 방법	창의력에 의한 많은 아이디어의 작성을 통해 해결	㉠
해답 수	해답의 수가 많으며 많은 답 가운데 더욱 나은 것을 선택	답의 수가 적으며 한정되어 있음
주요 특징	주관적, 직관적, 감각적, 정성적, 개별적, 특수성	객관적, 논리적, 정량적, 이성적, 일반적, 공통성

① 이성적 판단을 중시함
② 논리적으로 문제를 해결함
③ 분석을 통해 문제에 접근함
④ 최대한 많은 아이디어를 도출함
⑤ 객관적 자료를 판단 기준으로 함

49 ○○대학교 경영학과에 재학 중인 김○○ 씨는 기업 윤리 관련 보고서를 쓰고 있다. (가)에 쓸 내용으로 가장 적절한 것만을 〈보기〉에서 있는 대로 고른 것은?

> 기업의 존재 이유는 이윤 추구이다. 그러므로 가능하면 최소의 자원을 투입하여 최대의 성과를 거두려고 하고, 이러한 논리는 기업 운영의 핵심축을 구성한다. 그러나 이러한 운영을 둘러싸고 있는 다양한 환경이 있으므로 무턱대고 이윤 추구의 논리만 적용했다가는 그 기업은 유지될 수 없다. 고용자의 이윤 추구를 위해 노동을 하는 노동자가 있을 것이고, 거기서 나온 생산품을 구매하는 소비자가 있을 것이다. 그러므로 반드시 각각의 이해관계자에게 피해를 주지 않아야 하는 것은 기업이 지켜야 할 기본 원칙이다. 기업이 이윤추구 만을 목적으로 최소한 지켜야 할 것도 지키지 않는다면 그 기업은 존재할 가치가 없음은 물론, 노동자와 소비자 모두에게 소외되어 결국 망하게 될 것이다. 이를 보다 세부적으로 살펴보면 다음과 같은 기업윤리가 있음을 알 수 있다.
> ((가)   )

〈보기〉
㉠ 사회 환경 및 자연환경에 피해를 주어서는 안 된다.
㉡ 재화나 서비스의 생산 과정에 거짓이 있어서는 안 된다.
㉢ 기업 상호 간에 선의의 경쟁 체제를 유지해서는 안 된다.
㉣ 기업에서 일하고 있는 근로자의 희생을 강요해서는 안 된다.
㉤ 생산된 재화나 서비스가 소비자에게 위해를 가해서는 안 된다.

① ㉠, ㉡, ㉢　　　　　② ㉡, ㉢, ㉣
③ ㉢, ㉣, ㉤　　　　　④ ㉠, ㉡, ㉢, ㉣
⑤ ㉠, ㉡, ㉣, ㉤

50 ○○기업 연수원에 근무하고 있는 박○○ 연수팀장은 신입사원 연수 자료를 제작하고 있다. 다음 (가)에 쓸 내용으로 가장 적절한 것만을 〈보기〉에서 고른 것은?

> ■ 명함 교환
> 명함은 깨끗한 것으로 명함지갑에 담아서 준비해야 하며, 면담 예정자 한 사람당 최소 3장 정도 준비해야 한다. 명함지갑은 꺼내기 쉬운 곳에 넣어 두어야 하며, 받은 명함과 자신의 명함은 항상 구분해 둔다.
> ■ 명함 건네는 법
> ((가)   )

〈보기〉
㉠ 고객이 보기 편한 방향으로 건넨다.
㉡ 양손으로 명함의 여백을 잡고 말없이 건넨다.
㉢ 묵례하며 가슴선과 허리선 사이에서 건넨다.
㉣ 고객이 2인 이상인 경우 가까이 있는 사람에게 먼저 건넨다.

① ㉠, ㉡　　　　　② ㉠, ㉢
③ ㉠, ㉣　　　　　④ ㉡, ㉢
⑤ ㉡, ㉣

실기 (서술형) 영역 【100점】

※ 다음 문제를 읽고 OMR 용지에 답을 쓰시오. (1~5번)

01 다음 중에서 ㉠~㉟에 들어갈 적절한 단어를 한 개씩만 찾아 기호와 함께 순서대로 쓰시오. 【20점】

【조건】 ㉠~㉟ 기호를 쓰지 않으면 0점 처리함.

---

* 개략(槪略): 내용을 대강 추려 줄임. 또는 그런 것.
* 개괄(槪括): 중요한 내용이나 줄거리를 대강 추려 냄.
* 개론(槪論): 내용을 대강 추려서 서술함. 또는 그런 것.
* 개요(槪要): 간결하게 추려 낸 주요 내용.
* 낙후(落後): 기술이나 문화, 생활 따위의 수준이 일정한 기준에 미치지 못하고 뒤떨어짐.
* 쇠락(衰落): 쇠약하여 말라서 떨어짐.
* 퇴보(退步): 1. 뒤로 물러감. 2. 정도나 수준이 이제까지의 상태보다 뒤떨어지거나 못하게 됨.
* 퇴조(退潮): 1. 썰물. 2. 기운, 세력 따위가 줄어듦.

- 그가 사건의 (㉠)을(를) 설명하였다.
- 근대 문학사는 이 책에 잘 (㉡)되어 있다.
- 그분은 이번 학기에 철학 (㉢)을(를) 강의하신다.
- 혁신하지 않는 기업은 (㉣)의 길을 걷기 마련이다.
- 정치적 혼란이 경제에 (㉤)을(를) 가져올 수도 있다.
- 하나의 유행이 (㉥)을(를) 보이면서 다시 새로운 유행이 나타난다.
- 그 후보는 (㉦)한 교육 여건을 개선하겠다는 공약을 내걸었다.

---

02 ○○빌딩을 관리하는 최○○ 씨는 다음과 같은 '화장실 이용 수칙'을 화장실의 문에 붙였다. 다음 안내문에서 잘못된 3곳 을 찾아 고쳐 쓰시오. [20점]

【조건】　1. 잘못된 것만 골라서 고쳐 쓸 것. (맞는 것을 골라 고쳐 쓴 경우 감점 있음)

　　　　　2. 맞춤법이 잘못된 곳 1개, 띄어쓰기가 잘못된 곳 1개, 주어와 서술어의 잘못된 호응관계 1곳임.

화장실 이용 수칙

1. 휴지나 비누 등 비품은 각 사무실에서 직접 갖추어 사용하셔야 합니다.
2. 휴지통에는 휴지 외 컵라면, 일회용품 등의 재활용품을 버리지 않읍니다.
3. 공동의 공간이니 깨끗하게 사용해주시기 바랍니다.
4. 화장실은 금연입니다.

---

03 다음 명제가 참이라고 할 때 〈보기〉의 명제가 반드시 참이 되도록 ㉠과 ㉡에 들어갈 말을 쓰시오. 【20점】

【조건】　㉠과 ㉡ 모두 '팀장'을 주어로 하여 쓸 것.

- 팀장이 출장을 가면 업무처리가 늦어진다.
- 고객의 항의 전화가 오면 실적 평가에서 불이익을 받는다.
- 업무처리가 늦어지면 고객의 항의 전화가 온다.

┌─ 보기 ─────────────────────────────

_____㉠_____ 실적 평가에서 불이익을 받는다.

실적 평가에서 불이익을 받지 않았다면 _____㉡_____.

└────────────────────────────────────

04 김○○ 사원은 논리적 사고를 증진하는 노하우를 작성하고 있다. (가)와 (나)에 들어갈 내용을 3어절 이내로 쓰시오. [20점]

((가)   )
논리적인 사고에 있어서 가장 기본이 되는 것은 늘 생각하는 습관을 들이는 것이다. 생각할 문제는 늘 우리 주변에서 쉽게 찾아 볼 수 있으며, 특정한 문제에 대해서만 생각하는 것이 아니라 일상적인 대화, 회사의 문서, 신문의 사설 등 어디서 어떤 것을 접하든지 늘 생각하는 습관을 들이는 것이 중요하다.

2. 구체적인 생각
상대가 말하는 것을 잘 알 수 없을 때는 구체적으로 생각해 보아야 한다. 업무 결과에 대한 구체적인 이미지를 떠올려 보거나 숫자를 적용하여 표현하는 방법을 활용하면 단숨에 논리를 이해할 수 있는 경우도 많다.

((나)   )
상사에게 제출한 기획안이 거부되었을 때, 자신이 추진하고 있는 프로젝트를 거부당했을 때 '왜 그럴까?', '왜 내가 생각한 것처럼되지 않았을까?', '무엇이 부족한 것일까?'라고 생각하기 쉽다. 그러나 이때 자신의 논리로만 생각하면 독선에 빠지기 쉽다. 이때에는 상대의 논리를 구조화하는 것이 필요하다. 상대의 논리에서 약점을 찾고, 자기 생각을 재구축한다면 분명히 다른 메시지를 전달할 수 있다. 자신의 주장이 받아들여지지 않는 원인 중에 상대 주장에 대한 이해의 부족이 있을 수 있기 때문이다.

4. 설득
논리적인 사고는 고정된 견해를 낳는 것이 아니며, 더구나 자신의 사상을 강요하는 것도 아니다. 자신이 함께 일을 진행하는 상대를 설득해 나가는 가운데 자신이 깨닫지 못했던 새로운 가치를 발견하고 생각해 낼 수가 있다. 반대로 상대에게 반론하는 가운 데 상대가 미처 깨닫지 못했던 핵심을 발견할 수 있다.

---

05 다음은 저작권에 대한 글의 일부이다. ㉠과 ㉡을 채워 밑줄 친 부분 전체를 답안으로 서술하시오. 【20점】

【조건】 ㉠과 ㉡에 들어갈 말은 반드시 본문에서 찾은 단어를 활용하여 각각 3어절로 쓸 것.

한국의 저작권법 1조를 보면 "저작자의 권리와 이에 인접하는 권리를 보호하고 저작물의 공정한 이용을 도모함으로써 문화 및 관련 산업의 향상과 발전에 이바지함을 목적으로 한다."라고 저작권의 목적을 명시하고 있다.   흔히 저작권자의 권리 보호를 위한 법률이라고 생각하기 쉬운데 <u>저작권법은 (㉠) 뿐만 아니라 (㉡)할 수 있도록 한다</u>는 목적을 가지고 있다. 그래서 궁극적으로는 인간 사회의 '문화 발전'을 추구한다는 것이다. 즉, 저작권법은 저작물의 보호 권리뿐만 아니라 이용자의 공정한 이용을 위해 저작권자의 권리를 제한하는 내용도 담고 있는 '균형'에 관한 법률이다.

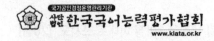
(2)형 국가공인 한국실용글쓰기 검정

수험번호	☐☐☐☐☐☐☐☐	제한시간 90분

객관식 영역 (400점)	감 독 관 확 인	

※ 다음 글을 읽고 물음에 답하시오. (1~2번)

특허청은 민간의 지식재산서비스 기업이 정제된 특허분석정보를 활용하여 손쉽게 서비스를 개발할 수 있도록 특허분석평가시스템의 특허평가요소 데이터를 21일부터 개방한다고 밝혔다. 특허분석평가시스템은 사용자가 특허번호 또는 권리자명만 입력하면 해당 특허의 질적 수준 정보를 실시간으로 받을 수 있는 온라인 시스템으로, 2010년 첫 서비스가 제공된 이래 올해 10월까지 모두 214개 기업·기관에서 50만 여 건에 이르는 서비스를 지원받는 등 특허 유지·관리를 비롯하여 기술거래, 연구개발 질적 평가, 지식재산 금융 지원과 같은 다양한 분야에 활용되었다.

국내 기업 및 연구기관이 보유하고 있는 수만 건의 특허를 효율적으로 관리하기 위한 자동 특허평가시스템의 필요성은 증가하고 있으나, 민간의 상용화된 특허평가시스템은 단 2개에 불과하여 관련 민간 산업 기반은 취약한 실정이다.

(㉠) 민간 기업이 특허평가 기준 및 요소를 선정하고 방대한 특허정보에서 필요한 데이터를 추출하고 분석하는 데 있어, 큰 비용과 시간 부담이 새로운 특허평가 서비스 개발의 진입 장벽으로 작용한다는 의견이 꾸준히 제기되어 왔다.

(㉡) 특허청은 특허분석평가시스템에서 사용 중인 국내특허평가요소 데이터 일체를 제공하여 특허문서에 나타나 있는 각종 정보의 수집·추출·분석·계량화 등 특허정보 가공 과정을 모두 생략하고 바로 특허평가 서비스 개발에 활용할 수 있도록 하여, 민간 지식재산서비스 기업이 특허정보를 정제하는 데 걸리는 시간과 비용을 절약함으로써 시장에서 경쟁력 있는 고부가가치 특허평가 서비스를 제공할 수 있는 밑거름을 마련할 계획이다.

(㉢) 개방 후에도 특허청의 다년간 축적된 특허평가 시스템 운영 경험과 정보를 공유하고, 새롭게 진입한 민간 기업 및 기존 서비스 개선 현황 등 민간 시장의 활용도를 모니터링하여 특허평가시스템 개발이 적극적으로 이루어질 수 있도록 지원해 나갈 예정이다.

01 윗글의 제목으로 가장 적절한 것은?

① 특허평가 데이터 전면 민간 개방
② 민간 특허평가시스템 단 2개뿐, 여전히 경쟁 어려워
③ 특허분석평가시스템 서비스 21일부터 한 달간 한시적 운영
④ 민간 기업 모니터링으로 필요 서비스 찾아 전폭 지원, 현실로
⑤ 특허청, 특허분석평가시스템의 특허평가요소 데이터의 일부 민간에 개방키로

02 윗글의 ㉠~㉢에 쓸 접속어로 가장 적절한 것은?

	㉠	㉡	㉢
①	또한	이에 따라	아울러
②	그러나	그래서	이에 따라
③	그런데도	그러나	그러므로
④	그래서	또한	그뿐 아니라
⑤	이에 따라	더구나	또한

03 다음 〈보기〉의 주제와 요지로 글을 쓰려고 한다. 결론에 들어 갈 내용으로 가장 적절한 것은?

보기

■ 주제: 한국의 현대사 속 정치권력에 대한 국민의 불신
■ 요지: 한국의 현대인은 돈과 권력에 대한 집착이 매우 강하다. 사실 권력은 책임과 의무의 수행을 위해 주어지는 것이므로, 권력에 대한 의지나 장악하려는 욕망, 권력 행사는 인간의 자연적인 모습과는 거리가 먼 현상이다. 사람을 지배하는 정치권력의 속성에 따라 많은 사람이 해바라기같이 권력의 중심으로 모여들고, 그러한 한국의 정치인들은 결국 불의하고 부정한 믿음을 주게 되어 국민에게 가장 신뢰받지 못하는 집단으로 전락하고 말았다.

① 대권이라는 말의 의미가 갖는 모순
② 권력이라는 욕망이 가져오는 부정적인 현상
③ 정치권력을 향해 몰려드는 사람들의 속성
④ 정치권력의 부정적이고 반윤리적인 측면 비판
⑤ 한국 정치인들의 집단이 신뢰받지 못하는 이유

04 다음 글 (가)를 통해 (나)와 같은 주장을 전달하고자 할 때, ㉠에 쓸 관용 표현으로 가장 적절한 것은?

(가) 현재 우리 지역에서 추진되고 있는 ○○산 개발 계획에 대해서 논란이 많습니다. 시청 측에서는 지역 경제를 살리고 시민에게 좋은 휴식 공간을 제공하겠다는 취지를 내세우고 있지만, 시민 단체들은 안전 문제와 환경 문제를 거론하며 반대하고 있습니다. 개발의 취지 자체는 나쁠 것이 없지만, (㉠) 필요가 있을 것입니다.
(나) 개발 계획에 문제점은 없는지 여러 측면에서 신중하게 살피고 준비해야 한다.

① 소 잃고 외양간 고칠
② 목마른 놈이 우물을 팔
③ 돌다리도 두드려 보고 건널
④ 천 리 길도 한 걸음부터 내디딜
⑤ 자라 보고 놀란 가슴, 솥뚜껑 보고 놀랄

05 다음 글을 고쳐 쓴 것으로 적절하지 않은 것은?

국제금융센터는 '2017년 세계 경제 및 국제금융시장 동향 설명회'에서 "고립주의 강화로 선진국을 중심으로 성장 ㉠모멘텀이 약화할 전망"㉡이라고 내년 세계 경제를 내다봤다.
㉢지역 별로는 미국은 확장적 재정정책의 한계, 시장 기대 보다 가파른 정책금리 인상 등이 경기 하방 요인으로 작용할 수 있다고 보고 내년 성장률이 2% 밑돌 가능성을 제기했다. 또 유로존은 내년에 브렉시트 문제 등으로 인해 1.2% 성장에 그치고, 일본은 재정지출 확대에도 0.8% 수준 저성장을 지속할 것으로 ㉣예상됐다.
㉤그리고 인도는 내년까지 7.6%의 고성장을 이어가고, 브라질과 러시아는 경기침체에서 벗어나 4.6% 성장할 것으로 보았다.

① ㉠은 '동력'으로 순화하여 고쳐 쓴다.
② ㉡은 변화의 방향을 나타내는 격조사인 '으로'로 고쳐 쓴다.
③ ㉢의 '별'은 '그것에 따른'의 뜻을 더하는 접미사이므로 '지역별로는'으로 고쳐 쓴다.
④ ㉣은 불필요한 피동 표현이므로 '예상했다'로 고쳐 쓴다.
⑤ ㉤은 예외적인 사항이나 조건을 덧붙일 때 쓰는 '다만'으로 고쳐 쓴다.

06 다음은 '수준 높은 보고서 작성방법'의 일부이다. 밑줄 친 ㉠의 방법으로 쓴 보고서 제목으로 알맞은 것은?

보고서는 반드시 제목을 붙인다. 제목은 문서 전체의 '얼굴'이라 할 수 있다. 얼굴이 없는 상태로 제출하는 일은 없어야 한다.
제목을 붙이는 방법에는 크게 2가지가 있다.

목적을 있는 그대로 표현한다.
예를 들어 출장 보고하는 경우에는 '출장 보고서'와 같은 식으로 그 보고서의 목적을 그대로 제목화하는 방법이다.
㉠구체적인 내용을 표현한다.
'가격 협상을 위한 오사카 출장 보고'와 같은 식으로 구체적인 내용을 제목화하는 방법이다.
어느 방법이든 제목은 본문을 단적으로 표현하는 문장으로 하는 것이 중요하다.
추상적인 단어를 피해야 하는 것은 물론이고 너무 긴 제목도 역시 삼가야 한다. 일반적으로 최대 20자 정도의 간단명료한 문장으로 하는 것이 좋다.
제목은 특이하지 않아도 좋다. 오히려 다소 평범하더라도 내용을 단적으로 표현하고 있다면 충분하다.

① 연수 보고서

② 배송 지연에 관한 배송청구 보고

③ 신바람 나는 영업 연수회 참가 보고

④ 원자재 구매를 위한 중국의 수도 북경 출장 보고

⑤ 휴대폰 이용 실태에 관한 정확하고 멋진 비율 그래프로
   나타낸 조사 결과

07 다음 중 밑줄 친 부분이 적절하게 쓰여진 것은?

① 그들은 술에 많이 취해서 넘어졌다.

② 얼마나 울었든지 그의 눈이 퉁퉁 부었다.

③ 거머리 침샘으로부터 항생제를 뽑아낸다.

④ 모두 자신의 주장만이 옳다라고 우기고 있다.

⑤ 여당으로서는 지금까지 아무런 언급이 없었다.

08 다음은 촛불집회에 대한 설명문이다. 글의 흐름에 알맞게
배열한 것은?

촛불집회는 시민들이 촛불을 들고 진행하는 시위다. 비폭
력 평화시위나 추모 집회의 형식으로 진행된다. 시위는 같은
목적을 가진 다수의 사람이 공개적인 장소에 모여 자신들의
주장을 내보이는 의사 표현 형식이다. 「집회 및 시위에 관한
법률(집시법)」에서는 시위를 '여러 사람이 공동의 목적을 가
지고 공공장소를 행진하거나 위력·기세를 보여 불특정한 여
러 사람의 의견에 영향을 주거나 제압을 가하는 행위'로 규정
하고 있다.

(가) 1988년 3월 25일 슬로바키아(당시 체코슬로바키아) 브
라티슬라바에서 열렸던 촛불시위가 대표적이다. 브라티슬
라바는 슬로바키아의 최대 도시이자 수도다. 시위에 참여한
시민들은 대부분 가톨릭 신자들로, 체코슬로바키아의 공산
주의 정권에 종교의 자유와 인권존중을 요구하며 광장에서
촛불시위를 진행했다. 시위는 평화롭게 진행되었으나 경찰

은 시위자들을 폭력적으로 진압했으며 짧은 시간에 수백 명
의 시민이 체포되었다. 평화시위에 폭력으로 대응한 이 사
건은 세계적으로 큰 반향을 일으켰다. 결국, 다음 해 1989년
학생과 지식인들을 중심으로 벨벳 혁명(무혈혁명)이 일어나
면서 체코슬로바키아의 공산 독재 체제가 무너졌다.

(나) 2008년 미국산 쇠고기 수입반대 촛불집회는 역대 최대
규모로 열렸다. 집회는 100일 이상 계속되었으며 쟁점 역시
교육과 민영화 반대 등으로 확대되었다. 2009년에는 용산
참사를 추모하는 촛불 문화제가, 2011년에는 대학생들을
중심으로 반값등록금 촉구 촛불집회가 열렸다. 2013년 국
가정보원 여론 조작 사건에 항의하는 촛불시위가 열렸으며
2014년에는 세월호 침몰 사고의 진상 규명을 요구하는 대
규모 촛불집회가 진행되었다.

(다) 한국에서 촛불집회가 활발하게 열리기 시작한 것은
2000년대 이후부터다. 첫 사례는 1992년 온라인 서비스 유
료화에 반대하는 촛불집회다. 이후 2002년 미군 장갑차에
의해 사망한 여중생 추모집회와 2004년 노무현 대통령 탄
핵 소추안 통과 반대 집회를 거치며 집단시위의 주요 방식
으로 자리 잡았다. 당시 촛불집회는 문화제 형식으로 열리
는 것이 일반적이었다. 집시법에 따라 학문이나 예술, 종교,
친목 행사 등에 관한 집회를 제외한 야간 옥외 집회나 시위
가 금지되었기 때문이다.

(라) 2016년 11월 12일 서울 광화문 일대에서 대규모 촛불
집회가 열렸다. 시위의 명칭은 '2016 민중총궐기대회'로 주
최 측 추산 100만 명, 경찰 추산 26만 명 정도가 참여해 역대
최대 규모를 갱신했다. 종전 최다 기록은 주최 측 추산 70만
명(경찰 추산 8만 명)이 모였던 2008년 미국산 쇠고기 수입
반대 촛불집회다.

(마) 2009년 헌법재판소는 야간 옥외집회를 금지한 집시법
제10조에 대해 헌법불합치 결정을 내렸다. 헌법불합치는
사실상 위헌인 법률에 대해 법적 공백과 혼란을 피하고자
일시적으로 해당 법을 유지하는 결정이다. 이에 따라 해당
조항은 효력을 잃었지만, 법 개정 전까지는 계속 적용된다.
헌법 불합치 결정 이후로는 촛불집회도 문화제가 아닌 야간
시위의 형태로 이루어지며 비폭력 평화시위라는 촛불집회
의 특징은 계속 이어지고 있다. 2016년 10월 기준으로 집시
법 제10조의 개정은 이뤄지지 않았으며 2015년 11월에는
이른바 '복면금지법'이라 불리는 집시법 개정안이 발의되어
논란이되기도 했다.

① (가) → (나) → (다) → (라) → (마)

② (가) → (다) → (나) → (라) → (마)

③ (가) → (나) → (다) → (마) → (라)

④ (가) → (다) → (나) → (마) → (라)

⑤ (가) → (라) → (마) → (나) → (다)

09 다음 〈보기〉의 문장을 쓰기에 가장 적절한 곳은?

보기

이런 일을 하는 사람에게는 특별한 도덕법 또는 윤리의식이 있어야 하지 않을까?

국가폭력은 합법적이고 정당한 것으로 간주한다. (①) 그러나 모든 폭력이 그런 것처럼 국가폭력에도 악마성이 내재한다. (②) 국가권력은 선을 실현하는 수단이 될 수도 있고 악을 행하는 도구가 될 수도 있다. (③) 정치는 이처럼 악마적 힘을 가진 국가권력과 관계를 맺는 것이다. (④) 국가권력이 선을 실현하는 데 쓰이도록 하거나 적어도 악을 저지르지 않게 하도록 정치인이 지켜야 할 윤리에는 어떤 것이 있는가? (⑤) 그들에게는 어떤 도덕법이 요구되는가?

10 다음 중 문장 성분의 호응을 적절하게 쓴 것은?

① 아무리 남들이 경시하고 하찮아 보이는 욕망도 자신이 노력하기에 따라 달라진다.
② 김○○ 장관은 이 중매인들을 도매 법인화하는 대신 현행 지정 도매 법인을 해체한다는 것이다.
③ 그 규격에 꼭 맞춘 새로운 이 병은 어머니가 어느 젖꼭지 용구를 사용하더라도 우유가 새지 않습니다.
④ 확실한 것은 그 사람들이 이제까지 자신들이 저지른 잘못을 반성하고 앞으로 진실한 국민으로 살아갈 것입니다.
⑤ 지금까지 이런저런 이유를 대면서 대출받기가 어려웠던 은행 들도 주택 자금 대출 상품을 경쟁적으로 내놓고 있다.

※ 다음 글을 읽고 물음에 답하시오. (11~13번)

(가) 민주주의 시대에도 정치권력은 항상 시민을 '위하여' 정치하겠다는 사람들에게 일정 기간 신탁된다. **(나)** 유교 정치의 핵심은 "나를 바르게 한 뒤에 다른 사람을 바르게 한다.(正己而正人)"라는 말로 요약할 수 있다. **(다)** 이는 아무도 들여다 볼 수 없는 정치인의 가슴 속에 자신을 스스로 다스리는 자율적인 정치적 인격과 양심이 들어 있어야만 정치가 제대로 된다는 뜻이다. **(라)** 여기서 정치적 인격이라는 것은 다른 사람을 자기 몸처럼 사랑하는 인(仁), 언제나 공익을 먼저 택하는 의(義) 그리고 수치심과 부끄러움을 느낄 수 있는 마음이 생생하게 살아 있는 것을 말한다. **(마)** 유교에선 정치인들이 이런 인격을 갖추고 정치해야만 민본 정치가 가능하다고 본다. 이런 민본 정치는 통치자가 (㉠) 으로 나아가 "모두가 한 가족처럼 사는 나라를 만들자."는 것이다.

11 윗글의 제목을 쓸 때 가장 적절한 것은?

① 소박한 문화 부드러운 정치
② 신뢰받는 정치가의 큰 정치
③ 여론 정치의 토대는 말하는 기백
④ 민본 정치 정신을 계승한 민주주의
⑤ 조선 건국의 주역인 '정도전' 인물 탐구

12 윗글에서 ㉠에 쓸 문장으로 가장 적절한 것은?

① 백성을 자기 몸처럼 사랑하는 마음
② 임금님을 아버지처럼 사랑하는 자세
③ 실력 있고 청빈한 공직자 되고자 하는 의지
④ 모든 사람이 전부 정치에 대해 말할 수 있는 자유
⑤ 아버지처럼 엄하고 규칙을 중히 여기는 정치권력 생성

13 윗글에서 다음 문장을 쓸 곳으로 가장 적절한 곳은?

그렇게 신탁된 권력이 진실로 시민을 위하여 행사되기 위해서는 정치인을 감시하는 제도적 장치도 필요하지만, 역시 중요한 것은 그들 자신의 인격과 양심이다.

① (가)　　　　　　　　② (나)
③ (다)　　　　　　　　④ (라)
⑤ (마)

14 다음은 유○○ 씨가 소비자 체험기 초안을 작성한 것이다. 밑줄 친 어휘를 수정한 것으로 적절하지 <u>않은</u> 것은?

> 스마트폰에서 사용하는 다양한 <u>어플리케이션</u>(이하 앱)도 급속도로 개발, 보급됐다. 유료로 구매해 사용하는 앱도 있고, 무료로 받은 후 프리미엄 서비스를 이용하려면 유료 서비스를 추가로 구매하는 등 다양한 형태로 수익을 내는 앱도 있다.
>
> 앱은 일단 개발을 하고 소비자들이 구매할 수 있는 온라인 <u>마켓</u>에 등록을 하면 전 세계인 누구나 접속하므로 큰 수익을 올릴 수 있다. 다시 말해 소비자의 마음을 얻은 앱은 그만큼 전 세계인의 스마트폰에 깔릴 수 있고 이 앱에 광고를 넣으면 효과는 어마어마하다. 앱 특성상 수익 구조를 다양하게 개발하던 개발자들은 좋은 앱으로 사람을 모으고, 이들에게 광고를 <u>노출하여</u> 이익을 얻는 식의 새로운 수익 구조를 발전시키기 시작했다.
>
> 소비자는 이런 형식의 앱을 이용하면 무료로 좋은 <u>컨텐츠</u>를 이용하고 그 대가로 약간의 광고만 보거나 그냥 지나쳐도 되니까 합리적인 이용법으로 생각한다.
>
> 하지만 요즘 앱을 보면 광고가 지나치게 많아 이용에 방해가 된다. 지나친 팝업 광고는 인터넷 신문기사에도 많이 찾아볼 수 있다. 자극적인 기사 제목으로 소비자를 모으고 그렇게 <u>모여진</u> 소비자들을 대상으로 광고를 노출하여 이익을 얻는 구조다.

① 어플리케이션 → 애플리케이션
② 마켓 → 시장
③ 노출하여 → 노출시켜
④ 컨텐츠 → 콘텐츠
⑤ 모여진 → 모인

※ 다음은 공문서 일부이다. 물음에 답하시오. (15~16번)

> 수신 농림축산식품부장관(농촌정책국장)
> 제목 요구 자료 제출
>   1. 관련: 농림축산식품부 농촌정책국-173(2017. 1. 14.)
>   2. 위 호와 관련하여 축산업 진흥을 위한 예산 자료를 붙임과 같이 제출하고자 합니다.
> 붙임 축산업 진흥을 위한 예산 자료 끝

15 위 문서에 대한 설명으로 가장 적절한 것은?

① 외부로부터 받은 문서를 접수 담당 부서에서 절차를 거쳐 접수한 문서이다.
② 배포 문서 중 별도의 처리 절차가 필요하지 않고 단순히 상급자에게 보고 또는 열람에 붙인 문서이다.
③ 민원인이 행정 기관에 대해 허가, 인가, 기타 처분 등 특정 행위를 요구하는 문서 및 그에 대한 처리 문서이다.
④ 사무관리 규정에서 정하고 있는 행정기관 또는 공공기관 상호 간에 대외적으로 공무상 작성하거나 시행하는 문서이다.
⑤ 행정기관 또는 기업체 등에서 내부적으로 업무 계획을 수립하거나 처리 방침을 보고 또는 검토하기 위하여 결재를 받는 문서이다.

16 위 문서의 결재자가 문서 결재 시스템에 쓴 수정 의견으로 가장 적절하지 <u>않은</u> 것은?

① 일반적으로 본문 내용과 '붙임' 사이는 한 줄을 띄어야 한다.
② 붙임 자료 '~ 위한 예산 자료' 다음과 '끝' 자 다음에는 마침표(.)를 찍어야 한다.
③ 제목은 간결하되 분명한 의사가 전달되어야 하므로 제목에 누가 요구한 자료인지 밝혀야 한다.
④ '제출하고자 합니다.'는 내부결재 시 사용하는 용어이므로 '제출하려고 합니다.'로 수정해야 한다.
⑤ 본문의 '1. 2.' 항목은 한 단락으로 쓸 수 있으므로 '농림축산 식품부 농촌정책국-173(2017. 1. 14.)호와 관련하여 축산업 진흥을 위한 예산 자료를 ~'로 수정해야 한다.

17 입사지원팀의 김○○ 씨는 직무 중심 자기소개서의 양식을 작성하고 있다. 조직이해능력을 평가하기 위한 자기소개서 문항으로 가장 적절한 것은?

① 지원 분야와 관련된 자신의 전문성을 향상하기 위해 어떤 노력을 했는지 최근의 사례를 중심으로 구체적으로 서술하시오.

② 자신이 추진했던 일(프로젝트, 연구활동, 기타 과업)의 질적 수준을 높이기 위해 조처를 한 경험이 있다면 구체적으로 기술하시오.

③ 어떤 업무를 처리하면서 자신이 내렸던 의사결정 중 합리적이었다고 생각되는 경험이 있다면 상황, 맡은 업무, 행동, 이유, 결과 등에 대해서 구체적으로 기술하시오.

④ 예상하지 못했던 문제로 인해 계획대로 일이 진행되지 않았을 때, 책임감을 느끼고 적극적으로 끝까지 업무를 수행해내어 성공적으로 마무리했던 경험을 서술하시오.

⑤ 우리 공사의 인재상은 최고의 철도기술을 추구하는 '전문인', 끊임없이 도전하는 '창조인', 봉사 정신을 추구하는 '사회인'입니다. 이 3가지 중 하나를 선택, 본인의 역량을 결부시켜 기술하시오.

18 다음은 NCS 기반 능력 중심 채용 입사지원서 일부이다. 이를 작성한 홍○○사원에게 해 줄 조언으로 적절하지 <u>않은</u> 것은?

4. 경력 혹은 경험 사항(지원하는 직무와 연관성이 있는 경력 혹은 경험 사항)
4-1) 경력

근무기관	기관명	직위/역할	담당 업무

기업조직에 소속되어 (경영기획) 관련 업무를 수행한 경험이 있습니까?	예( ) 아니오( )
기업조직에 소속되어 (경영평가) 관련 업무를 수행한 경험이 있습니까?	예( ) 아니오( )
기업조직에 소속되어 (사무 행정) 관련 업무를 수행한 경험이 있습니까?	예( ) 아니오( )
기업조직에 소속되어 (지원기관의 직무) 관련 업무를 수행한 경험이 있습니까?	예( ) 아니오( )

*그 외의 경력사항은 아래에 기재해 주십시오.

근무기관	기관명	직위/역할	담당 업무

*자세한 경력사항은 경력 및 경험 기술서에 작성해 주시기 바랍니다.
4-2) 경험

(경험기획 업무) 관련 교육과정 내 수행평가, 과제수행 경험 및 기타 활동경험이 있습니까?	예( ) 아니오( )
(경험평가 업무) 관련 교육과정 내 수행평가, 과제수행 경험 및 기타 활동경험이 있습니까?	예( ) 아니오( )
(사무 행정 업무) 관련 교육과정 내 수행평가, 과제수행 경험 및 기타 활동경험이 있습니까?	예( ) 아니오( )
지원기관의 직무) 관련 교육과정 내 수행평가, 과제수행 경험 및 기타 활동경험이 있습니까?	예( ) 아니오( )

*'예'라고 응답한 항목에 해당하는 내용을 아래에 기재해 주십시오.

교육과정 내 수행평가 과제수행 경험 등		기타 활동 경험	
수행평가 내용	과제 내용	소속 조직	주요 역할

*자세한 사항은 경력 및 경험 기술서에 작성해 주시기 바랍니다.

① 경력은 금전적 보수를 받고 일정 기간 일했던 이력을 의미해.

② 경험은 직업 외적인(금전적 보수를 받지 않고 수행한) 활동을 의미해.

③ 경험사항에는 팀 프로젝트, 연구회, 동아리/동호회 온라인 커뮤니티, 재능 기부 활동 등이 포함될 수 있어.

④ 경력직에 응시한 것이 아니더라도 경력사항에서 유사 직무경험은 인정하지 않으므로 반드시 직무와 직접 1:1로 관련 있는 경력을 써야 해.

⑤ 경험사항은 장기간 활동한 경험이 직무 적합성이나 지원 동기를 증명하는 데 유리하므로 될 수 있으면 활동 기간이 긴 것을 기록하는 것이 좋아.

※ 다음 글을 읽고 물음에 답하시오. (19~20번)

> ○○여행사에 근무하는 서○○ 씨는 국외여행 상품 개발팀장을 맡고 있으며 주로 유럽 여행 상품을 개발하고 있다. 최근 영국 맨체스터에서 영국 관광박람회를 개최한다는 초청장을 받고 부서원 3명과 함께 영국 출장을 가기 위한 기안서를 작성하려고 한다.

19 다음 〈보기〉는 윗글을 쓰기 위한 계획이다. 잘못 쓴 것은?

> ┌ 보기 ┐
> ① 기안부서는 국외여행 상품 개발팀으로 해야겠다. ② 제목은 '영국 관광 상품 개발을 위한 사전조사'로 쓰고 본문 내용 중, ③ 출장 인원은 '본인 포함 3명'으로 쓰고, 출장 지역, 출장 기간을 순서대로 쓴 다음 ④ 출장 목적은 '영국 관광 상품 개발을 위한 현지 정보 수집과 시장 조사 및 영국 관광 회사와의 연계상품 개발 가능성 타진'으로 써야겠다. 다음으로 ⑤ 출장비는 항목별총액만 쓰고 자세한 내용은 붙임 문서 참조로 적어야겠다.

20 윗글을 보완하기 위해 첨부할 자료로 적절하게 쓴 것끼리 묶은 것은?

> ㉠ 영국 관광박람회 초청장
> ㉡ 영국 관광박람회 일정표
> ㉢ 유럽 각국의 연간 축제 현황
> ㉣ 영국에서 유로화가 통용되는 지역
> ㉤ 출장 세부 일정 및 출장비 예상 명세서

① ㉠, ㉡, ㉢
② ㉠, ㉡, ㉤
③ ㉡, ㉢, ㉣
④ ㉡, ㉣, ㉤
⑤ ㉢, ㉣, ㉤

21 총무부에 근무하는 김○○ 씨가 다음을 참고하여 쓴 기안서의 초안 중 적절한 것은?

> 창사 23주년 기념 체육대회 기안서를 참조하여 체육대회 프로그램으로 축구, 족구, 발야구, 피구, 줄다리기 등을 실시하기로 했다. 각 부서의 직원 현황을 조사해보니 총무부 19명, 영업부 23명, 비서실 5명, 기획실 12명, 생산부 35명 등 임원을 제외하고 총 94명이었다. 체육대회는 창사 25주년 기념일인 5월 20일에 개최하기로 하고, 장소는 생산 공장이 있는 실용시 근린공원 측과 협의를 끝냈다.

① 기안 일자: 20○○년 5월 20일
② 제목: 창립 23주년 기념 체육대회 실시의 건
③ 머리글: 임직원의 화합과 단결의 장을 마련하고자 다음과 같이 체육대회를 개최하오니 많은 참석 부탁드립니다.
④ 체육대회 장소: 실용시 근린공원
⑤ 팀 구성 내용: 축구, 족구, 발야구, 피구

※ 다음 홍보문을 읽고 물음에 답하시오. (22~23번)

> **'문자, 그 이후' 특별전 안내**
>
> ○○구민을 위해 ○○문화관에서 전시하는 고대문자 특별전을 안내해 드립니다.
> 1. 전시회 이름: '문자, 그 이후' 특별전
> 2. 전시 장소: ○○문화관 기획 전시실
> 3. 전시 기간: 2017. 1. 15.~2017. 1. 31.
> 4. 주최: 국립문화재연구소, ○○문화관
> 5. 전시품: 시대별 특징적인 유물
> 6. 입장료: 무료
> 7. 전시 안내 사항
>   가. 전시 설명: 화~금 오전 10시, 11시, 오후 2, 3시
>   나. 특별 강연회: 20○○. ○. ○○. 오후 2시~5시
>   　　　　　　　국립 중앙 박물관 대강당
>
> 　　　　　　　　　　　　　2017. 1. 3.
> 　　　　　　　　　　　　　○○구

22 위와 같은 글의 작성 절차에 대한 설명을 쓴 것으로 적절하지 않은 것은?

① 계획 단계: 포함할 내용의 범위와 일시 등을 결정한다.

② 계획 단계: 예상 독자를 고려하여 적절한 표현과 구성을 구상한다.

③ 조직 단계: 독자가 내용에 관심을 두도록 호감이 가는 비유적인 문구를 사용하도록 한다.

④ 표현 단계: 예절에 맞도록 정중하게 작성한다.

⑤ 표현 단계: 독자가 내용을 한눈에 알아볼 수 있도록 제목을 붙인다.

23 다음 중 위 안내문에 추가하여야 할 내용으로 가장 적절한 것은?

① 전시회의 가치

② 다음 전시 안내

③ 전시회 관람 시간

④ 전시회의 후원 기관

⑤ 전시회의 구성 순서

※ 송○○ 대리가 신입사원을 대상으로 효과적인 프레젠테이션 방법에 대한 연수 준비 자료이다. 다음 글을 읽고 물음에 답하시오. (24~25번)

> ㉮ 프레젠테이션을 준비하면서 시간에 쫓기다 보면 '프레젠테이션을 준비하는 목적'에 대한 기본적인 명제를 잊어버리고 허겁지겁 준비하는 경우가 많습니다. 즉 목적에 대한 부분인데, 목적은 방향을 제시해주는 열쇠 역할을 합니다. 만약 시사 관련 내용이 주제라면 청중은 발표에서 사회를 꿰뚫어 보는 통찰력, 판단력, 그리고 논리를 전개하는 논리성과 기획력 등도 함께 볼 것입니다.
>
> ㉯ 프레젠테이션을 통해 어떤 내용을 전달해야 할지를 분명히 해야 합니다. 같은 주제일지라도 어느 부분을 강조하느냐에 따라 듣는 사람은 확연히 다르게 느낄 수 있기 때문이지요. 예를 들어 'FTA의 장단점을 제시하라'는 주제를 받았다면 여러 가지 장단점 중에서 어느 부분을 집중적으로 부각할 것인지 결정해야 합니다. 물론 이런 경우에는 대상 기업에 미치는 영향을 정리하여 제시하면 좋습니다.
>
> ㉰ 먼저, 어떻게 전달할지에 대한 작전을 세워야 합니다. 프레젠테이션을 앞둔 상황에서 우선 고민할 부분은 프레젠테이션 자료를 만들어서 할 것인지, 종이에 작성하여 발표할

것인지, 말로 할 것인지에 대한 결정입니다. 대부분 회사는 발표 방식을 정해주지만 최근의 추세는 본인이 직접 정하게 하는 경우가 많습니다. 이 경우 어느 것이 좋은 선택이라고 단언할 수는 없습니다. 따라서 자신의 장점과 상황을 고려하여 결정해야 하지요. 프레젠테이션에 충분한 시간을 준다면 파워포인트로 만들어 발표하는 것이 좋습니다.

24 다음 중 ㉮~㉰에 대한 설명으로 적절하지 않은 것은?

① ㉮의 의미는 왜 프레젠테이션을 해야 하는지에 대한 고민과 통찰이 먼저 있어야 한다는 것이다.

② ㉮에서는 프레젠테이션의 목적을 확실히 알고 준비해야 주제와 관련한 통찰력과 기획력도 함께 인정받을 수 있다고 전하고 있다.

③ ㉯에서 강조하는 것은 전달하는 내용에서 어떤 것을 부각하여 전달할 것인가이다.

④ ㉰에서 강조하는 것은 발표 방식은 회사가 결정해 주는 방식에 따르는 것이 가장 효과적이라는 것이다.

⑤ ㉮, ㉯, ㉰ 모두에서 함축하고 있는 것은 프레젠테이션을 효과적으로 하려면 사전 준비가 적절한 전달 기술과 함께해야 한다는 것이다.

25 윗글의 자료 내용을 보완하여 쓰고자 할 때 적절하지 않은 것은?

① ㉮, ㉯, ㉰에 내용을 한눈에 보여줄 수 있는 소제목을 넣는다.

② ㉮에 '물론 프레젠테이션을 전개하는 부분과 관련하여 표현력, 의사소통 역량도 검증하고자 할 것입니다.'를 추가한다.

③ ㉯에 '이때 고려해야 할 사항은 바로 듣는 대상인데 프레젠테이션을 듣는 대상이 자문위원인지, 교수인지, 기업체 임원인지, 기업체 실무자인지를 고려하여 결정해야 합니다.'를 추가한다.

④ ㉰에 '이와 함께 대상과 상황에 맞게 적절한 동작을 한다면 좋은 전략이겠죠?'를 추가한다.

⑤ 전체 내용을 포괄하고 요약하는 항목을 만들어 '그러므로 프레젠테이션을 준비하는 사람은 목적에 대한 인식이 제대로 되어 있어야 합니다.'를 추가한다.

26 다음은 지방자치단체(갑)와 기업(을)이 맺은 '민간위탁 교육훈련사업 계약'의 내용이다. '계약위반'이라는 문제 상황이 발생했다고 볼 수 <u>없는</u> 것은?

〈민간위탁 교육훈련사업 계약〉

(가) 계약금액(사업비)은 7,000만 원이고, 계약 기간은 1월 1일부터 12월 31일까지이다.

(나) 갑은 을에게 사업비의 50%에 해당하는 금액을 반기(6개월)별로 지급하며, 을이 청구한 날로부터 14일 이내에 지급하여야 한다.

(다) 을은 하반기 사업비 청구 시 상반기 사업추진실적과 상반기 사업비 사용내역을 함께 제출하여야 하며, 갑은 이를 확인한 후 지급한다.

(라) 을은 사업비를 위탁받은 교육훈련 이외의 다른 용도로 사용하여서는 안 된다.

(마) 을은 상·하반기 사업비와는 별도로 매 분기(3개월) 종료 후 10일 이내에 관련 증빙서류를 갖추어 갑에게 훈련참여자의 성과상여금 지급을 청구할 수 있다.

(바) 갑은 (마)에 따른 관련 증빙서류를 확인한 후 인정된 취업실적에 대한 성과상여금을 취업자 1인당 10만 원씩 지급한다.

---

① 을은 6월 1일에 1/4분기 성과상여금의 지급을 청구하며 관련 증빙서류를 제출하였다.

② 을은 9월 10일 교육훈련과 관련 없는 갑의 등산대회에 사업비 100만 원을 협찬하였다.

③ 을은 1월 25일에 상반기 사업비를 청구하였으며 갑은 2월 10일에 3,500만 원을 지급하였다.

④ 을은 8월 8일에 하반기 사업비 지급을 청구하면서 상반기 사업추진실적 및 사업비 사용내역을 제출하였다.

⑤ 을은 10월 9일에 관련 증빙서류를 갖추어 성과상여금의 지급을 청구하였으나, 갑은 증빙서류의 확인을 거부하고 지급하지 않았다.

※ 다음 기사문을 읽고 물음에 답하시오. (27~29번)

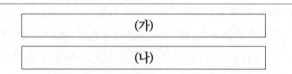

29일 적십자사 혈액관리본부에 따르면, 이날 적혈구제제 보유량은 1만 2,440유닛(팩)으로 2.3일분에 그쳤다. 특히 사용량이 많은 O형 혈액은 2,597유닛, 1.8일분에 불과한 것으로 집계됐다. 나머지 A형(2.4일분), AB형(2.5일분), B형(2.9일분) 보유량도 지난해 같은 기간과 비교해 크게 낮아졌다.

농축 혈소판도 전체 재고량이 2.1일분에 불과하다. 혈액 보유량이 1일분 미만이면 '심각' 단계로 즉각적인 비상대응체계에 돌입한다. 2일분 미만은 경계, 3일분 미만은 주의 단계로, 적정 혈액 보유량은 5일분이다.

혈액이 부족한 이유는 인구 고령화로 헌혈자는 급감했지만, 수술은 크게 늘었기 때문이다. 이날 현재 헌혈자 수는 18만 3,589명으로 지난해 9월과 비교해 5만 명 가까이 줄었다.

헌혈자 수가 20만 명에 미달한 달은 2014년 이후 올해 1월(19만 6,135명)과 2월(18만 8,187명), 지난해 2월(19만 7,593명)뿐이었다. 하반기에는 한 번도 없었다.

심지어 메르스(중동호흡기증후군)가 유행했던 지난해와 비교해도 헌혈자 수가 크게 줄었다. 실제로 메르스가 유행 정점에 있었던 지난해 6월 헌혈자 수는 22만 9,270명이었지만, 올해 6월은 20만 4,236명으로 2만 5,000명 가까이 급감했다. 전혈 헌혈은 만 69세까지 가능하지만, 혈소판 성분헌혈과 혈소판 혈장 성분헌혈은 만 59세까지 가능해 고령자가 늘면 헌혈 가능 인구는 급감하게 된다.

혈액관리본부 관계자는 "겨울철에는 헌혈자가 적어서 혈액 재고량이 연말에는 최저가 될 것 같다. 최근 저출산, 고령화로 헌혈 인구가 급감했지만, 수혈해야 하는 심장질환자, 암 환자, 수술환자는 꾸준히 증가해 수혈용 혈액 확보에 어려움을 겪고 있다."며 "수혈용 혈액을 확보하기 위해 다방면으로 노력하고 있지만, 적정 보유량에 미치지 못하고 있다."고 토로했다.

27 윗글의 성격에 대한 설명으로 가장 적절한 것은?

① 면접자인 기자가 독자의 입장에서 피면접자에게 궁금한 내용을 대화하듯 직접 질문하여 대답을 끌어내는 글이다.

② 신문에서 가장 흔히 볼 수 있는 형태의 보도 기사문으로 다른 형태의 기사문보다도 객관성을 더 중시하는 글이다.

③ 공식적으로 널리 알릴 목적으로 작성하는 글로 읽는 사람에게 유용한 정보와 함께 어떤 행위를 하도록 요구하는 글이다.

④ 대상의 정보를 제공함으로써 대상에 대한 이해를 돕거나 설명서대로 따라 해야만 일정한 결과를 얻을 수 있도록 안내하는 글이다.

⑤ 앞부분에서는 주로 독자의 흥미를 끌 만한 내용으로 가볍게 시작하다가 점점 중요한 내용을 드러내어 긴장감을 끌어올리고 마지막에 핵심을 제시하는 피라미드형 글이다.

28 윗글의 각 부분을 작성하는 방법으로 적절한 것만을 〈보기〉에서 고른 것은?

┌─ 보기 ─────────────────────────────┐
ㄱ 부제는 표제를 뒷받침하는 제목으로 표제보다 더 포괄적이고 추상적인 문구로 쓴다

ㄴ 전문은 본문에 드러낼 내용을 미리 요약문의 형태로 배치 하는 글로 반드시 한 문장으로만 써야 한다.

ㄷ 본문은 한 편의 완성된 글이 되도록 통일성과 긴밀성을 유지하면서 쓰되, 한 문단은 하나의 내용만을 독립적으로 다루어야 한다.

ㄹ 표제는 다루고 있는 사안의 가장 중요한 내용을 압축하여 제시하며 사안의 핵심과 윤곽을 독자에게 한 번에 전달할 수 있도록 쓴다.
└──────────────────────────────────┘

① ㄱ, ㄴ   ② ㄱ, ㄷ

③ ㄱ, ㄹ   ④ ㄴ, ㄷ

⑤ ㄷ, ㄹ

29 윗글에 〈보기〉의 내용을 가장 적절하게 쓴 것은?

┌─ 보기 ─────────────────────────────┐
ㄱ 적정 보유량 5일분에 크게 미달

ㄴ O형 혈액 보유량 1.8일분뿐 '수급 비상'

ㄷ 겨울철일수록 헌혈자 적은 편… 올 연말 혈액 재고량 최저 우려

ㄹ 혈액 수급에 비상등이 켜졌다. 대한적십자사가 보유한 O형 적혈구제제가 1.8일분에 불과한 것으로 나타났다. 정부는 전체 혈액 보유량이 1일 미만이면 비상 상황으로 간주한다. 통상적으로 겨울철에 헌혈자가 적다는 점을 고려하면 올 연말 혈액 보유량이 사상 최저치를 기록할 것이라는 우려마저 나오고 있다.
└──────────────────────────────────┘

① 〈보기〉의 ㄱ을 윗글의 (가)에 쓴다.

② 〈보기〉의 ㄴ을 윗글의 (나)에 쓴다.

③ 〈보기〉의 ㄷ을 윗글의 (가)에 쓴다.

④ 〈보기〉의 ㄱ과 ㄷ을 모두 윗글의 (나)에 쓴다.

⑤ 〈보기〉의 ㄹ은 윗글의 맨 마지막 문단에 쓴다.

※ 다음을 읽고 물음에 답하시오. (30~31번)

┌──────────────────────────────────┐
직영점 예정지 주변 지역 시장 조사 기획서

■ 작성일: 2017년 1월 16일
■ 작성자: 소속 (영업부), 직위 (대리), 성명 (박실용)

  당사에서 ○○시에 개점 예정인 직영점 예정지 주변 지역 시장 조사를 다음과 같이 기획하였습니다.

1. 개점 예정지의 부동산 조사 내용
■ 1지역: 해당 점포 82평, ○○부동산신탁(주) 소유
■ 2지역: 해당 점포 50평, ○○은행 소유
■ 3지역: 해당 점포 90평, 개인 소유

2. 조사 방법
■ 일   시: 2017년 1월 18일~2017년 1월 20일
■ 조사원: 총무과 6명/기획실 3명/영업부 4명
■ 내   용: 경쟁 업체의 현황, 반경 5km 이내 유동 인구 및 세대별 인구분포도, 교통 조건 및 유동 인구 통행량 조사, 지역 개발 계획 여부 등
■ 역할 분담: 3개 팀으로 나누어 활동함
  A팀: 거주지별 인구 이동, 20개 지점에서 사람과 차량 수 조사
  B팀: 인터뷰에 의한 설문 조사와 반응, 목적지, 쇼핑 장소 조사
  C팀: 설문 용지의 배포와 회수

3. 조사 계획
  팀 단위로 토론하여 조사 방법을 정한 후, 각각 적용함으로써 오차를 줄인다. 각 팀의 일정에 맞추어 조사하며 1주일 단위로 각 팀이 동시 토론회를 개최하여 최종 결과를 도출한다.
└──────────────────────────────────┘

30 위와 같은 문서의 서술 원칙으로 가장 적절하지 <u>않은</u> 것은?

① 어떤 행동이 필요한지 명확하게 표현해야 한다.

② 문장은 간결해야 하며 자료의 출처를 명기해야 한다.

③ 하나의 기획서에 두 가지 이상의 목적을 제시해야 한다.

④ 주어와 서술어가 명백하고 문장에 논리적 오류가 없어야 한다.

⑤ 추상적인 표현을 피하고 될 수 있으면 전문용어나 약자를 쓰지 않아야 한다.

31 위 문서를 결재하기 전에 김 과장이 쓴 적절한 수정 의견을 〈보기〉에서 있는 대로 고른 것은?

┌─ 보기 ────────────────────────────────┐
│ ㉠ 충분히 이해할 수 있도록 자세하게 작성한다. │
│ ㉡ 어떤 결과를 얻을 수 있는지에 대한 내용을 추가한다. │
│ ㉢ '3. 조사 계획'을 개조식으로 작성하여 가독성을 높인다. │
│ ㉣ 제목을 '직영점 예정지 시장 조사 기획서'와 같이 간결 │
│   하게 고친다. │
└────────────────────────────────────┘

① ㉠, ㉡   ② ㉡, ㉢

③ ㉢, ㉣   ④ ㉠, ㉡, ㉢

⑤ ㉡, ㉢, ㉣

32 윗글의 서술 방법을 가장 적절하게 설명한 것은?

① 육하원칙을 적용하여 내용을 구체적으로 서술해야 한다.

② 어떤 대상으로부터 비롯된 느낌과 생각의 생성 과정을 서술해야 한다.

③ 어떤 대상을 분석하고 해석한 후 가치를 지닌 개성적인 견해를 세밀하게 서술해야 한다.

④ 전문 용어를 쉬운 용어로 바꿔서 쓰거나 그럴 수 없는 경우에는 전문 용어를 자세하게 풀어서 서술해야 한다.

⑤ 읽는 사람에게 유용한 정보를 제공하고 어떤 행위를 하도록 요구하는 글이므로 일시와 장소를 구체적으로 서술해야 한다.

※ 다음은 의약품 사용 설명서의 일부이다. 물음에 답하시오. (32~33번)

┌────────────────────────────────────┐
│ **지친 간장에 활력을 주는 ○○큐** │
│ ■ 원료 약품의 분량: 이 약 1캡슐(1,135mg) 중 │
│   밀크시슬엑스(생규)·················· 350mg │
│   첨가제(타르색소) ········청색 1호, 황색 5호, 황색 203호 │
│ ■ 성상: 황갈색의 유상(기름 상태) 내용물을 함유한 녹색의 │
│   장방형 연질 캡슐제 │
│ ■ (㉠): 독성간질환, 만성간염, 간경변질환의 보조 치료 │
│ ■ (㉡): 성인 1일 1회, 1회 1캡슐 복용 │
│ ■ 사용상의 주의 사항 │
│   1. 다음과 같은 사람은 이 약을 먹지 마십시오. │
│   1) 심한 담도(담관) 폐쇄 환자 │
│   2) 이 약의 과민증 환자 │
│   3) 12세 이하의 소아 │
│   2. 다음 환자에는 신중히 투여하십시오. │
│   고지단백혈증, 당뇨병성 고지질혈증 및 췌장염 등 지방 │
│   대사 이상 환자 또는 지질성 유제를 신중히 투여해야 하 │
│   는 환자 │
│   3. 이 약의 복용 시 주의 사항 │
│   - 중간 생략 - │
│ ■ (㉢): 기밀용기, 실온(1~30℃) 보관(사용 기간: 제조 │
│   일로부터 24개월) │
│ ■ (㉣): 60캡슐, 120캡슐 │
│ ■ (㉤): ○○제약주식회사 │
│ ■ 제조원: ㈜▲▲ 충남 ○○시 ○○구 ○○길 15 │
│   - 이하 생략 - │
└────────────────────────────────────┘

33 윗글의 ㉠~㉤에 들어갈 단어를 가장 적절하게 쓴 것은?

① ㉠: 효능·효과   ② ㉡: 용량

③ ㉢: 저장   ④ ㉣: 포장

⑤ ㉤: 회사

34 윗글의 '3. 이 약의 복용 시 주의 사항'에 쓸 내용을 다음에서 적절한 것을 모두 고른 것은?

┌────────────────────────────────────┐
│ ㉠ 정해진 용법과 용량을 지키십시오. │
│ ㉡ 황달의 경우에는 의사 또는 약사와 상의하십시오. │
│ ㉢ 직사광선을 피하고 될 수 있으면 습기가 적고 서늘한 곳 │
│   에 뚜껑을 꼭 닫아 보관하십시오. │
│ ㉣ 1개월 정도 복용하여도 증상의 개선이 없는 경우나 장기 │
│   복용 시에는 의사 또는 약사와 상의하십시오. │
└────────────────────────────────────┘

① ㉠, ㉡   ② ㉡, ㉢

③ ㉢, ㉣   ④ ㉠, ㉡, ㉢

⑤ ㉠, ㉡, ㉣

35 다음은 ○○ 설문조사 보고서의 결론 부분이다. ㉠에 들어갈 내용을 적절하게 쓴 것은?

> 지금까지의 설문 조사와 원인 분석을 통해 ○○대학교에 적합한 건축물의 구조를 제시함으로써 A 관과 B 관 사이 4층 통로의 유동 인구 밀집 현상을 해결할 방안을 조사해 보았다. 설문 조사를 통해 유동 인구의 밀집 현상이 얼마나 심각한지 알 수 있었고 근본적인 원인을 분석할 수 있었다.
>
> ㉠

① ○○대학교의 건물 통로가 실용적으로 연결되었는지를 점검하기 위하여 다른 학교의 경우를 참고해보기로 하자.

② 이러한 유동 인구의 밀집 현상에 대한 원인과 그러한 현상을 해소할 방안을 제시하는 것이 본 조사의 목적이라고 할 수 있다.

③ ○○대학교의 유동 인구 밀집 현상은 학교의 지형적 특성과 학생 수 증가에 따른 공간의 미흡한 확보와 한 건물로만 집중된 캠퍼스 생활이 원인이었다.

④ 마지막으로 설문 조사를 통한 학생들의 의견과 건축에 관련된 참고문헌을 바탕으로 학교 내의 이러한 문제를 구체적으로 해결할 수 있는 대안을 모색하고자 한다.

⑤ 세 번째로 ○○대학교와 비슷한 환경을 가지고 있으면서 이를 효과적으로 개선한 ▲▲대학교와 ◉◉대학교의 이동 통로를 조사해보고 이를 참고하여 ○○대학교의 문제점을 해결할 방안을 찾아보았다.

36 다음 특허 명세서의 ㉠에 공통으로 들어갈 고안의 명칭으로 가장 적절한 것은?

		등록실용신안 20-0476641	
![로고]	(19)대한민국특허청(KR) (12)등록실용신안공보(Y1)	(45) 공고일자 20○○년 ○월 ○○일	
		(11) 등록번호 20-0476641	
		(24) 등록일자 20○○년 ○월 ○○일	
(21) 출원번호 20-20○○-0004858 (22) 출원일자 20○○년 ○월 ○○일		(73) 실용신안권자 강○○ 　경기도 시흥시 대○로 72 (대야동) (72) 고안자 강○○ 　경기도 시흥시 대○로 72 (대야동) (74) 대리인 임○○	
전체 청구항 수: 총 1항		심사관: 박○○	

(54) 고안의 명칭 (㉠)

(57) 요 약

본 고안은 (㉠)에 관한 것으로서, 전원(10)에 전기적으로 연결된 모터(20)와; 상기 모터(20)의 회전축과 연결되는 흡입 임펠러(30)와; 상기 모터(20)의 회전축과 연동되는 지우개 장착부(40)와; 상기 모터(20), 흡입 임펠러(30), 지우개 장착부(40) 및 전원 스위치(50)가 설치되는 부재로서, 상기 흡입 임펠러(30)를 외기(外氣)에 노출하는 흡입 구멍(91)과, 지우개(70)를 상기 지우개 장착부(40)에 결합하기 위한 장착 구멍(92)이 형성되어 있는 케이스(90)를 포함하여 구성되는 것을 특징으로 하므로, 지우는 작업이 매우 용이하고, 주위가 청결하며 손이 더러워지지 않는다는 장점이 있다.

대 표 도 – 도1

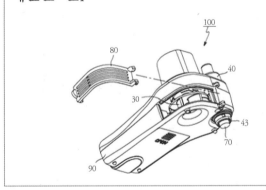

① 전동식 지우개
② 흡입형 전동 지우개
③ 전동 지우개 자동 털이기
④ 탈부착 가능 전동 지우개
⑤ 분필 홀더 겸용 전동 지우개

※ ○○기업의 조직 문화를 진단하기 위한 항목별 점수를 종합한 표를 읽고 물음에 답하시오. (37~38번)

〈만점: 5.0〉

전략적 강조		
구분	내용	점수
가	우리 회사는 인적자원개발을 중요하게 여기며 신뢰, 개방성, 참여를 강조한다.	4.6
나	우리 회사는 경쟁과 성과를 중시하여 시장에서 목표 달성과 이기는 것을 강조한다.	1.2
다	우리 회사는 영속성과 안정성을 강조한다. 효율성, 통제, 원활한 운영을 중요하게 여긴다.	2.0
라	우리 회사는 새로운 자원을 발굴하고, 도전하는 것을 중요하게 여기며 새로운 시도와 기회의 창조를 높이 평가한다.	1.5

성공의 강조		
구분	내용	점수
가	우리 회사에서 성공은 인적자원개발, 팀워크, 헌신도, 동료에 대한 배려를 기준으로 평가한다.	4.6
나	㉠	1.5
다	우리 회사에서 성공은 시장 경쟁에서 이기고 앞서가는 등 경쟁적인 시장을 이끌어 가는 것을 기준으로 평가한다.	1.0
라	우리 회사에서 성공은 효율성을 기준으로, 신뢰성 있는 납품, 원활한 일정 관리, 저비용 생산 등을 중요하게 여긴다.	2.0

37 위 표의 ㉠에 들어갈 내용을 가장 적절하게 쓴 것은?

① 우리 회사는 매우 개인적인 장소이다.
② 우리 회사에서 실패는 팀워크, 합의, 참여 등을 기준으로 평가한다.
③ 우리 회사에서 성공은 개발자나 혁신자로서의 모습을 기준으로 평가한다.
④ 우리 회사에서 리더십이란 일반적으로 합리적이고 적극적이며 결과 지향적인 성격을 띤다.
⑤ 우리 회사에서 근무태도는 회사 내부의 규율 준수와 안정적인 조직 유지를 기준으로 평가한다.

38 위 표의 점수를 근거로 ○○기업의 조직 문화 특징을 가장 적절하게 쓴 것은?

① 조직구성원의 업무수행에 대한 자율성과 자유 재량권 부여 여부를 핵심으로 한다.
② 주어진 과업을 효율적으로 수행하기 위하여 실적을 중시하고, 직무에 몰입하여 미래를 위한 계획 수립을 강조한다.
③ 성과를 강조하는 문화로서 조직에 대한 조직구성원들의 방어적인 태도와 개인주의적인 성향을 드러내는 경향을 보인다.
④ 관계 지향적인 문화이며, 조직구성원 간의 인간애를 중시하는 문화로서 조직 내부의 통합과 유연한 인간관계를 강조한다.
⑤ 조직구성원의 개성을 강조하며 외부 환경에 대한 변화 지향성과 신축적 대응성을 기반으로 조직구성원의 도전의식, 모험성, 창의성, 혁신성 등을 중시한다.

39 ○○운하 관리소 직원인 김○○ 씨는 소장님의 지시에 따라 운하를 통과할 수 있는 배의 길이를 계산하여 안내문을 쓰려고 한다. 운하 통과의 최대 기준으로 다음과 같은 자료를 수집하였다. 다음 자료에 나타난 선박의 길이로 적절한 것은?

운하를 통과한 배 중 최장 길이를 가진 ○○호는 속력이 일정한 상태에서 1, 2운하를 통과하고 있다. 길이 1km인 1운하를 통과하는 데 28초, 길이 2km의 2운하를 통과하는 데 53초가 걸렸다.

① 90m   ② 100m
③ 110m   ④ 120m
⑤ 130m

40 신입사원 연수에서 다음과 같은 시간 관리 능력에 관한 강의를 들은 윤○○ 사원이 일의 우선순위를 정리하여 쓴 것 중 수정이 필요한 것으로 적절한 것은?

직장인이 시간 계획을 세울 때 생각할 수 있는 기본적인 원리는 계획된 행동과 계획되지 않은 행동의 비율을 나눈 60:40의 비율을 지키는 것입니다. 해야 할 일이 많을 때 일의 우선순위를 판단하여 긴급함과 중요함의 정도에 따라 나누는 것이 좋습니다.

① 중장기 계획은 긴급하지 않지만 중요한 일이다.
② 기간이 정해진 프로젝트는 긴급하면서 중요한 일이다.
③ 하찮은 일, 우편물, 소모적인 일은 긴급하면서 중요하지 않은 일이다.
④ 잠깐의 급한 질문이나 일부 보고서는 긴급하면서 중요하지 않은 일이다.
⑤ 새로운 기회를 발굴하거나 인간관계를 구축하는 것은 긴급하지 않지만 중요한 일이다.

41 다음에서 제시한 합리적인 인사관리의 원칙을 설명하는 글로 가장 적절한 것은?

종업원 안정의 원칙

① 해당 직무 수행에 가장 적합한 인재를 배치해야 한다.
② 직무의 배당과 승진, 임금 등을 공정하게 처리해야 한다.
③ 직장에서 신분이 보장되고 계속 근무할 수 있다는 믿음을 갖게 해야 한다.
④ 근로자의 인권을 존중하고 공헌도에 따라 노동의 대가를 공정하게 지급해야 한다.
⑤ 근로자가 창의력을 발휘할 수 있도록 새로운 제안을 할 기회를 마련하고 적절한 보상을 하여 인센티브를 제공해야 한다.

42 다음 도표를 보고 2022년 기준으로 ㉠~㉣까지 들어갈 말을 모두 적절하게 쓴 것은?

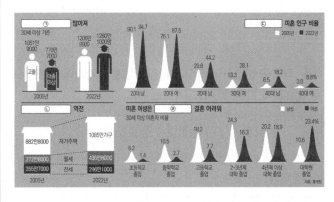

① ㉠: 고졸자가 대졸자보다, ㉡: 월세 가구가 전세 가구, ㉢: 줄어드는, ㉣: 학력 높을수록
② ㉠: 고졸자가 대졸자보다, ㉡: 전세 가구가 월세 가구, ㉢: 늘어나는, ㉣: 학력 낮을수록
③ ㉠: 대졸자가 고졸자보다, ㉡: 전세 가구가 월세 가구, ㉢: 줄어드는, ㉣: 학력 높을수록
④ ㉠: 대졸자가 고졸자보다, ㉡: 월세 가구가 전세 가구, ㉢: 늘어나는, ㉣: 학력 낮을수록
⑤ ㉠: 대졸자가 고졸자보다, ㉡: 월세 가구가 전세 가구, ㉢: 늘어나는, ㉣: 학력 높을수록

43 다음 〈보기〉에서 '2015년 인구주택총조사 표본집계 결과' 중 '1인가구 현황' 그래프를 보고 쓸 수 있는 글만 묶은 것은?

보기

㉠ 1인가구 중 미혼인구는 2010년 184만 3,000명에서 2015년 228만 6,000명으로 24.0% 늘었다.
㉡ 이혼 상태의 1인가구는 지난해 84만 5,000명으로 5년 전(55만 6,000명)보다 51.9% 증가했다.
㉢ 2015년 기준 우리나라 1인가구는 520만 3,000가구로 2010년(414만 2,000가구)보다 약 25.6% 증가했다.
㉣ 전체 1인가구 구성비로는 미혼이 43.9%로 가장 많았고 사별(27.9%), 이혼(16.2%), 기혼(11.9%) 등의 순으로 나타났다.

① ㉠, ㉡   ② ㉡, ㉢
③ ㉢, ㉣   ④ ㉠, ㉡, ㉢
⑤ ㉡, ㉢, ㉣

44 다음을 참고하여 하○○ 사원에 대한 평가지에 쓸 조언으로 적절하지 <u>않은</u> 것은?

〈하○○ 사원에 대한 동료들의 평가〉

■ 책상에서 매번 필요한 것을 찾는 데 시간을 허비해서 답답합니다.
■ 사소한 문구를 계속 수정하고 마음에 들 때까지 같은 작업을 반복합니다.
■ 항상 바쁘고 늘 뭔가 열심히 하는 것 같은데 마감기한을 자주 넘기는 편입니다.

① 물건은 항상 제자리에 두는 습관을 들이는 것이 좋겠습니다.
② 서류는 하나하나 숙독하며 완벽하게 정리를 해두는 것이 좋겠습니다.
③ 일의 우선순위를 정하고 긴급하고 중요한 일을 먼저 하는 것이 좋겠습니다.
④ 할 일에 드는 예상 시간을 결정하고 시간 계획서를 작성해보는 것이 좋겠습니다.
⑤ 완벽하게 일을 처리하기 위해 기한을 넘기는 것보다는 기한 내에 일을 끝내는 것이 좋겠습니다.

45 ○○ 기업의 구매부서에 근무하는 김○○ 대리는 업무상 거래처를 자주 방문하는데 보통 시속 60km의 속도로 다닌다. 다음은 김○○ 대리가 시속 80km로 가서 평소보다 10분 빠르게 도착하여 ○○ 기업에서 거래처까지의 거리를 구한 후 그 과정을 적은 메모이다. <u>잘못</u> 옮겨 쓴 부분은?

보기

㉠ x : 평소 걸리는 시간(단위: 분)
㉡ $60x = 80(x - 10)$
㉢ $60x = 80x - 10$
㉣ $x = 40$분
㉤ 거리: 40km

① ㉠   ② ㉡
③ ㉢   ④ ㉣
⑤ ㉤

46 다음은 상품 ㉮와 ㉯의 1년 동안의 계절별 판매량을 나타낸 그래프이다. 다음 그래프를 보고 쓴 문장으로 적절한 것은?

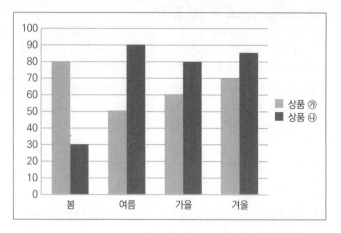

① 상품 ㉮와 상품 ㉯의 연간 판매량의 차이는 거의 없다.
② 두 상품의 판매량의 차는 시간이 지남에 따라 감소한다.
③ 상품 ㉮와 상품 ㉯의 판매량의 차가 가장 큰 계절은 여름이다.
④ 상품 ㉮와 상품 ㉯의 판매량의 합이 가장 적은 계절은 겨울이다.
⑤ 계절이 바뀔 때 상품 ㉮의 판매량이 상품 ㉯보다 크게 달라진다.

47 다음은 국민연금공단에서 발표한 2009~2015년 9월말 통계이다. 자료를 보고 판단하여 쓴 문장 중 적절하지 <u>않은</u> 것은?

구분	2009년	2010년	2011년	2012년	2013년	2014년	2015년 9월말
계	18,623,845	19,228,875	19,885,911	20,329,060	20,744,780	21,125,135	21,513,201
사업장 가입자	9,866,681	10,414,780	10,976,501	11,464,198	11,935,759	12,309,856	12,665,012
지역 가입자	8,679,861	8,674,492	8,675,430	8,568,396	8,514,434	8,444,710	8,400,743
임의 가입자	36,368	90,222	171,134	207,890	177,569	202,536	234,952
임의 계속 가입자	40,935	49,381	62,846	88,576	117,018	168,033	212,494

〈연도별 국민연금 가입자 현황〉 (단위: 명)

① 지역 가입자 수는 최근 4년 동안 점차 줄고 있다.
② 조사 기간 사업장 가입자 수는 매년 꾸준히 늘었다.
③ 전체 가입자는 2009년에 비해 2015년 9월 말 20% 가까이 늘었다.
④ 전년 대비 임의 가입자 수의 비율이 가장 많이 증가한 해는 2011년이다.
⑤ 조사 기간 내내 임의가입자 수가 다른 가입자 수보다 가장 많이 증가하였다.

48 다음 제도에 대한 설명으로 적절하지 <u>않은</u> 것은?

> 이 제도는 근로자 또는 노동조합이 경영과정에 참여하여 자신의 의사를 반영함으로써 공동으로 문제를 해결하고, 새로운 아이디어를 제시하거나 현장에 적합한 개선방안을 마련해 줌으로써 경영의 효율성을 높일 수 있다.

① 경영자의 고유한 권리인 경영권을 약화할 수 있다.
② 경영 참가, 이윤 참가, 자본 참가의 3가지 유형이 있다.
③ 모든 조직에 효과적이거나 반드시 확대되어야 할 제도는 아니다.
④ 분배 문제를 해결함으로써 노동조합의 단체교섭 기능을 강화할 수 있다.
⑤ 경영능력이 부족한 근로자가 경영에 참여할 경우 의사결정이 늦어질 수 있다.

※ 다음은 실용사의 정보보안 연수 자료 중 일부이다. 자료를 읽고 물음에 답하시오. (49~50번)

> USB는 기업 내부 정보 유출의 주요 경로 중 하나다. 모바일 및 클라우드 업무 환경이 급속도로 퍼지고 있지만, 여전히 기업 내에서 생산성의 주축이 되는 업무는 주로 PC에서 이뤄지고 있기 때문이다. 특히 서버 같은 핵심 인프라와는 달리 PC는 개인화된 장비라는 인식이 저변에 깔려있기 때문에 그만큼 위험에 노출될 가능성이 크다.
>
> 또한, 의도적인 정보 유출뿐만 아니라 업무용 USB를 분실하거나 도난당하면서 뜻하지 않게 중요한 정보를 노출하게 되는 사례도 적지 않다. 업계에 따르면 최근 은행, 증권사, 보험사 등에서 보안 USB 도입이 많이 증가하는 추세다. 보안 USB는 사용자 인증, 데이터 암호화, 복제 방지, 분실 및 도난 방지 기능 등을 하나 이상 탑재하고 있어 사소한 실수로 기업의 중요 정보가 유출되는 것을 막는 데 도움을 줄 수 있다.
>
> (가)
>
> 단, 보안 USB도 하나의 보안 솔루션이라는 점에서 이를 사용하는 기업 또는 개인이 보안 수칙을 준수하지 않으면 무용지물이 될 수 있다는 점을 명심할 필요가 있다. 내부자에 의한 치명적인 정보 유출을 막기 위해 기업들은 보안 솔루션 도입은 물론, 정기적인 보안 교육을 통해 정보 유출의 위험성과 위법성을 적극적으로 알리고 협력 업체와 기밀유지 계약을 맺는 등 기업 내부 정보의 흐름을 파악하려는 노력이 필요하다.
>
> 이에 본사는 지난달부터 개인 USB 사용 금지, PC 외부메일 단속 등 정보유출방지를 위한 제도적 장치를 마련하고 있다. 업무용 컴퓨터에서 작업한 파일은 어떤 것이든지 외부저장 매체에 저장할 수 없다.

---

49 윗글의 (가) 문단에 쓸 내용으로 적절하지 <u>않은</u> 것은?

① ○○카드는 작년부터 지정한 시간 동안 사용하지 않으면 자동으로 잠금 상태로 전환되는 타이머 자동 잠금, 무차별 비밀번호 대입으로 인한 해킹 방지 등의 기능이 있는 USB를 제공하고 있다.
② ○○시큐리티가 올해 개발한 USB는 암호화 칩을 탑재해 USB에 저장되는 모든 데이터를 실시간으로 암호화하는 보안 USB다. 암호화된 데이터는 USB를 분해하더라도 데이터 확인이 불가능하다.
③ 지문 인식으로 특정인만 사용 가능한 보안 USB가 대표적인 예다. 지문 인식 USB는 인가된 사용자가 지문을 등록해두면, 이후 해당 사용자가 USB를 손에 쥐고 PC에 꽂아야만 인식되기 때문에 분실이나 도난에도 걱정 없다.
④ 기업체마다 보안 USB 사용이 필수 매뉴얼로 자리 잡고 있다. 작년 말 ○○사 내부자료 유출 사고 당시 ○○사에서도 보안 USB를 사용하고 있었으나 정작 관리가 소홀했다는 지적을 피하지 못했던 것도 기본 보안 수칙의 중요성을 잘 말해준다.
⑤ ○○사는 데이터가 기록되는 디스크의 논리적 구조를 바꾸고, 이를 커널 레벨에서 자체적으로 처리하는 기술을 적용한 보안 USB 출시를 앞두고 있다. 평소에는 보안 영역이 존재하지 않는 것처럼 모습을 숨기고 있다가 전용 소프트웨어를 실행하고 비밀번호를 입력하면 모습을 드러내는 제품이다.

---

50 위의 연수를 듣고 퇴근 준비를 하던 김원칙 사원은 동료가 회사 업무용 컴퓨터에 저장된 자료를 개인용 USB에 저장하는 듯한 모습을 보았다. 김원칙 사원이 취해야 할 행동으로 가장 적절한 것은?

① 회사 감사팀이나 외부업체에 알려 조사받게 한다.
② 타 직원들로부터 신뢰받는 동료이므로 못 본 척한다.
③ 잘못된 습관인지 고의적인 행동인지 판단하기 위해 다음 행동을 관찰한다.
④ 성실한 사람이고 조금 전에 정보 보안 연수를 같이 들었으므로 믿고 바로 퇴근한다.
⑤ 관계가 서먹해질 수도 있지만 목격한 장면에 대해 직접 물어서 사실관계를 확인한다.

※ 서술형 답안 작성 시 유의 사항

1. 문제에 대한 답안은 반드시 해당 답안에만 작성하시오.

   (서술형 2~5번 답안을 서술형 1번 답안에 모두 작성한 경우, 서술형 1번 답안만 채점하고, 서술형

   2~5번 답안은 채점하지 않음. <u>서술형 2~5번을 0점 처리함</u>)

2. 답안 밖에 작성한 내용은 채점할 수 없으므로 해당 답안 안에만 작성하시오.

3. 문제마다 주어진 조건을 준수하지 않은 경우 감점합니다.

4. 논제와 관련 없는 내용을 장황하게 작성한 답안의 경우 감점합니다.

5. '감사합니다.', '잘 부탁합니다.'와 같은 답안과 관련 없는 내용을 작성할 경우 0점 처리합니다.

6. 개인 신상을 드러낸 내용이 있는 답안의 경우, 0점 처리합니다.

※ 다음 문제를 읽고 OMR 용지에 답을 쓰시오. (1~5번)

01 다음은 사내 메신저 대화창의 일부이다. 대화의 밑줄 친 부분 중 **잘못된** 것을 골라 바르게 고쳐 쓰시오. [20점]

【조건】 1. <u>잘못된</u> 것만 골라서 고쳐 쓸 것. (맞는 것을 골라 고쳐 쓴 경우 감점 있음)

　　　　 2. '틀린 표현 → 맞는 표현'의 형식으로 고쳐 쓸 것.

> 정보팀 김○○ 대리: 오늘이 <u>몇</u> 일인가요?
>
> 인사팀 정○○ 대리: 22일입니다. 인사 회의까지 일주일 남았습니다.
>
> 정보팀 김○○ 대리: 그럼, 제가 인사 회의에서 발표할 개인 정보 보호 지침은 25일까지 부장님께 <u>결제</u> 받겠습니다.
>
> 인사팀 정○○ 대리: 예. 감사합니다. 이번 회의에서 우리의 <u>지양점</u>인 '개인 정보 보호 의식 향상'을 위해 같이 노력했으면
> 　　　　　　　　　 합니다.
>
> 정보팀 김○○ 대리: 당연하죠. 저도 이번에 이 일의 <u>책임자로서</u> 최선을 다하고자 합니다.
>
> 인사팀 정○○ 대리: 김○○ 대리님의 의지가 참 멋집니다. 일주일 뒤 인사 회의 때 <u>뵙겠습니다</u>.

02 한국달리기운동본부 김○○ 기획팀장은 제25회 건강달리기 날 기념행사 참석 협조를 위한 공문을 다음과 같이 작성하였다. ㉠~㉤에 들어갈 단어를 기호와 함께 순서대로 쓰시오. 【20점】

【조건】 모두 두 글자로만 쓸 것.

한국달리기운동본부

수신　　수신자 참조
(경유)

제목　　제25회 건강달리기의 날 기념행사 참석 안내
　　1. 한국달리기운동본부는 제25회 건강달리기의 날을 맞이하여 운동본부 창립을 기념하고 달리기 운동 활성화 사업
　　　　경과를 공유하기 위한 행사를 개최합니다.
　　2. 관련 내용을 다음과 같이 (　㉠　)하오니 관심 있는 대상자가 참석할 수 있도록 협조하여 주시기 바랍니다.
　　　　가. (　㉡　): 2017. 3. 25. (토) 14:00~16:00
　　　　나. (　㉢　): ○○도청 야외공연장
　　　　다. (　㉣　): 지역사회 전문가, 관계 공무원, 일반 도민 등
　　　　라. (　㉤　): 한국달리기운동본부
　　　　마. 협조사항: 참석자 명단을 2016. 3. 17. (금)까지 이메일 또는 팩스로 제출
- 이하 생략 -

---

03 다음을 보고 강○○ 사원의 팔로워십 유형과 그 이유를 조건에 따라 서술하시오. [20점]

【조건】 1. '강○○ 사원은 ~는 점에서 ~ 팔로워라고 할 수 있다.'의 형식의 한 문장으로 간결하게 쓸 것.
　　　　2. 이유는 팔로워십 유형을 설명하는 부분에서 강사원의 특징과 연결되는 구절만 활용하여 쓸 것.

강○○ 사원은 몸과 마음을 바쳐 있는 힘을 다하며, 어떤 규칙도 필요 없을 정도로 자율적으로 업무를 본다.

소외형 팔로워	조직에 대해 독립적이고 비판적인 의견을 제시하지만 역할 수행에서는 매우 소극적인 유형. 자신은 노력하지 않으면서 리더의 노력과 행동을 비판하고 조직에 대해 혼자서 불평하는 경우가 많음. 리더와의 갈등 등으로 소외형이 되었을 가능성이 높음. 전체 팔로워의 약 15~20%.
실무형 팔로워	리더의 의견에 대해 비판적이지도 의존적이지도 않으며 리더의 가치와 판단에 의문을 품기도 하지만 적극적으로 대립하지도 않는 유형. 시키는 일은 잘 수행하지만, 모험적인 일은 하지 않는 유형. 사회나 조직이 불안한 상황에서 더 이상의 대안이 없을 때 발생. 전체 팔로워의 약 25~30%.
모범형 팔로워	독립심이 강하고 헌신적이며 독창적이고 건설적인 비판을 하는 유형으로 리더의 힘을 강화할 수 있는 유형. 자신의 재능을 조직을 위해서 유감없이 발휘하며 스스로 생각하고 알아서 행동할 줄 앎. 전체 팔로워의 약 5~10%.

04 다음은 '빠른 보고' 3원칙의 설명이다. 〈보기〉에서 '빠른 보고' 3원칙의 취지를 옳게 추론한 것을 골라 조건에 맞게 쓰시오. 【20점】

【조건】 1. 'ⓐ: ○○ 보고'처럼 해당 기호와 원칙 이름만 쓸 것.
      2. 3가지만 골라 쓸 것.

> ○○기업은 업무 생산성 제고를 위하여 불필요한 회의의 절반을 통합하거나 축소하고, '동시 보고-실무 보고-간단 보고'의 빠른 보고 3원칙을 정했다. 동시 보고는 대리-과장-차장-부장-임원으로 이어지는 보고 대신 주요 사안에 대해서 당사자들이 한자리에 모여 함께 보고를 받는 것을 말한다. 실무 보고는 현안을 가장 잘 파악하고 있는 실무진이 직급과 관계없이 최고위층에도 보고할 수 있게 하겠다는 것이다. 간단 보고는 핵심만 보고하라는 것으로 직접 말로 하거나 간단한 메모를 통한 보고도 허용하겠다는 것이다.

┌ 보기 ─────────────────
ⓐ 핵심어 중심으로 보고하는 습관을 들여야 하겠군.
ⓑ 상사가 요구하기 전까지는 보고서를 제출하지 않아도 되겠군.
ⓒ 급한 경우 팀장과 팀원이 모두 함께 가서 부장에게 보고하면 되겠군.
ⓓ 팀장이 아니라도 프로젝트 진행 내용을 임원에게 바로 보고할 수도 있겠군.
ⓔ 보고서를 작성할 때는 상사가 좋아하는 표현 중심으로 내용을 구성해야겠군.
ⓕ 30초 안에 핵심 내용을 전달한다는 '엘리베이터 피치' 요령을 익혀야 하겠군.
────────────────────────

_____

_____

05 ○○대학교 경영학과 재학생 이○○ 씨는 연구 부정행위를 조사하고 있다. ⓐ~ⓓ에 들어갈 단어를 〈보기〉에서 찾아 순서대로 쓰고, ⓔ은 앞 문장의 서술 방식에 맞추어 쓰시오. [20점]

【조건】 1. ⓐ~ⓔ은 기호를 붙이고 쓸 것.
      2. ⓔ은 6어절로 쓸 것.

연구 부정행위

- (ⓐ) 은(는) 존재하지 않는 데이터 또는 연구 결과 등을 허위로 만들어 내는 행위를 말한다.
- (ⓑ) 은(는) 연구 재료·장비·과정 등을 인위적으로 조작하거나 데이터를 임의로 변형·삭제함으로써 연구 내용 또는 결과를 왜곡하는 행위를 말한다.
- (ⓒ) 은(는) 저작권법상 보호되는 타인의 저작, 연구 착상 및 아이디어나 가설, 이론 등 연구 결과 등을 정당한 승인 또는 인용 없이 사용하는 행위를 말한다.
- (ⓓ) 은(는) 편집인이나 독자에게 이미 출간된 본인 논문의 존재를 알리지 않고 이미 출간된 본인 논문과 완전히 같거나 거의 같은 텍스트의 본인 논문을 다른 학술지에 다시 제출하여 출간하는 행위를 말한다.
- 부당한 논문 저자 표시는 연구 내용 또는 결과에 대하여 학술적 이바지를 한 사람에게 정당한 이유 없이 논문 저자 자격을 부여하지 않거나, 학술적 이바지가 없는 자에게 (ⓔ)

┌ 보기 ─────────────────
- 개조   - 대여   - 변조   - 배포   - 위조   - 중복 게재
- 표절   - 2차 저작물 작성권
────────────────────────

_____

m·e·m·o

2교시 실기(문단형, 완성형) 영역

1 제한 시간과 총 배점

제한 시간	총 배점				
90분	500점				
	6번	7번	8번	9번	10번
	50점	50점	100점	100점	200점

2 서술형 답안 작성 시 유의 사항(시험지에 나와 있는 내용)

1. 문제에 대한 답안은 반드시 해당 답안에만 작성하시오.
   (서술형 7~10번 답안을 서술형 6번 답안에 모두 작성한 경우, 서술형 6번 답안만 채점하고, 서술형 7~10번 답안은 채점하지 않음. 서술형 7~10번을 0점 처리함)
2. 답안 밖에 작성한 내용은 채점할 수 없으므로 해당 답안 안에만 작성하시오.
3. 문제마다 주어진 조건을 준수하지 않은 경우 감점합니다.
4. 논제와 관련 없는 내용을 장황하게 작성한 답안의 경우 감점합니다.
5. '감사합니다.', '잘 부탁합니다.'와 같은 답안과 관련 없는 내용을 작성할 경우 0점 처리합니다.
6. 개인 신상을 드러낸 내용이 있는 답안의 경우, 0점 처리합니다.

3 문제 유형 살피기(발문 및 조건)

(1) 6번, 7번(서술형 50점)

[발문 및 조건]

6. 다음은 가정용 미니빔 TV에 대한 설명서의 일부이다. 다음 설명서의 ㉠~㉺을 〈보기〉를 참고하여 조건에 맞게 쓰시오.

[조건]
1. ㉠~㉺까지 들어갈 내용을 각 항목별로 기호와 함께 쓸 것.
2. ㉠, ㉺은 다음의 내용과 형식을 지켜 전체적인 설명서의 흐름을 지켜 쓴 문장.
   - ㉠의 내용: 버튼 누르기, 조이스틱 상·하좌우 움직임으로 작동함.
   - ㉠의 형식: '~거나 ~여 ~를 ~ 수 있습니다.'
   - ㉺의 내용: 조이스틱 버튼을 누르고 움직이면 음량 조절 및 채널 변경이 안 될 수 있음.
   - ㉺의 형식: '~을 누르고 ~일 경우 ~이 안 될 수 있습니다.'
3. ㉡~㉣: 설명하는 문장을 참고하여 4 글자, 2어절 문구.

7. 다음은 특허과 김○○ 씨가 쓴 연수 참가 보고서의 일부이다. 다음 메모를 보고 보고서의 소감 중 (가)에 들어갈 말을 조건에 맞게 쓰시오.

[조건]
1. 메모의 내용을 모두 반영하여 2문장으로 쓸 것.
2. 두 번째 문장은 '게다가 ~해주었기 때문에 ~다.'의 형식으로 쓸 것.

(2) 8번, 9번(서술형 100점)

8. 다음 글을 읽고 ㉮에 들어갈 내용과 제시된 표의 ㉠~㉢을 조건에 따라 쓰시오.

[조건]
1. ㉮에 들어갈 내용을 '유기농 식품은 ~보다 ~지만 ~준다.' 형식으로 한 문장으로 쓸 것.
2. ㉠~㉢에 들어갈 내용은 명사로 마무리할 것.
3. 각각의 기호와 해당하는 내용을 쓸 것.
4. 핵심 내용을 간결하게 쓸 것.

9. 〈보기〉의 내용을 모두 포함하여 '스마일 마스크 증후군'에 대한 글을 조건에 맞게 쓰시오.

[조건]
1. 먼저 스마일 마스크 증후군의 개념을 서술할 것.
2. 두 번째로 스마일 마스크 증후군이 많이 나타나는 직업 분야를 서술할 것.
3. 세 번째로 스마일 마스크 증후군의 증세를 서술할 것.
4. 5~6개 문장으로 서술할 것.
5. 〈보기〉에 있지 않은 내용은 서술하지 말 것.

(3) 10번(서술형 200점)

10. 제시된 자료를 모두 활용하여 '한옥마을 활성화 정책 실태와 그 개선 방안'에 관한 칼럼을 조건에 맞게 쓰시오.

[조건]
1. 띄어쓰기를 포함하여 850±50자로 작성할 것.
2. 제목은 생략하고 본문만 쓸 것.
3. 서론은 '한옥 관련 최근 동향'을 내용으로 200자 내외로 쓸 것. (단, 자료1은 본론의 내용을 고려하여 선정하되 결론에서 제시할 해결방안을 염두에 두고 제시할 것)
4. 본론은 자료 2, 3, 4를 모두 활용하여 '한옥마을 활성화 정책 실태'를 내용으로 550자 내외로 서술할 것. (단, 자료의 내용과 관점을 같이할 필요는 없으며 자신이 주장하는 바에 따라 자료의 내용을 비판적으로 언급할 수 있음.)
5. 결론은 '서론에서 제기한 문제점을 해결하기 위한 방안'을 150자 내외로 쓸 것.

10. 다음 자료를 모두 활용하여 한 편의 설명문을 조건에 맞게 쓰시오.

[조건]
1. 첫 줄에 제목을 서술할 것. (명사형으로 종결할 것, 띄어쓰기 포함 30자 이내)
2. 첫 번째 문단은 〈자료 1〉을 토대로 서술할 것. (4문장으로 서술할 것, 띄어쓰기 포함 12자~180자)
3. 두 번째 문단은 〈자료 2〉와 〈자료 3〉을 연계하여 '식품'을 중심으로 서술할 것. (띄어쓰기 포함 450자~600자)
4. 세 번째 문단은 앞 문단들을 종합하는 내용으로 서술할 것. (2문장으로 서술할 것, 띄어쓰기 포함 60자~120자)

---

4 각종 팁

(1) 문제 풀이 팁

① 배점별로 시간과 노력을 배분하자.

10번 문제가 500점 중 200점을 차지한다. 따라서 최대 40~50분을, 6번~9번은 평균 10분 내외의 시간을 들여 문제를 풀자.

② 배점이 높은 문제부터 풀자.

배점이 높은 문제가 뒤에 배열되어 있다. 뒤에서부터 문제를 풀게 되면, 중요한 문제는 모두 풀었으므로 높은 점수를 받을 확률이 높아진다.

※ 방법론 중 하나일 뿐, 반드시 뒤에서부터 문제를 풀 필요는 없다.

(2) 10번 문제 팁

① 원고지에 바로 작성하자.

10번 문제의 경우 조건이 많기 때문에, 시간이 부족할 수 있다. 따라서 시간 부족을 방지하기 위해 조건을 모두 반영한 간결한 마인드맵을 작성한 후, 바로 원고지에 옮겨 적자.

② 원고지 작성법을 숙지하자.

6번~9번 문제와 달리, 10번 문제는 원고지에 작성한다. 따라서 원고지 작성법에 따라 작성을 해야 한다.

③ 교정 부호를 익히자.

수정테이프를 이용해 수정이 가능하기는 하지만, 전체 내용의 수정이 필요한 경우 시간이 많이 들 수 있다. 따라서 교정 부호를 익혀, 교정이 필요한 부분에 적절히 활용해 보자.

④ 적절한 볼펜을 고르자.

원고지 네모 칸이 작다. 칸을 넘어가면 감점이 될 수도 있기에, 두꺼운 펜보다는 얇은 펜이 더 좋다. 또한 가급적 다양한 볼펜으로 연습해 보고, 자신과 잘 맞는 볼펜을 골라 시험장에 들어가자.

(3) 문제 공통 팁

① 평소에 긴 지문을 빠르고 정확하게 읽는 연습을 하자.

지문의 자료로는 '기사문, 기획서, 보고서, 안내문, 명세서, 설명서, 프레젠테이션, 제안서, 직무 기술서' 등이 제시된다. 2교시의 경우, 1교시보다 지문의 길이가 길고 조건이 복잡하다. 따라서 평소에 긴 지문을 빠르고 정확하게 읽는 연습이 필요하다.

② 조건이 100% 반영된 답안을 작성하자.

잘 쓰는 것도 중요하지만, 감점되지 않는 것도 중요하다. 요구한 조건이 누락될 경우에는 감점이 된다. 따라서 문제에서 요구한 조건은 무조건 반영해야 한다.

조건에 글자 수가 있다면 '이내(以內)'인지, '내외(內外)'인지도 살펴야 한다. '이내(以內)'는 글자 수를 넘지 않아야 한다는 의미이고, '내외(內外)'도 조건보다 지나치게 적거나 많아서는 안 된다는 의미이다. 내외의 허용 범위는 보통 ±7% 정도이다.

③ 참신한 답안보다는 안정적인 답안을 작성하자.

'팁 ②'와도 연결되는 내용이다. 글에서 '참신함'을 요구하지 않는 이상, '참신함'보다는 조건에 맞는 안정적인 답안을 작성해야 한다. 가급적이면 지문의 단어나 키워드를 활용하면, 안정적인 답안을 작성할 수 있다.

④ 자료를 활용하여 글을 쓰자.

자료를 활용하라는 조건이 있을 경우, 주어진 '도표, 그림, 숫자' 등을 구체적으로 활용해야 한다. 특히 핵심적인 도표나 숫자는 반드시 써야 한다. 이때 내용을 단순히 나열하는 것보다는 내용을 종합하거나 분석하는 게 좋다. '가장 큰 특징은', '전체적으로', '평균적으로' 등의 문구를 기억해 두었다가 활용하자.

자료를 글로 풀어 써야 할 때는, 전체를 개괄하는 내용을 가장 앞에 두고, 그 뒤에는 구체적인 수치를 나열하면 깔끔하다. 그리고 자료의 출처가 나와 있다면, 되도록 출처를 빠뜨리지 말아야 한다.

⑤ 되도록 정자로 또박또박 성실하게 쓰자.

채점은 컴퓨터가 아닌 사람이 한다. '글씨체' 점수는 따로 없지만, 깔끔하고 또박또박한 글씨체는 채점자에게 좋은 인상을 줄 수 있다.

글자 수도 최대한 조건에 부합하게 채워서 노력한 흔적을 보일 필요가 있다.

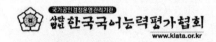

(1)형 국가공인 한국실용글쓰기 검정

수험번호	□□□□□□□	제한시간 90분

실기(문단형, 완성형) 영역 (500점)	감 독 관 확 인	

※ 서술형 답안 작성 시 유의 사항
1. 문제에 대한 답안은 반드시 해당 답안에만 작성하시오.
   (서술형 7~10번 답안을 서술형 6번 답안에 모두 작성한 경우, 서술형 6번 답안만 채점하고, 서술형
   7~10번 답안은 채점하지 않음. 서술형 7~10번을 0점 처리함)
2. 답안 밖에 작성한 내용은 채점할 수 없으므로 해당 답안 안에만 작성하시오.
3. 문제마다 주어진 조건을 준수하지 않은 경우 감점합니다.
4. 논제와 관련 없는 내용을 장황하게 작성한 답안의 경우 감점합니다.
5. '감사합니다.', '잘 부탁합니다.'와 같은 답안과 관련 없는 내용을 작성할 경우 0점 처리합니다.
6. 개인 신상을 드러낸 내용이 있는 답안의 경우, 0점 처리합니다.

※ 다음 문제를 읽고 OMR 용지에 답을 쓰시오. (6~10번)

06 다음은 특허 명세서의 일부이다. ㉠~㉣에 들어갈 내용을 조건에 맞게 쓰시오. [50점]

[조건]　1. 【요 약】, 【청구의 범위】의 내용을 참고하여 쓸 것.
　　　　2. ㉠~㉣의 기호를 붙여서 쓸 것.
　　　　3. ㉠~㉢은 2어절, ㉣은 '본 고안은 ~에 관한 것으로 더욱 ~는 ~에 관한 것이다.'의 형식으로 쓸 것.

【요 약】

　안전 사다리가 제공된다. 본 고안의 일 면(aspect)에 따른 안전 사다리는, 서로 떨어진 복수의 고정 발판이 설치되는 지지대; 상기지지대의 하부에 결합하는 안전 발판; 상기 지지대의 상부에 결합하는 고정 도르래; 상기 안전 발판에 결합하는 회전 도르래; 및 상기 고정 도르래와 상기 회전 도르래 상에 배치되는 연결부재를 포함하되, 상기 연결부재가 회전함에 따라 상기 안전 발판이 전방으로 돌출된다.

【청구의 범위】
【청구항 1】
　서로 떨어진 복수의 고정 발판이 설치되는 지지대; 상기 지지대의 하부에 결합하는 안전 발판; 상기 지지대의 상부에 결합하는 (㉠); 상기 안전 발판에 결합하는 회전 도르래; 및 상기 고정 도르래와 상기 회전 도르래 상에 배치되는 연결부재를 포함하되, 상기 연결부재가 회전함에 따라 상기 안전 발판이 전방으로 돌출되는, 안전 사다리.

【청구항 2】
　제1항에 있어서, 상기 (㉡)은, 상기 지지대의 하부에 회전할 수 있게 결합하고, 상기 (㉢)의 축을 기준으로 회전하는, 안전 사다리.

【청구항 3】

제2항에 있어서, 상기 (ⓒ)의 회전 각도를 제한하는 스토퍼를 더 포함하는, 안전 사다리.

【청구항 4】

제1항에 있어서, 상기 안전 발판은, 상기 지지대의 하부에 전후방으로 슬라이딩할 수 있게 결합하고, 상기 연결부재가 회전함에 따라 슬라이딩 되어 전방으로 돌출되는, 안전 사다리.

고안의 설명

ⓔ _____.

---

07 김○○ 부장은 화학물질의 안전한 관리를 위한 정책 발표를 위해 프레젠테이션을 작성하고 있다. 다음 글을 사용하여 ㉠~㉣에 들어갈 문장을 조건에 맞게 쓰시오. 【50점】

【조건】 1. ㉠~㉣은 글의 문단 순서대로 쓸 것.
        2. '~해야 한다.'로 종결하고 3~8어절로 쓸 것.

시민사회와 전문가가 정부의 화학물질 감시 파트너가 될 수 있다. 미국과 유럽에서는 협회 및 시민단체 등이 화학물질 감시의 일익을 담당한다. 국내에도 좋은 선례가 있다. 민주노총 금속노조와 노동환경연구소는 2009년부터 노동 현장의 발암물질을 조사해 사용자 측과 '무독성' 협약을 체결하기도 했다.

정책의 중심에는 안전과 생명이 있어야 한다. 당연한 말이지만, 우리 사회의 현실은 아니다. 화학물질로, 또는 다른 무엇으로 사람이 다치거나 죽는 것이 두렵다면 지금이라도 가치의 우선순위를 바로잡아야 한다.

가습기 살균제를 두고 제조 회사는 "내 아기를 위하여"라고, "인체에 안전한 성분"이라고 광고했다. 마트에 내놓은 탈취제 겉면에 "잘못 사용하면 몸에 좋지 않거나 죽을 수도 있다."라고 적어 위해성을 경고하는 독일과는 정반대였다. 생활화학제품이 무해한 것처럼 광고하는 행위를 규제해 제품 오남용을 방지해야 한다.

가습기 살균제 독성성분인 클로로메틸이소치아졸리논(CMIT)은 세정제에 극소량을 첨가하면 방부제 역할을 한다. 하지만 증기 형태로 흡입하면 사망에 이를 수도 있다. 제2의 가습기 살균제 참사를 막으려면 화학물질이 제품에 어떤 용도로 쓰이는지에 따른 위해성 평가가 철저히 이뤄져야 한다.

선진국처럼 화학물질 피해에 발 빠르게 대처하고, 피해를 관리할 수 있는 중독센터를 만들어야 한다. 소비자가 화학물질로 인한 피해를 보았을 때 바로 중독센터로 신고할 수 있도록 하고, 센터는 피해자에게 대처법을 알려주는 동시에 피해 사례를 수집해야 한다.

	시민사회와 손을 잡아야 한다.
화학물질의 안전한 관리를 위한 5가지 제언	■ _____㉠_____ ■ _____㉡_____ ■ _____㉢_____ ■ _____㉣_____

08 다음을 보고 (나)에 들어갈 내용을 조건에 따라 두 문단으로 서술하시오. [100점]

【조건】 1. 첫 번째 문단은 '귀사에서 발주하여'로 시작하되, (가)를 참고하여 '기존의 계약과 변화된 상황'을 각각 한 문장으로 쓸 것.

2. 두 번째 문단은 '이에 따라'로 시작하되 (가)를 참고하여 '제안 내용과 붙임의 내용에 대한 언급, 양해를 바라는 표현'을 총 두 문장으로 쓸 것.

(가)	부장님, 이대로는 적정 이윤을 낼 수 없습니다. 납품 단가 조정이 필요합니다. (주)■■기업이 발주해 생산 중인 ○○제품의 가공임 거래 계약이 벌써 3년 전입니다. 특히 요즘 인력 부족으로 인건비가 급격히 상승해서 종전의 단가로는 납품하기가 정말 힘듭니다. 발주할 제품의 납품 단가 조정을 제안해 보시는 게 어떨까요?

(주)▲▲산업

문서번호: 20○○ - 041
수　　　신: (주)■■기업 구매부장 김○○ 님 귀하
발　　　신: (주)▲▲산업 영업부장 서○○
제　　　목: 납품 가격 인상 제안의 건

　귀사의 발전을 진심으로 기원하며, 당사에 대한 배려에 머리 숙여 감사의 마음을 전합니다.

(나)

　제안서를 검토하신 후 연락 주시기 바랍니다. 감사합니다.

붙임 신규 납품 단가표. 끝.

20○○년 ○○월 ○○일

09 김○○ 대리는 다음과 같은 내용 구상을 한 후 '뮤지컬 관람의 날 지정'을 위한 제안서를 쓰고자 한다. 빈칸 ㉠~㉢에 들어갈 내용을 조건에 맞게 작성하시오. 【100점】

【조건】 1. ㉠에 문서의 성격을 나타낼 수 있는 제목을 쓸 것. (5어절 이내)
2. ㉡에 제안의 이유를 회사의 특성과 현재 상황을 관련지어 제시할 것.
3. ㉢에 구상한 내용을 모두 활용하여 '제안 내용' 항목의 서술 방식에 따라 2문장으로 쓸 것.
4. ㉠~㉢의 기호를 쓰고 답안을 작성할 것.

〈우리 회사의 현재 상황과 제안 내용〉

■ 직원의 창의적인 발상이 가장 중요함.
■ 업무량이 과중하여 다양한 문화를 체험할 기회가 전혀 없음.
■ 직원의 기획력을 향상할 방안이 필요함.
■ 월 1회 뮤지컬 관람의 날을 지정하여 전 직원이 뮤지컬 관람 기회를 가짐.

〈'뮤지컬 관람의 날' 지정 효과〉

■ 과중한 업무로 인한 피로감 해소
■ 문화 행사 직접 체험: 상상력과 기획력 제고
■ 전 직원 참여: 친밀도 향상, 조직의 팀워크 향상

작성일: 2017년 3월 25일
작성자: 인사관리부 대리 김○○

1. 제안 이유

㉡

2. 제안 내용

　월 1회 특정한 날을 뮤지컬 관람의 날로 지정하여 전 직원이 종합 예술인 뮤지컬을 관람하는 기회를 갖자는 방안입니다.

3. 제안 효과

㉢

-이하 생략-

10 ○○대학교 화학공학과 졸업예정자인 박○○ 씨는 한국화학기술공사의 (가) NCS 기반 채용 직무 기술서를 바탕으로 (나) 직무 기술서를 작성한 후 〈개요〉를 바탕으로 (다) 직무 능력 소개서의 '3. 경험 기술서'를 작성하려고 한다. 조건에 맞게 서술하시오. [200점]

【조건】 1. 네 문단으로 서술할 것. (800자 내외)
       2. (가)와 (나)의 내용 일부를 활용하여 서술하되 각 문단의 주어진 문장 수를 지킬 것.
       3. 불필요한 내용을 서술할 경우 감점함.

(가) NCS 기반 채용 직무 기술서

채용 분야	생산관리 엔지니어
근무지	한국화학기술공사 본사
계약 기간	1년(필요하면 연장)
직무 수행 내용	기계·기기 장치 배열하기, 주요 배관 표시하기, 운전조건 기재하기, 물리·화학적 특성 파악하기, 에너지 사용량 확인하기 등
직무 수행 태도	안전 사항을 준수하는 태도, 전체 공정에 대한 통찰적 사고, 관련 법규 및 기술 기준 준수, 업무에 대한 책임감 및 고객지향적인 태도

(나) 직무 기술서

※ 직무 기술서에 기재하는 모든 사항은 증명 가능한 사실이어야 합니다.
1. 교육 사항
- 중략 -
3. 경력 사항

* 경력은 금전적 보수를 받고 일정기간 일했던 이력을 의미합니다. 아래의 지시에 따라 해당하는 내용을 기재해 주십시오.

■ 귀하는 지원 분야 관련 업무를 수행한 경험이 있습니까?   예(✓)   아니오(   )

'예'라고 응답한 항목에 해당하는 사항을 아래에 기재해 주십시오. (작성란이 부족한 경우 칸을 추가하여 작성)

근무 기간	기관명	직위/역할	담당 업무
6월	한국○○공사	연구보조원/연구 보조	연구 활동 보조 및 지원

4. 경험 사항

* 경험사항은 직업 외적인(금전적 보수를 받지 않고 수행한) 활동을 의미하며, 팀 프로젝트 활동, 연구회 활동, 동아리/동호회 활동, 온라인 커뮤니티 활동, 재능 기부 활동 등이 포함될 수 있습니다. 아래의 지시에 따라 해당하는 내용을 기재해 주십시오.

■ 귀하는 지원 분야 관련 업무를 수행한 경험이 있습니까?   예(✓)   아니오(   )

'예'라고 응답한 항목에 해당하는 사항을 아래에 기재해 주십시오. (작성란이 부족한 경우 칸을 추가하여 작성)

활동 기간	소속 조직	주요 역할	활동 주요 내용
2월	○○대학교 화학공학과	팀장	전국 화학공학 공정설계 경진대회에 참가하여 장려상 수상

(다) 직무 능력 소개서

1. 교육 기술서
- 중략 -
3. 경험 기술서

* 직무 기술서에 작성한 직무 관련 경험 사항을 상세하게 기술한 후, 이 과정에서 어떤 교훈을 얻었는지 기술하기 바랍니다. (800자 내외)

〈개요〉

■ 첫 번째 문단(2~3문장): 3학년 여름방학 경진대회에서 제시한 과제 해결하며 보냄 / 아세트산 생산 설비 설계 과제 / 4명이 한 팀 / 아쉽게 장려상

■ 두 번째 문단(5~6문장): 원인을 알기 위해 대상과 최우수상 팀 보고서와 우리 보고서 비교 / 최우수상 팀은 공정을 전체적인 시각에서 분석한 데 비해 우리는 열역학방정식, 증류탑 등 세부적인 측면 설계에 집중 / 전체 공정 살피지 못함 / 전체 맥락에서 설계하지 못함 / 팀장으로서 책임

■ 세 번째 문단(4~5문장): 베르나르 베르베르 소설 『제3인류』 / 한 곳에 지나치게 집중하면 그 자리에 대해 잘 알게 될지라도 결국은 전체를 놓침 / 나무와 숲 / 공정설계 관련 서적과 논문 / 통찰력 / 일하는 데 큰 힘

■ 네 번째 문단(3~4문장): 직무 수행 과정에서 학부에서 배운 지식 활용 / 직무 수행 때 더 많이 배울 것 / 직장에서 창의적으로 응용하고 새롭게 익혀서 최고가 될 것임

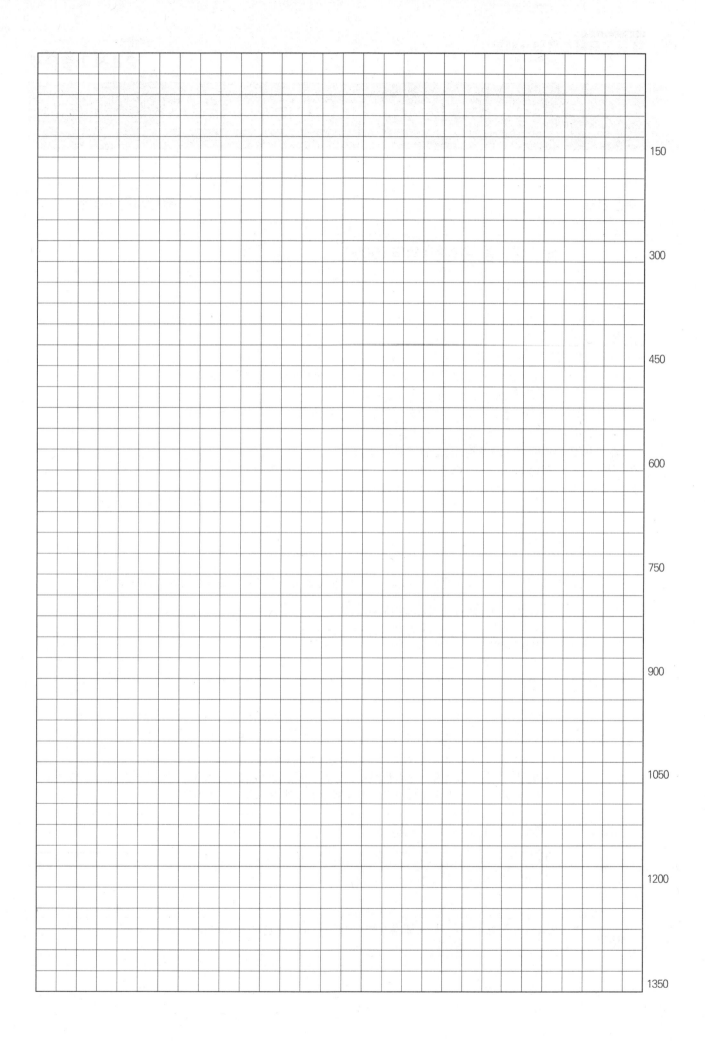

150

300

450

600

750

900

1050

1200

1350

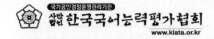
(2)형 국가공인 한국실용글쓰기 검정

수험번호	☐☐☐☐☐☐☐	제한시간 90분

실기(문단형, 완성형) 영역 (500점)	감 독 관 확 인	

※ 서술형 답안 작성 시 유의 사항

1. 문제에 대한 답안은 반드시 해당 답안에만 작성하시오.
   (서술형 7~10번 답안을 서술형 6번 답안에 모두 작성한 경우, 서술형 6번 답안만 채점하고, 서술형
   7~10번 답안은 채점하지 않음. 서술형 7~10번을 0점 처리함)
2. 답안 밖에 작성한 내용은 채점할 수 없으므로 해당 답안 안에만 작성하시오.
3. 문제마다 주어진 조건을 준수하지 않은 경우 감점합니다.
4. 논제와 관련 없는 내용을 장황하게 작성한 답안의 경우 감점합니다.
5. '감사합니다.', '잘 부탁합니다.'와 같은 답안과 관련 없는 내용을 작성할 경우 0점 처리합니다.
6. 개인 신상을 드러낸 내용이 있는 답안의 경우, 0점 처리합니다.

※ 다음 문제를 읽고 OMR 용지에 답을 쓰시오. (6~10번)

06 다음은 가정용 미니빔 TV에 대한 설명서의 일부이다. 다음 설명서의 ㉠~㉑을 〈보기〉를 참고하여 조건에 맞게 쓰시오. 【50점】

【조건】 ㉠~㉑까지 들어갈 내용을 각 항목별로 기호와 함께 쓸 것.

조이스틱 버튼을 사용하려면		
	㉠	

조이스틱 간편 기능		
〈◉〉↑	㉡	미니빔 TV가 꺼진 상태에서 조이스틱 버튼을 한 번 눌렀다 놓습니다.
〈◉〉↑	㉢	미니빔 TV가 켜진 상태에서 조이스틱 버튼을 몇 초간 눌렀다 놓습니다. (단, 조이스틱 버튼 사용 중 화면에 메뉴 버튼이 있을 경우에는 조이스틱 버튼을 길게 누르면 메뉴를 빠져나옵니다.)
←◉→	㉣	조이스틱 버튼을 왼쪽/오른쪽으로 움직여 음량을 조절할 수 있습니다.
↑〈◉〉↓	㉤	조이스틱 버튼을 위/아래로 움직여 채널을 변경할 수 있습니다.
잠깐!	■ 조이스틱 버튼을 상·하·좌·우로 움직일 때 버튼을 누르지 않도록 주의하세요. (㉥)	

- ㉠, ㉽은 다음의 내용과 형식을 지켜 전체적인 설명서의 흐름을 지켜 쓴 문장.
  - ㉠의 내용: 버튼 누르기, 조이스틱 상·하·좌·우 움직임으로 작동함
  - ㉠의 형식 '~거나 ~여 ~를~ 수 있습니다'
  - ㉽의 내용 조이스틱 버튼을 누르고 움직이면 음량 조절 및 채널 변경이 안 될 수 있음
  - ㉽의 형식 '~을 누르고 ~일 경우 ~이 안 될 수 있습니다'
- ㉡, ㉺ 설명하는 문장을 참고하여 4글자 2어절 문구

07 다음은 특허과 김○○ 씨가 쓴 연수 참가 보고서의 일부이다. 다음 메모를 보고 보고서의 소감 중 (가)에 들어갈 말을 조건에 맞게 쓰시오. [50점]

【조건】 1. 메모의 내용을 모두 반영하여 2문장으로 쓸 것.
　　　　2. 두 번째 문장은 '게다가 ~해주었기 때문에 ~다.'의 형식으로 쓸 것.

메모
■ 지적재산권 배움→ 회사 실무에 응용→ 변호사들의 강의 흥미로움(경험이 풍부함) ■ 법의 기본적인 개념이나 원칙 알기 쉽게 설명→ 지적재산권제도에 대한 이해의 폭넓어짐 * 소감 쓰는 방법: 구체적으로 무엇을 배웠는지, 어떤 점을 업무에 활용해 나갈 것인지를 기록하면서 적극적인 자세를 강조하기

강좌명	특허 기초 강좌
- 중략-	
주최	지적재산연구회
수강 내용 및 강사	〈오전〉: 「특허법·실용신안법의 기초지식」(강사: 변호사 김○○) 〈오후〉: 「상표법의 기초지식」(강사: 변호사 홍○○)
소감	(가) 오늘의 연수 내용과 나의 생각을 앞으로 업무에 활용해 나가고 싶다.

08 중소기업○○청에 근무하는 송○○ 씨는 홍보문을 쓰려고 한다. 다음 자료를 보고 홍보문의 ⓐ에 들어갈 내용을 조건에 맞게 쓰시오. 【100점】

【조건】 1. 총 3문장, 1문단으로 쓰고 그 내용은 〈자료〉에서 필요한 것만 선택하여 간결하게 쓸 것.
　　　　 2. 첫 번째 문장은 사업 안내로 '~고 싶은데, ~이 어렵다면 ~을 진행해 보세요.'의 형식으로 '전화 한 통', '홍보 전문가'가 들어가게 쓸 것.
　　　　 3. 두 번째 문장은 신청 방법 및 지원 내용으로 '바로 ~에서 ~을 ~을 통해 ~드립니다.'의 형식으로 '1357 콜센터'가 들어가게 쓸 것.
　　　　 4. 세 번째 문장은 효과로 '지금 전화하면 ~로 ~이 ~할 수 있습니다.'의 형식으로 쓸 것.

┌─ 조건 ─
- 1357 콜센터를 이용하여 기업홍보지원사업을 신청할 수 있다는 것을 알리고 싶음.
- 이용 대상: 회사의 인지도를 높이고 싶은 홍보활동이 어려운 중소기업
- 지원 내용: 전화 상담, 홍보 전문가 심층 상담(전문가 현장지도로 애로사항 완벽 해결)
- 효과: 기업 이미지 제고로 매출 증가
- 그 외: 1357로 종합 상담 서비스 원스톱 지원
  - 중소기업청 지원정책 정보 제공을 위한 통합콜센터 구축을 위해 기능별로 분산된 중소기업청 산하 6개 콜센터를 단일번호로 통합
  - 기업애로지원 대표 상담 전화로써의 기능 강화
  - 중소기업 정책자금, 창업, 소상공인, R&D분야 등의 기업애로를 전화 한 번으로 해결

09 보건복지부에 근무하는 하○○ 사무관은 독감 예방접종 관련 홍보문을 작성하여 배포하고자 한다. (가)~(마)에 들어갈 적절한 내용을 각각 한 문장으로 쓰시오. [100점]

【조건】 1. (가)~(마) 문장에 '독감'이라는 단어를 넣어 쓸 것.
         2. 각 문장은 6어절 이내의 완성된 문장으로 쓸 것.

〈독감 예방접종 홍보문〉

■ ((가))
    흔히 감기를 예방한다고 알고 있는데 이 주사는 감기를 예방하는 것이 아니라 ((나)) 감기는 여러 가지 바이러스에 의해서 생기는 감염으로 증상이 심하지 않고 대개는 1주일 이내에 합병증 없이 좋아집니다. 반면 유행성 독감은 독감 바이러스에 의해 생기는데 그 증상이 심하고 합병증이 생기는 경우가 종종 있습니다.

■ **독감 예방주사는 얼마나 자주 맞아야 할까**
    한번 주사를 맞으면 평생 다시 맞지 않아도 되는 예방주사도 많지만 ((다)) 독감 바이러스는 돌연변이를 잘 일으켜서 예전에 만들어 놓은 예방주사는 효과가 없는 경우가 많기 때문입니다. 그러므로 해마다 세계보건기구(WHO)에서 그해 겨울에 유행할 독감 바이러스의 돌연변이 형태를 예측하고 제약회사에서는 그것을 근거로 새로운 주사약을 만들어냅니다. (추측이 빗나갈 경우 효과가 전혀 없을 수도 있습니다.)

■ **독감 예방주사의 효과는 얼마나 갈까**
    예방주사를 맞으면 곧 ((라)) 예방 주사를 맞으면 독감 바이러스에 대항하는 항체가 2주 이내에 생기기 시작해서 4주가 되면 최고치에 달하게 되고 이것은 약 5개월 정도 예방 효과를 가지게 됩니다. 그리고 예방주사를 맞고 충분한 시간이 지나더라도 독감에 걸리는 경우는 종종 있습니다. 예방주사를 맞은 사람의 상태에 따라 예방 효과가 다른데 대개는 60~90% 정도가 독감에 걸리지 않는 것으로 알려져 있습니다. 물론 독감 예방주사를 맞는다고 감기에 걸리지 않거나 감기를 가볍게 앓게 되는 것은 아닙니다.

■ **독감 예방주사를 꼭 맞아야 하는 사람은 누구일까**
    모든 사람이 ((마)) 건강한 사람은 독감에 걸려서 합병증이 생기는 일이 적고 합병증이 생기더라도 그것 때문에 심하게 고생하는 일이 흔하지 않기 때문입니다. 그러므로 65세 이상의 노인 및 양로원이나 요양기관에 있는 사람, 만성 심장(신장, 폐)질환을 앓고 있는 사람 등 노약자가 접종 대상자가 됩니다.

■ **독감 접종 후 생길 수 있는 부작용은 무엇이고 어떻게 해야 할까**
    * 접종부위 부종, 발적: 얼음 팩을 가제 손수건으로 감싼 후 부종 부위를 마사지합니다. 손으로 만지지 않도록 합니다.
    * 발열, 근육통, 관절통: 독감 바이러스를 체내에 주입하여 면역을 형성하는 백신이므로 가볍게 열이 날 수 있으나 고열 및 이상 증상 시 즉시 병원 진료 받으신 후 보건소로 연락 바랍니다. (☎ 123-4567 예방 접종실)

---

10 다음은 ○○일보의 논설위원 이○○ 씨가 조류인플루엔자(AI) 사태 관련 사설을 쓰려고 수집한 자료이다. 〈개요〉를 바탕으로 네 문단, 900자 내외의 사설을 작성하시오. 【200점】 (단, 자료를 고려하여 2017년 1월을 기준으로 작성할 것)

개요	**1. 조류인플루엔자(AI), 최악의 피해 현황** - (라)의 시각 자료 중 하나를 활용하여 구체적인 수치를 집계하여 쓴 후 - (가)의 모든 내용을 활용하여 첫 문단으로 구성
	2. 조류인플루엔자(AI)가 진정국면에 접어든 것으로 보이는 요소 - (라)의 시각 자료 중 하나를 활용 - 12월 이후 두드러지는, 대조적인 상황을 서술: 시기와 수치 대략 언급할 것 (의심 건수가 줄어든 시기와 수치를 먼저 쓰고 상황을 긍정한 후, '신고 건수가 10~14건에 달했으나'라는 문구 활용하여 쓰기)
	3. 정부의 대책 - (나)의 자료 모두 활용 - 표를 보고 기존의 세율과 할당 세율 간략하게 비교 언급 - 4일부터 무관세로 수입 가능한 8개 품목의 총 적용물량은 집계하여 쓰기 - 산란계 공급 위해 병아리를 항공기로 수입하는 방안도 추가 언급
	4. 정부의 대책에 대한 해석 - (다)의 브리핑 내용 모두 직접 인용 - 사자성어 '고육지책(苦肉之策)' 활용하여 해당 발언 해석

(가)	**【도살 처분 가금류 3,000만 마리 넘어서 역대 최악 피해】**  ■ 국내 전체 가금류 사육 규모(1억 6,525만 마리)의 18%를 웃도는 수준 ■ 지난 2014~2015년은 517일간 1,937만 마리 도살 처분

【달걀 대란 막아라 6월까지 무관세 수입】
신선란 등 8개 품목 '긴급할당 관세 조치' 국무회의 의결/달걀 가격의 폭등과 공급 부족 사태를 수습하려는 조치

구분		기존세율(%)	할당세율(%)	적용물량(t)
달걀	신선	27	0	3만 5,000
	조제	27	0	3,300
노른자	가루	27	0	600
	액	27	0	1만 2,400
전란	가루	27	0	2,600
	액	30	0	2만 8,000
난백 알부민	가루	8	0	1,300
	액	8	0	1만 5,300

(나)

〈자료: 기획재정부 1월〉

(다)	**【국무회의 의결 후 농림축산식품부 차관이 정부청사에서 브리핑한 내용 중 일부】** "달걀의 국내 소비자 가격이 1개에 270원대인데 현재 가격 수준으로는 당장 수입이 어려울 것 같다. 가격이 폭등해 300원까지 올랐을 경우 항공료 50%를 지원하면 수입할 수 있다고 본다."

농림축산식품부의 조류인플루엔자(AI) 발생현황 자료(1월 4일 기준)

(라)	 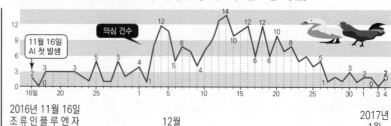

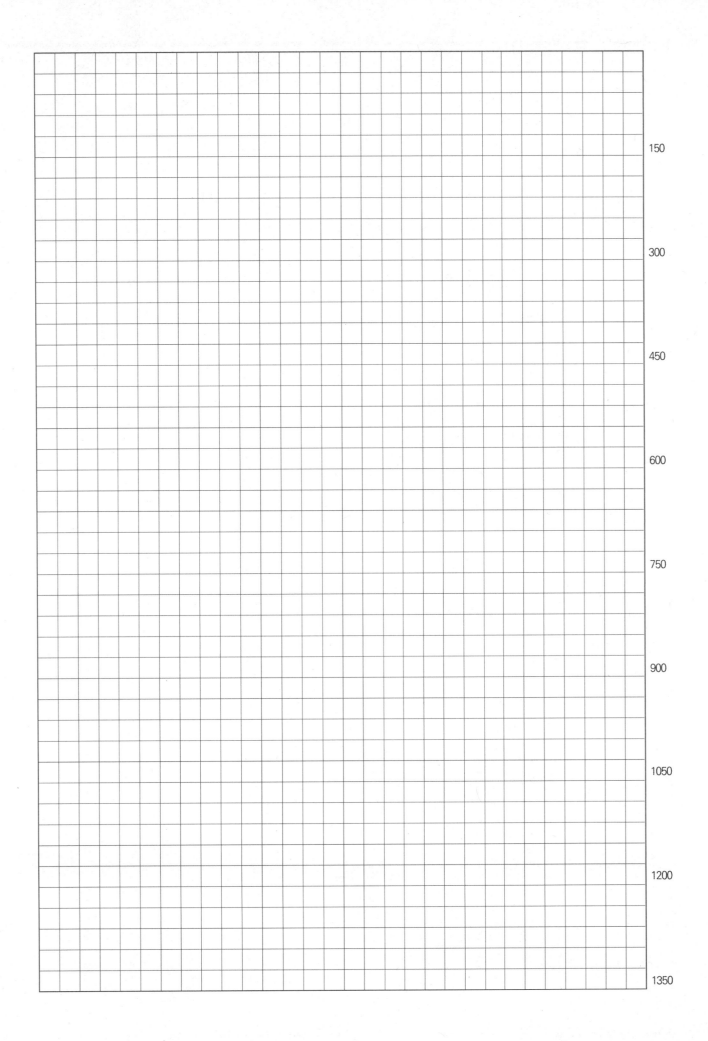

150

300

450

600

750

900

1050

1200

1350

| 혜 | 원 | 국 | 어 | 실 | 용 | 글 | 쓰 | 기

정답 및 해설

01 |글쓰기 과정|
글 구상과 표현(어휘와 문장)

확인 문제 ▶ 본문 12p

01 정답▶ ○

02 정답▶ ×
해설▶ '차이점'을 밝히고 있다는 점에서 '대조'의 전개 방법이 쓰였다.

03 정답▶ ○

04 정답▶ ×

05 정답▶ ③
해설▶ 제시된 글에서는 '화랑도'라는 용어를 정의함으로써, 독자의 이해를 돕고 있다.

기출 문제 ▶ 본문 13p

01 정답▶ ②
해설▶ 제시된 글에서는 '하이브리드 자동차'의 개념과 특징을 설명하고 있다.

02 정답▶ ④
해설▶ 제시된 글에서는 떡이 냉장고에 들어가면 딱딱해지는 원인을 분석하고 있다.

확인 문제 ▶ 본문 16p

01 정답▶ (1) × (2) ○

02 정답▶ (1) ○ (2) ×

03 정답▶ (1) ○ (2) ×

04 정답▶ (1) ○ (2) ○

05 정답▶ (1) × (2) ○

기출 문제 ▶ 본문 18p

01 정답▶ ①
해설▶ '취하다'는 '무엇에'라는 부사어를 취한다. 따라서 '술에 취하다'는 적절한 표현이다.

오답정리✍
② '-든지'는 '어느 것이 선택되어도 차이가 없는 둘 이상의 일을 나열함을 나타내는 보조사'이다. '막연한 의문이 있는 채로 그것을 뒤 절의 사실이나 판단과 관련시키는 데 쓰는 연결 어미'인 '-던지'라고 써야 한다.
③ '으로부터'는 영어 'from'을 직역한 말이다. '에서'로 바꾸어야 자연스럽다.
④ 직접 인용은 '라고', 간접 인용은 '고'라고 쓴다. '고'라고 고쳐 써야 한다.
⑤ '(으)로서'는 자격을 지닐 때 쓴다. '여당은 ~'이라고 써야 한다.

02 정답▶ ③
해설▶ '하다'와 결합하여 타동사가 되는 명사에 '-시키다'를 붙일 이유가 없다.

03 정답▶ ②
해설▶ '이라고'는 인용격조사로 이미 적절하게 쓰인 조사이므로 고쳐 쓸 필요가 없다.

04 정답▶ ②
해설▶ 패럴 기자가 반발하는 이유를 설명할 수 있는 문장이 필요한 부분이다.

오답정리✍
① 바꿀 필요 없는 문장이다.
③ '바람'은 뒷말의 근거나 원인을 나타내는 말로 쓰였다. '덕'은 긍정적인 도움을 가리킬 때 쓰는 말로 적절하지 않다.

④ '그러므로'가 아니라 '그러나'가 적절하다.

⑤ 문장은 글의 흐름상 적절하다. 굳이 빼야 할 이유 없다.

02-1 |글쓰기 실제|
직무 글쓰기

확인 문제 ▶ 본문 23p

01 정답 ×

해설 넓은 의미에서 '문서'는 멀티미디어 매체까지 포함한다.

02 정답 ○

03 정답 ×

해설 수신 대상에 따라 '대내문서'와 '대외문서'로 나뉜다.

04 정답 ○

해설

05 정답 ×

해설 꼭 필요한 경우가 아니라면 한자 사용은 자제해야 한다.

확인 문제 ▶ 본문 27p

01 정답 ○

해설 공문서의 문장을 두괄식으로 서술하도록 한다.

02 정답 ×

해설 문서의 제목은 명료하게 기재해야 한다.

03 정답 ×

해설 '표'로 끝날 경우에는 한 글자 띄우고 '끝' 표시를 한다.

04 정답 ○

05 정답 ×

해설 약어와 전문 용어의 사용은 피한다.

기출 문제 ▶ 본문 28p

01 정답 ①

해설 '제목'은 '본문'에 들어간다.

02 정답 ④

해설 공문서 작성 시 일상적 용어의 중의적 해석을 방지하기 위해서 한자어를 병기하지만 의미 전달을 위해서 어려운 한자어를 쓸 필요는 없다.

03 정답 ④

해설 제시된 문서는 작성 주체에 따라 구분할 때 '공문서'이다.

오답정리
① 처리 단계에 따른 분류에서 접수 문서에 대한 설명이다.
② 처리 단계에 따른 분류에서 공람 문서에 대한 설명이다.
③ 성질에 따른 문서 분류에서 민원 문서에 대한 설명이다. 제시된 문서는 일반 문서이다.
⑤ 수신 대상에 따른 분류에서 대내 문서, 즉 내부 결재문서에 대한 설명이다. 제시된 문서는 대외 문서이다.

04 정답 ④

해설 '제출하고자 합니다.', '제출하려고 합니다.' 모두 내부결재 문서에 사용하는 표현이다. '제출합니다.'라고 고쳐 적어야 한다.

확인 문제 ▶ 본문 30p

01 정답 ×

해설 지원 분야와 관련된 수상 경력은 사소한 것이라도 모두 기록해야 한다.

02 정답 ○

03 정답 ○

04 정답 ④

05 정답 ②

기출 문제 ▶ 본문 31p

01 정답 ④
> 해설 ▶ 경력사항은 경력직에 응시한 것이 아니라면 직무와 직접 1:1로 관련이 되지 않은 것을 써도 된다. 인사담당자도 신입직이라면 직접 직무 경험이 없거나 크게 부족하다는 사실을 잘 알고 있으므로 유사 직무 경험을 인정하고 있기 때문이다.

02 정답 ②
> 해설 ▶ 이 채용공고문은 국외 진출 기업의 국내 복귀를 돕는 업무를 수행할 사람을 구하고 있다.

03 정답 ⑤
> 해설 ▶ 뒤의 항목을 보면 '회계사 자격증 소유자 또는 해당 분야에서의 연구·조사, 전략 수립 등 업무 수행 참여 경력'이 직무 관련 경력, 경험으로 나와 있다.

04 정답 ④
> 해설 ▶ 자격 사항에는 반드시 해당 직무와 관련 있는 자격만 명시해야 한다.

확인 문제 ▶ 본문 35p

01 정답 ✕
> 해설 ▶ 특정 안건에 대해 구체적인 의견이나 결재를 받기 위한 문서는 '품의서'이다.

02 정답 ✕
> 해설 ▶ 기안서를 작성할 때는 불필요한 설명이나 해석 등은 피하고 꼭 필요한 요점만 써야 한다.

03 정답 ○

04 정답 ○

05 정답 ○

기출 문제 ▶ 본문 36p

01 정답 ③

> 오답정리 ✏
> ① 협의 문서에 대한 설명이다.
> ② 배포 문서에 대한 설명이다.
> ④ 시행 문서에 대한 설명이다.
> ⑤ 접수 문서에 대한 설명이다.

02 정답 ⑤
> 해설 ▶ 품의서는 무엇을 결재받기 위한 문서인지 제목을 통해 명확하게 전달할 수 있도록 쓰는 것이 원칙이다.

03 정답 ④
> 해설 ▶ 집행 관련 근거와 관련이 없는 것을 찾으면 된다. 업무용 복합기 장기대여 관련 품의서에 총무팀 업무량 증가 추이를 첨부할 필요는 없다.

04 정답 ③
> 해설 ▶ 개인적인 안부를 물었다는 내용이 글의 첫 문단에 있고 신입사원 최○○ 씨는 그 후 컨설팅 업무 계약 취소 통보를 받았다는 내용으로 보아 ③번의 문장이 적절하다.

05 정답 ⑤
> 해설 ▶ 공식적인 이메일을 발송할 경우 가벼운 인사를 제외한 사적인 이야기는 배제해야 한다.

> 오답정리 ✏
> 다른 선지는 제시된 글의 내용만으로는 확인할 수 없는 내용이다.

확인 문제 ▶ 본문 40p

01 정답 ○

02 정답 ○

03 정답 ✕
> 해설 ▶ 보고서 작성 시에는 작성자의 선입견이나 이해관계를 배제해야 한다.

04 정답 ○

05 정답 ✕

해설 목적을 설정한 후에 그에 맞는 정보를 수집해야
한다.

기출 문제 ▶ 본문 41p

01 정답 ③

해설 '기획 배경', '기획 목적' 등의 내용을 볼 때, 제시
된 글은 '기획서'이다.

오답정리 ✎
① 제안서 작성 요령에 대한 설명이다.
②, ④ 보고서(②는 업무보고서) 작성 요령에 대한 설
명이다.
⑤ 제안서 작성 요령에 대한 설명이다.

02 정답 ③

해설 하나의 기획서에 여러 가지 목적이 있으면 기획
내용을 이해하기 어려워지므로 기획 의도가 상
대방에게 제대로 전달되지 못한다. 하나의 목적
에 집중해 기획서를 작성해야 한다.

03 정답 ⑤

해설 'ⓒ, ⓒ, ⓔ'의 의견은 바르다.

오답정리 ✎
ⓒ 기획서는 상대방을 설득하고 그에 대한 결정을 내
리도록 만드는 글이지 상대방에게 정보를 제공하
기 위한 글이 아니다. 따라서 지나치게 많은 정보
를 담아 길게 쓸 필요가 없다. 읽는 사람의 시간을
배려해 가능하면 한 장으로 끝내는 것이 좋다.

확인 문제 ▶ 본문 44p

01 정답 ✕

해설 청중을 설득하기보다는 청중과 소통하려는 태도
를 가져야 한다.

02 정답 ✕

해설 미흡한 준비에 대해 미리 사과하면 청중은 발표
자에 대한 신뢰도가 떨어질 것이다. 따라서 철저
히 준비하고 프레젠테이션을 해야 한다.

03 정답 ○

04 정답 ✕

해설 너무 구체적으로 늘여놓기보다는 핵심만 간략하
게 제시해야 한다.

05 정답 ○

기출 문제 ▶ 본문 45p

01 정답 ④

해설 ④ 글에서는 회사가 발표 방식을 정해주는 것이
대부분이지만 자신이 결정해야 하는 경우가 많
으니 자신의 장점과 상황을 고려하여 결정해야
함을 강조하고 있다.

02 정답 ⑤

해설 ㉮항목에 넣을 수 있는 내용이다. 전체 내용을 포
괄하는 항목이라면 어느 한 항목에 국한되지 않
고 ㉮, ㉯, ㉰의 내용을 모두 아우를 수 있는 내용
이 와야 한다.

확인 문제 ▶ 본문 47p

01 정답 ○

02 정답 ✕

해설 마케팅 측면에서 이익이나 선전 효과를 목적으
로 하는 것은 '광고'이다.

03 정답 ○

04 정답 ○

05 정답 ✕

해설 지나치게 자극적이고 과장된 표현은 오히려 소
비자의 신뢰를 떨어뜨릴 수 있다.

기출 문제 ▶ 본문 48p

01 정답 ③

해설 정확한 정보를 전달하는 것이 우선이므로 정확
하고 구체적으로 써야 한다.

02 정답 ③

해설 전시회에 대한 관람 안내문이므로 관람할 수 있는 기간, 시간, 장소를 반드시 안내해야 한다. 기간과 장소는 나와 있으나 시간은 전시 설명에 대한 시간만 나와 있지 관람 시간은 나와 있지 않다.

03 정답 ②

해설 제시된 광고는 저출산 고령사회에 대한 위험성을 알리는 광고이므로 광고 기획서의 제작 배경에는 이와 관련된 근거 자료가 제시되어야 한다. 그러므로 '출산율 변화 추이'가 가장 적절하다. 나머지는 저출산 고령사회에 대한 대책과 관련된 자료들이다.

04 정답 ⑤

해설 제시된 광고는 저출산 고령화 국가의 모습을 보여주는 것으로 지하철에서 경로석이 일반석보다 더 많아진 모습을 보여준 것이므로 이와 관련 없는 문구를 선택하면 된다.

확인 문제 ▶ 본문 51p

01 정답 ○

02 정답 ○

03 정답 ○

04 정답 ✕

해설 핵심 내용을 빨리 알 수 있게 쓰는 것이 중요하다.

05 정답 ✕

해설 보도문과 기사문 모두 육하원칙에 의거하여 작성하여야 한다.

기출 문제 ▶ 본문 52p

01 정답 ②

해설 설명이 가장 적절한 것은 ②이다.

오답정리
① 인터뷰 기사문에 대한 설명이다.
③ 안내문과 같은 공지글에 대한 설명이다.
④ 설명서에 대한 설명이다.

⑤ 제시된 글은 역피라미드형이다. 독자가 전체를 다 읽지 않고 요약 부분만 읽어도 전체 내용을 충분히 파악할 수 있도록 하는 구조이다.

02 정답 ⑤

해설 적절한 설명은 ⓒ과 ⓔ이다.

오답정리
㉠ 부제는 표제보다 더 구체적인 내용을 제시해야 한다.
㉡ 전문은 보통 한 문장으로 쓰긴 하지만 필요한 경우 문장 수를 늘릴 수 있다.

03 정답 ④

해설 〈보기〉의 ㉠과 ㉢은 (나)에 쓰는 것이 적절하다.

오답정리
①, ③ ㉠과 ㉢은 부제로 적절한 내용이므로 모두 (나)에 쓰는 것이 적절하다.
② ㉡은 표제로 적절하다. (가)에 써야 한다.
⑤ ㉣은 전문으로서 윗글의 첫 문단에 써야 한다.

04 정답 ⑤

해설 해당 글은 보도문으로 ⑤는 광고문 작성요령에 대한 설명이다. 보도 자료를 쓰면서 감각적인 어휘를 사용할 필요는 없다.

05 정답 ④

해설 표제로 가장 적절한 것은 ④이다.

오답정리
① 본문에 없는 내용이다.
② 최근 3년간의 내용이라는 말이 없어 부정확하다.
③ 판단할 수 없는 내용이다.
⑤ '지역 차 심해' 등의 표현도 본문의 내용을 드러내기에 명확하지 않다.

확인 문제 ▶ 본문 56p

01 정답 ○

02 정답 ✕

해설 계약서는 법적 강제력이 있다. 따라서 법적 구속력이 강한 것은 계약서이다.

03 정답▶ ×

해설▶ 계약 당사자가 상대방과 계약을 체결하기 위해 미리 마련한 계약을 기록한 문서는 '약관'이다.

04 정답▶ ○

05 정답▶ ×

해설▶ 아라비아 숫자가 아닌 한자와 병기한다.

기출 문제 ▶ 본문 57p

01 정답▶ ③

오답정리✎

① 공급자와 구매자의 의무를 함께 표현해야 하므로 '납품 및 검수'로 적어야 한다.
② 다른 항목의 서술 방식과 일관성 있게 '품질 보증'으로 써야 한다.
④ '교육 및 조언의 의무'가 적절하다.
⑤ '권리, 의무 양도 금지'가 적절하다.

02-2 |글쓰기 실제|
공학·기술 글쓰기

기출 문제 ▶ 본문 59p

01 정답▶ ②

해설▶ 요약 부분의 내용을 읽어보면 본 특허 명세서의 고안 명칭은 '흡입형 전동 지우개'임을 알 수 있다.

02 정답▶ ④

해설▶ ①, ②, ③, ⑤는 '고안의 구성 및 작용'에 쓸 내용이다.

03 |사고력|
직업기초능력

확인 문제 ▶ 본문 65p

01 정답▶ ○

02 정답▶ ○

03 정답▶ ○

04 정답▶ ×

해설▶ 목표 달성, 성과주의를 강조하는 것은 '합리문화'이다.

05 정답▶ ○

기출 문제 ▶ 본문 66p

01 정답▶ ③

해설▶ '성공의 기준'이라는 항목에 어울리는 내용이면서, '전략적 강조'에서 낮은 점수를 받은 내용과 관계가 있으므로 가장 적절한 내용이다.

오답정리✎

①, ④ '성공의 기준'이라는 항목에 맞지 않는 내용이다.
②, ⑤ '가' 내용과 중복될 뿐만 아니라 '전략적 강조' 항목의 점수를 고려할 때 높은 점수를 받을 만한 내용이다.

02 정답▶ ④

해설▶ 인적자원개발, 신뢰, 개방성, 참여를 강조하면서 이를 기준으로 성공을 평가한다는 데 높은 점수를 받았다는 점에서 ○○기업의 문화가 관계 지향적이며 인간애를 중시하며 조직 내부의 통합과 유연한 인간관계를 중시함을 알 수 있다.

확인 문제 ▶ 본문 68p

01 정답▶ ×

해설▶ 경영 전략은 '전략 목표 설정 → 환경 분석 → 경영전략 도출 → 경영 전략 실행 → 평가 및 피드백'의 과정으로 진행된다.

02 정답 ×

해설 '방어형 전략'에서는 조직 내에서 생산관리자의 역할이 크다.

03 정답 ○

04 정답 ×

해설 '경영자'가 아닌 '근로자'가 경영에 참여하는 일이다.

05 정답 ×

해설 종업원이 자기가 속해 있는 기업의 주식을 소유한 것은 '자본 참가'이다.

기출 문제 ▶ 본문 69p

01 정답 ④

해설 해당 설명은 경영참가제도에 대한 것으로 경영참가제도를 통해 분배 문제를 해결함으로써 노동조합의 단체교섭 기능이 약화할 수 있다.

확인 문제 ▶ 본문 71p

01 정답 ×

해설 가치의 차이가 없더라도 추구하는 목표, 인지, 의사소통의 장애, 자원의 한정성 등 다양한 원인에 의해 갈등이 발생할 수 있다.

02 정답 ○

03 정답 ×

해설 '자신의 만족을 위해 상대를 압도해 버리는 상태'는 '강압'이다.

04 정답 ○

05 정답 ×

해설 '서로의 희생을 통해 부분적 만족을 취하려는 상태'는 '타협'이다.

기출 문제 ▶ 본문 72p

01 정답 ④

해설 을이 제안을 하자마자 그 근거를 듣기도 전에 말을 끊고 '말도 안 되는 소리'라고 반박한다는 점에서 정답은 ④이다.

확인 문제 ▶ 본문 74p

01 정답 ○

해설

02 정답 ×

해설 '합의 단계'가 아닌 '준비 단계'에서 객관적 입장에서 갈등을 파악해야 한다.

03 정답 ×

해설 공격적인 자세는 '힘의 전략'의 특징이다.

04 정답 ×

해설 '타협 전략'에서는 논리와 이성을 강조한다.

05 정답 ○

기출 문제 ▶ 본문 75p

01 정답 ④

해설 김 부장의 전략은 갈등 상황에서 자신의 목표와 다른 사람의 요구나 관계 등을 고려하여 협상을 전개하는 '타협 전략'이다.

오답정리
① '힘의 전략'이다.
② '회피 전략'이다.
③ '약화 전략'이다.
⑤ '호혜 전략'이다.

01 정답▶ ×

해설▶ 업무에 필요한 자원으로는 시간, 예산, 물적·인적 자원 등이 있다. 따라서 '시간'도 포함된다.

02 정답▶ ○

03 정답▶ ○

04 정답▶ ×

해설▶ 업무에 필요한 자본 자원을 확인해서 실제 업무에 활용하는 능력은 '예산 관리 능력'이다.

05 정답▶ ○

기출 문제 ▶ 본문 78p

01 정답▶ ⑤

해설▶ ㉠ '시간 낭비는 잠재적 스트레스 유발 요인'을 통해 시간 관리의 효과로 '스트레스 감소'를 파악할 수 있다.
㉡ '다양한 여가'를 통해 '균형적인 삶'을 추론할 수 있다.
㉢ '효율적으로 일을 하게 된다면 기업의 생산에 큰 도움'을 통해 '생산성'을 추론할 수 있다.
㉣ 반복되는 단어인 '목표'를 통해 '목표 달성'을 이끌어낼 수 있다.

02 정답▶ ②

해설▶ 서류를 정리하기 위해 천천히 하나하나 숙독하는 것은 올바른 시간 관리 방법이 아니다.

확인 문제 ▶ 본문 80p

01 정답▶ ○

02 정답▶ ×

해설▶ 의심형 유형의 고객에게는 분명한 증거나 근거를 제시하여 고객 스스로 확신을 갖게 해야 한다.

03 정답▶ ×

해설▶ 트집형 유형의 고객에게는 정중한 자세로 이야기를 경청하거나 고객의 입장에서 호응하여 추켜세우고, 지적한 잘못에 대해 정중하게 사과 또는 인정을 해야 한다.

04 정답▶ ×

해설▶ 책임자로 하여금 응대하도록 해야 하는 유형은 '의심형'이다.

기출 문제 ▶ 본문 81p

01 정답▶ ①

해설▶ 제시된 사례는 거만형 고객에 대한 예이다.

02 정답▶ ④

해설▶ 거만형 고객의 대응 방법은 ㉠, ㉡, ㉣이다.

오답정리✎
㉢은 의심형 고객의 대응 방법이다.

확인 문제 ▶ 본문 84p

01 정답▶ ○

02 정답▶ ×

해설▶ '평균값'과 '중앙값'이 일치할 수는 있지만, 동일한 개념은 아니다.

03 정답▶ ×

해설▶ 날짜나 요일처럼 수치로 측정할 수 없는 자료는 '정상적 데이터'이다.

04 정답▶ ○

05 정답▶ ×

해설▶ 시간의 경과에 따른 수량의 변화 상황을 나타낼 때는 '선(절선그래프)'가 적합하다.

01 정답 ④

해설 선박의 길이를 x(m)라고 하면 이동 거리는 각각 1,000+x(m), 2,000+x(m)이고 속력은 일정하므로 $\dfrac{1,000+x}{28} = \dfrac{2,000+x}{53}$, x=120(m)이다.

02 정답 ③

해설 울산이 전년 동월 대비 개인 서비스 부문에서 0.5% 상승하여 7개 대도시 중 가장 적게 상승하였다.

03 정답 ③

해설 주어진 자료에는 전체 1인 가구 수만 제시되어 있고, 항목별 수는 제시되어 있지 않고 2015년 기준 비율만 제시되어 있다.

04 정답 ⑤

해설 주어진 자료를 보면 2022년 대졸자가 2005년과 다르게 늘어났고, 월세 가구와 전세 가구를 비교해보면 월세 가구가 전세 가구를 앞질렀다. 그리고 미혼 인구 비율은 점점 늘어나고 있으며 미혼 여성의 결혼 비율을 보면 학력이 높을수록 미혼자 비율이 높았다.

04 |글쓰기 윤리|
직업윤리, 글쓰기윤리

01 정답 ○

02 정답 ×

해설 공동체 윤리의 세부 요소로는 '준법성, 봉사 정신, 책임 의식, 직장 예절'이 있다.

03 정답 ×

해설 인용과 모방은 '표절'과는 다른 개념이다. 따라서 글쓰기 윤리를 위배했다고 보기 어렵다.

04 정답 ×

해설 존재하지 않는 데이터 또는 연구 결과 등을 허위로 만들어내는 행위는 '위조'이다.

05 정답 ○

01 정답 ⑤

해설 'ㄱ, ㄴ, ㄹ, ㅁ'을 쓸 수 있다.

오답 정리✎

ⓒ 기업의 존재 이유는 이유 추구에 있어서, 기업 상호 간에는 자유롭고 공정한 기반으로 한 선의의 경쟁을 유지해야 한다.

02 정답 ②

해설 ㄱ. 지도 학생의 학위 논문을 지도 교수와 공동 저자로 발표하는 것은 가능하나 교수 단독 명의로 발표하는 것은 '부당한 저자 표시'에 해당한다.

ㄴ. 연구 내용 또는 결과에 대한 공헌 또는 이바지를 한 사람에게 저자 자격을 부여하지 않는 경우가 '부당한 저자 표시'이듯, 자격이 없는데도 저자 자격을 부여한 것 역시 '부당한 저자 표시'이다.

ㄹ. 연구에 아무런 이바지를 하지 않았던 사람에게 저자 자격을 부여하는 것은 '부당한 저자 표시'에 해당한다.

01 |이론| 형태가 비슷한 어휘

확인 문제 ▶ 본문 101p

01

(1)	곱절	(2)	갑절/곱절	(3)	껍질
(4)	껍데기	(5)	봉우리	(6)	봉오리
(7)	채	(8)	체	(9)	홑몸

02

(1)	갈음하여	(2)	가름하기	(3)	가르쳐
(4)	가리키고	(5)	바랬다	(6)	바라고
(7)	벌리고	(8)	벌이다	(9)	벌인
(10)	여위어	(11)	여의고	(12)	가엾어
(13)	작다	(14)	적다	(15)	부숴(부수어)
(16)	부셔서	(17)	살지고	(18)	살찌면
(19)	새도록				

03

(1)	일절	(2)	여느	(3)	어느
(4)	한창	(5)	한참	(6)	갖은
(7)	가진	(8)	그러므로		

04

(1)	로서	(2)	로써	(3)	로써
(4)	-러(팔러)	(5)	려(해치려)	(6)	려(출발하려)
(7)	마는(옵니다마는)	(8)	만은(너만은)		

확인 문제 ▶ 본문 106p

01

(1)	웃어른	(2)	자칫하면	(3)	출생률
(4)	출산율	(5)	격렬한	(6)	나열하다
(7)	먹이양	(8)	가십난	(9)	다달이
(10)	바느질	(11)	부주의	(12)	횟수
(13)	햇수	(14)	전셋집	(15)	전세방

02

(1)	수소	(2)	수탕나귀	(3)	수평아리
(4)	숫염소	(5)	동댕이쳤다	(6)	신출내기
(7)	미장이	(8)	소금쟁이	(9)	웃돈
(10)	아래층				

03

(1)	하기는커녕	(2)	천∨원밖에
(3)	만∨오천∨대를	(4)	좀∨더∨큰∨것/ 좀더∨큰것
(5)	이∨말∨저∨말/ 이말∨저말	(6)	입어도∨봤다
(7)	생각해∨내야	(8)	홍길동입니다
(9)	김철수∨씨가	(10)	이순신∨장군

확인 문제 ▶ 본문 111p

01

(1)	①	치료	②	수리	③	개혁
	④	수정	⑤	개조		

(2)	①	발생	②	출현	③	사직
	④	돌출	⑤	출생		

(3)	①	토로	②	개진	③	설명
	④	보고	⑤	언급		

(4)	①	대체	②	전환	③	교체
	④	경질	⑤	교환		

(5)	①	생존	②	거주	③	생활
	④	연명	⑤	존재		

(6)	①	역할	②	가격	③	금액
	④	대가	⑤	가치		

(7)	①	도로	②	방법	③	과정
	④	도리	⑤	분야		

(8)	①	상태	②	동정	③	동태
	④	사정	⑤	사태		

02

(1)	①	등잔 밑이 어둡다	②	티끌 모아 태산
	③	가랑잎에 불붙듯	④	혀 아래 도끼 들었다
	⑤	빛 좋은 개살구		

(2)	①	풍전등화	②	괄목상대
	③	견강부회	④	교각살우
	⑤	진퇴양난		

PART 3 실용글쓰기 기출문제 **정답 및 해설**

1교시 (1)형 객관식 영역 ▶ 본문 124p

01. ④	02. ③	03. ①	04. ③	05. ①
06. ③	07. ②	08. ①	09. ③	10. ③
11. ⑤	12. ④	13. ②	14. ①	15. ④
16. ②	17. ⑤	18. ④	19. ⑤	20. ④
21. ③	22. ④	23. ②	24. ⑤	25. ③
26. ③	27. ⑤	28. ①	29. ⑤	30. ④
31. ③	32. ①	33. ④	34. ⑤	35. ⑤
36. ④	37. ②	38. ④	39. ②	40. ④
41. ①	42. ④	43. ⑤	44. ⑤	45. ②
46. ②	47. ②	48. ④	49. ⑤	50. ②

01 정답 ④

해설 '분석값'은 연봉탐색기에서 사용하는 값이지, 입력하는 값이 아니다. 따라서 '연봉'을 '분석값'으로 수정한다는 방안은 적절하지 않다.

오답정리

① 맨 마지막 단락의 "한국납세자연맹 김○○ 회장은~"을 볼 때, '연봉탐색기'를 서비스한다고 밝힌 주체가 '한국납세자연맹'임을 알 수 있다.

② 바로 다음 문장 "회원 가입 후에는 세전 수입만 입력하면 모든 게 가능하다."를 볼 때, ⓛ에 회원 가입을 해야 서비스 이용이 가능하다는 내용이 들어가야 함을 짐작할 수 있다.

③ '세테크팁'보다는 우리말 '절세 요령'을 쓰는 것이 더 적절하므로 수정 방안은 옳다.

⑤ ⓜ이 포함된 단락의 성격을 고려할 때, 연봉탐색기를 이용하면 얻을 수 있는 도움을 나열하는 것은 적절하다.

02 정답 ③

해설 제시된 글에 대해 긍정적이거나 부정적인 반응 모두 가능하다. 하지만 ③은 발표 내용의 "연봉탐색기의 분석값과 연봉 순위에 사용된 데이터는 올해 국정감사에서 나온 연말정산을 한 근로자 1,668만 명에 대한 290구간 자료이다."을 제대로 인지하지 못한 반응이다.

오답정리

① 마지막 단락의 "연말정산을 앞둔 직장인에게는 내 연봉에 맞는 절세 요령을 통해 올해 환급액을 늘릴 수 있을 것"을 볼 때, 적절한 반응이다.

② 3문단의 "회원 가입 후에는 세전 수입만 입력하면 모든 게 가능하다. 회원 정보는 저장되지 않고 연봉 액수만 입력하기 때문에 연봉탐색기를 이용하더라도 개인 정보가 누출될 위험성은 거의 없다."를 볼 때, 적절한 반응이다.

④ 마지막 단락의 "연봉탐색기는 연초, 자신의 올해 연봉에서 실수령 예상액을 확인하여 합리적인 소비지출을 계획하는 데 도움이 된다."를 볼 때, 적절한 반응이다.

⑤ 5문단의 "특히 본인의 연봉을 입력하면 연봉 순위는 물론 여기에 입력된 연봉 데이터를 근거로 세금 등을 제외한 내 연봉의 실수령액과 내 연봉에서 빠져나가는 공제항목의 분포 및 금액을 분석해 준다."를 볼 때, 적절한 반응이다.

03 정답 ①

해설 제시된 글을 보면, "금리를 인하하면 시중에 돈이 많이 풀리면서 기대 인플레이션을 자극해 물가가 오를 수 있다."라고 나와 있다. 따라서 제시된 글을 쓰기 위해 '금리를 인하하면 물가가 내려간다.'는 정보를 수집하지는 않았을 것이다.

오답정리

② "한국은행 금융통화위원회가 12일 기준 금리를 연 3.0%로 0.25%p를 내렸다."를 통해 알 수 있다.

③ "금리를 인하하면 ~ 가계 부채 증가라는 위험이 따를 수 있다."를 통해 알 수 있다.

④ "금리를 인하하면 ~ 기존 대출자의 금리 부담을 줄여 줄 수 있지만"을 통해 알 수 있다.

⑤ "금리 인하는 2014년 2월 0.5%p를 내린 이후 41개월 만이다."를 통해 알 수 있다.

04 정답 ③

해설 '설명문'은 도표의 '위'가 아닌, '아래'에 배치해야 한다. 또 이외에 인용했을 경우에는 반드시 출처를 적도록 한다.

🔭 보충 | 도표

개념	자료나 정보를 선, 그림, 원 등으로 그려 내용을 시각적으로 표현한 것
특징	① 중요한 자료나 정보를 한눈에 파악할 수 있다. ② 매출액의 추이, 가격 변화 등 수치로만 나열할 경우 다소 복잡한 내용을 단순하게 드러낼 수 있다.
종류	① 선 그래프 ② 막대 그래프 ③ 원 그래프 ④ 점 그래프 ⑤ 층별 그래프 ⑥ 거미줄 그래프(레이더 차트)

05 정답 ▶ ①

해설 ▶ ㉠에는 내용 전환을 이끄는 말이 필요하므로, '그런데'가 어울린다.

ⓛ 다음에는 '이중피동'을 설명하고 있으므로, '이중피동'이 들어가는 것이 적절하다.

㉢은 앞의 '아직은 능동 표현이 자연스럽다는 문장'을 설명하는 예를 이끄는 말이 필요하므로 '예를 들어'가 어울린다.

㉣은 미용실에서 머리를 깎아 준 사람은 미용사이지 말하는 사람이 아니므로 '피동'이 필요하다. 따라서 ㉠~㉣에 들어갈 말로 적절한 것은 ①이다.

🔭 보충 | 연결어의 기능

순접	앞뒤 문장이 시간 순으로 연결되거나, 앞의 내용을 이어받아 연결시킬 때 쓴다. 예 그리고, 그리하여, 이리하여
역접	앞뒤 문장의 내용이 상반되게 연결될 때 쓴다. 예 그러나, 하지만, 그래도, 그렇지만
인과	앞뒤 문장이 '원인'과 '결과'의 관계일 때 쓴다. 예 그래서, 따라서, 그러므로, 그러니까
전환	뒤의 내용이 앞의 내용과는 다른, 새로운 생각이나 사실을 서술하며 화제를 바꿀 때 쓴다. 예 한편, 그런데, 아무튼, 다음으로
첨가·보충	앞의 내용에 새로운 내용을 덧붙이거나 보충할 때 쓴다. 예 게다가, 더구나, 아울러, (그)뿐만 아니라
대등·병렬	앞뒤의 내용을 같은 자격으로 나열하면서 이어줄 때 쓴다. 예 그리고, 또는, 혹은, 및
환언·요약	앞의 내용을 바꾸어 말하거나 간추려서 짧게 말할 때 쓴다. 예 요컨대, 즉, 결국, 말하자면

06 정답 ▶ ③

해설 ▶ 제시된 글에서 지적하고 있는 오류는 '이중 피동'이다. 이처럼 '이중 피동'의 오류가 나타난 문장은 ③이다. '담기다'는 '담다'의 피동사이다. 따라서 피동사 '담기다'에 다시 피동의 '-어지다'를 붙인 '담겨지다(담겨진)'은 이중 피동 표현이다. 따라서 '편지에 담긴'으로 수정해야 어법에 맞는 표현이다.

🔭 보충 | 이중 피동 표현

① 그 편지는 나에게 **잊혀진(→ 잊힌)** 지 오래다.
② 박 사장은 자기 돈이 어떻게 **쓰여지는(→ 쓰이는)** 지도 몰랐다.
③ 다시 **풀려진(→ 풀린)** 묶었던 머리를 나는 움직이지 않게 더 꽉 묶었다.
④ 12월 중에 한-중 정상회담이 다시 한 번 열릴 것으로 **보여집니다(→ 보입니다)**.
⑤ 경쟁력 강화와 생산성의 향상을 위해 경영 혁신이 **요구되어지고(→ 요구되고)** 있다.

07 정답 ▶ ②

해설 ▶ '역량별'로 들어갈 내용이 적절한 것은 ②의 '탁월'이다.

오답 정리 ✏

나머지 핵심 역량과 그에 대한 설명은 다음과 같다.

신뢰	자신의 역할을 다하며 서로 믿고 존중한다.
유연	열린 사고와 행동으로 다양성을 추구한다.
도전	높은 목표를 설정하고 과감하게 시도한다.
선제행동	먼저 생각하고 앞서 실행한다.
상호협력	대내외 자원과 역량을 결집한다.
성과 창출	가시적인 성과를 창출한다.

🔭 보충 | 역량

1. 역량의 정의
   평균 이상의 우수한 성과를 발휘하는 조직이나 개인이 보여 주는 중요한 특질이나 능력

2. 역량 모델의 개발 과정

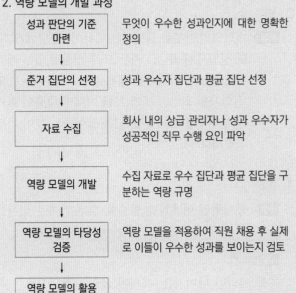

정답 및 해설 | **193**

08 정답 ①

해설 ㉠은 (라) 문단의 두 번째 문장으로 적절하다.

오답정리

㉡은 (가) 문단의 세 번째 문장으로, ㉢은 (마) 문단의 네 번째 문장으로 적절하다. ㉣은 (다) 문단의 세 번째 문장으로, ㉤은 (나) 문단의 세 번째 문장으로 적절하다.

09 정답 ③

해설

1단계	선지가 모두 (가)로 시작하고 있기 때문에, 첫 번째 문단은 (가)이다. (가)에서 자소서란 채용담당자를 설득하는 서류로서 자소서 안에 쓰인 내용은 그 자체로 의미가 없다고 주장하고 있다. 이는 (나)의 "청년들이 자소서를 '자소설'이라고 부르는 이유도 여기에 있다."와 이어진다. 따라서 (가) 뒤에 (나)가 이어지는 게 자연스럽다.
2단계	(마)는 자소서가 '자소설'이 되는 또 하나의 이유를 제시하고 있다. 따라서 (마)는 '(가) → (나)' 뒤에 이어지는 게 자연스럽다.
3단계	'자소서'에서 요구하는 가치에 따라 대학 생활을 하므로 자소서는 (라)에서 말한 바와 같이, 기업이 요구하는 가치에 따라 자기 인생을 조직하는 기능을 수행한다. 결국 (다) 문단에서 자본에 구속된 인간으로 자신을 관리하게 된다는 것으로 이어지는 게 자연스럽다. 따라서 '(라) → (다)'로 마무리되는 것이 가장 적절하다.

따라서 제시된 글은 '(가) → (나) → (마) → (라) → (다)'로 배열하는 것이 가장 적절하다.

10 정답 ③

해설 개인적인 안부를 물었다는 내용이 1문단에 있다. 또 신입사원 최○○ 씨는 그 후 컨설팅 업무 계약 취소 통보를 받았다는 내용을 볼 때, ㉠에는 ③의 '신입사원 최○○ 씨가 보낸 이메일 내용이 회의의 분위기를 흐려놓았다.'가 들어가는 것이 가장 적절하다.

11 정답 ⑤

해설 공식적인 이메일을 발송할 경우 가벼운 인사를 제외한 '사적인 이야기'는 배제해야 한다.

오답정리

⑤를 제외한 나머지는, 제시된 글의 내용만으로는 확인할 수가 없다.

12 정답 ④

해설 ④의 '일정한 액수 이하를 송금할 때는 수수료를 내지 않아도 됩니다.'는 불필요한 말이 반복되지도, 중의적으로 해석될 여지도 없는 문장이다.

오답정리

① 중의적으로 해석할 여지가 있는 문장이다. '그가 나를 우선하는 것보다 회사 일을 우선한다.' 또는 '내가 회사 일을 우선하는 것보다 그가 더 회사 일을 우선한다.'로 해석할 수 있다.
② 불필요한 말이 반복된 문장이다. '재고(再考: 다시 재, 생각할 고)'에 '다시'라는 뜻이 들어 있다. 따라서 '그 문제는 다시 생각해 볼 필요가 있습니다.' 또는 '그 문제는 재고해 볼 필요가 있습니다.'로 수정해야 한다.
③ 중의적으로 해석할 여지가 있는 문장이다. 성실한 사람이 '그'인지 '상사'인지 불분명하다.
⑤ 불필요한 말이 반복된 문장이다. '근절(根絶: 뿌리 근, 끊을 절)'이 뿌리 뽑는다는 뜻이므로 불필요하게 말을 반복한 문장이다. 따라서 '사회악을 뿌리 뽑아야 한다.' 또는 '사회악을 근절해야 한다.'로 수정해야 한다.

🔎 보충 │ 불필요한 말이 반복된 문장, 중의적으로 해석될 여지가 있는 문장

1. 불필요한 말이 반복된 문장
   ① 역전(驛前: 역 역, 앞 전) 앞 → 역 앞, 역전
   ② 도로 노면(路面: 길 노(로), 낯 면)에 → 노면에
   ③ 과반수(過半數: 지날 과, 반 반, 셀 수) 이상 → 반수 이상
   ④ 밖으로 표출(表出: 겉 표, 날 출)함 → 밖으로 드러냄, 표출함
   ⑤ 개인이 소유하고 있는 사유지(私有地: 사사로울 사, 있을 유, 땅 지) → 개인이 소유하고 있는 땅, 사유지

2. 중의적으로 해석될 여지가 있는 문장
   ① 선생님이 보고 싶은 학생이 많다.
   ② 그는 마음씨 좋은 할머니의 손자이다.
   ③ 오늘도 나는 반장과 선생님을 찾아다녔다.
   ④ 수많은 사람들의 노력으로 문제를 해결했다.
   ⑤ 사람들이 많은 도시를 다녀보면 재미있는 일을 경험하게 됩니다.

13 정답 ②

해설 ㉢에는 패럴 기자가 반발하는 이유를 설명할 수 있는 문장이 필요하다. 따라서 ㉐을 ㉢ 뒤로 이동한 것은 적절하다.

오답정리

① 두 문장의 위치를 서로 바꿀 필요가 없다.
③ '바람'은 뒷말의 근거나 원인을 나타내는 말로 쓰

였다. '덕'은 긍정적인 도움을 가리킬 때 쓰는 말이므로, 적절하지 않다.

④ 글의 흐름상 '그러므로'가 아니라 '그러나'가 적절하다.

⑤ ㊈은 글의 흐름상 적절하므로, 군이 빼야 할 이유 없다.

14 정답▶ ①

해설▶ '부상(浮上: 뜰 부, 위 상)'은 '물 위에 떠오름'을 의미한다. 빙산은 '바다 위를 떠다니는 것'이므로, '부상'이 아닌, '부유(浮游: 뜰 부, 헤엄칠 유)'를 써야 한다.

오답정리✏

② 불식(拂拭: 떨칠 불, 닦을 식): 먼지를 떨고 훔친다는 뜻으로, 의심이나 부조리한 점 따위를 말끔히 떨어 없앰을 이르는 말.

③ 첨가(添加: 더할 첨, 더할 가): 이미 있는 것에 덧붙이거나 보탬.

④ 변신(變身: 변할 변, 몸 신): 몸의 모양이나 태도 따위를 바꿈. 또는 그렇게 바꾼 몸.

⑤ 귀감(龜鑑: 거북 귀, 거울 감): 거울로 삼아 본받을 만한 모범.

15 정답▶ ④

해설▶ 공문서 작성 시 일상적 용어의 중의적 해석을 방지하기 위해서 한자어를 병기한다. 그러나 의미전달을 위해서 군이 어려운 한자어를 쓸 필요는 없다.

🔍 보충 | 공문서 작성의 일반 원칙

① 전자적 처리
② 두괄식 구성과 간결한 문장
③ 명확한 표현
④ 알기 쉬운 표현
⑤ 상대방을 존중하는 표현

16 정답▶ ②

해설▶ 제시된 '채용 공고문'은 국외 진출 기업의 국내 복귀를 돕는 업무를 수행할 사람을 구하고 있다. 따라서 ㊀에는 '국외 진출 기업'이 들어가는 것이 가장 적절하다.

17 정답▶ ⑤

해설▶ 다음 항목을 보면 '회계사 자격증 소유자 또는 해당 분야에서의 연구·조사, 전략 수립 등 업무 수행 참여 경력'이 직무 관련 경력, 경험으로 나와 있다. 이를 볼 때, ㊁에는 '조사방법론, 통계분석 등에 대한 기본 지식 및 기술'이 들어가는 것이 가장 적절하다.

18 정답▶ ④

해설▶ 직무수행에 꼭 필요한 사항만을 기재하게 되어 있어서 불필요한 스펙을 쓸 필요가 없다. 따라서 '자격 사항'에는 반드시 해당 직무와 관련 있는 자격만 명시해야 한다.

🔍 보충 | NCS 입사 문서

개념	① 국가직무능력표준(NCS, National Competency Standards) ② 산업 현장에서 직무를 수행하기 위하여 요구되는 지식·기술·소양 등의 내용을 국가가 체계화한 것
특징	① 기존의 일반적인 자기소개서에 비해 경험과 경력 중심의 항목으로 구성된다. ※ '경험'과 달리 '경력'은 실제 급여를 받고 일한 일이다. * 직무 능력 기술서

	경험 기술서	경력 기술서
내용	구체적으로 본인이 수행한 활동 내용	구체적인 직무 영역
활동	소속 조직이나 활동에서의 역할	활동, 경력, 수행 내용
결과	활동 결과	본인의 역할과 구체적 행동, 주요 성과
범위	직무와 특별히 관계없는 일	직무와 관계있는 일
소재	돈을 벌지 못했지만 다양한 경험	돈을 벌었던 이력

② 해당 기관의 직무수행에 꼭 필요한 사항만을 기재하게 되어 있어서 불필요한 스펙을 쓸 필요가 없다.
※ 일대기적 구성 ✕

19 정답▶ ⑤

해설▶ '품의서'는 무엇을 결재받기 위한 문서인지 제목을 통해 명확하게 전달할 수 있도록 쓰는 것이 원칙이다. 따라서 ㊀에는 '총무팀 업무용 복합기 장기대여의 건'이 가장 적절하다.

20 정답▶ ④

해설▶ 집행 관련 근거와 관련이 없는 것을 찾으면 된다. 업무용 복합기 장기 대여 관련 품의서에 총무팀 업무량 증가 추이를 첨부할 필요는 없다.

1. 개념: 특정 사안에 대해 결재권자의 승인을 요청하는 문서

2. 작성 전 검토 사항
① 물품 구입 등 지출 관련 품의는 집행 내용이 예산 편성 항목에 해당하는지 확인한다.
② 집행 예정 금액이 예산 범위인지 확인한다.
③ 집행 예정 금액이 법령, 규정, 지침 등의 기준액과 부합하는지 확인한다.
④ 자금 지급(교부)처와 수령 기관(개인)의 자격, 근거 등을 확인한다.

21 정답 ③

해설 발문에 제시된 글은 '기획서 초안'이라고 나와 있다. '기획서'를 작성하는 요령으로 가장 적절한 것은 ③이다.

오답정리
① '제안서' 작성의 요령이다.
②, ④ '보고서' 작성의 요령이다. ※ ②는 '업무보고서'
⑤ '제안서' 작성의 요령이다.

보충 | 좋은 기획서의 조건

① 문제 해결 요건을 충족할 것
② 상대방이 공감하고 흥미롭게 생각하는 내용일 것
③ 상대의 요구를 충족시킬 것

22 정답 ④

해설 제시된 광고 기획의 핵심은 광고 전략과 실행 기획에 있다. 따라서 광고 실행에 대한 세부사항을 본문에 쓸 필요는 없다.

23 정답 ②

해설 제시된 광고는 '저출산 고령사회에 대한 위험성'을 알리는 것이므로, 광고 기획서의 제작 배경에는 이와 관련된 근거 자료가 제시되어야 한다. 따라서 제시된 광고를 제작하기 전에 작성한 광고 기획서에 광고의 제작 배경으로 제시할 수 있는 자료로는 '출산율 변화 추이'가 가장 적절하다.

오답정리
②를 제외한 나머지는 모두 '저출산 고령사회에 대한 대책'과 관련된 자료들이다.

24 정답 ⑤

해설 제시된 광고는 지하철에서 경로석이 일반석보다 더 많아진 모습을 보여주고 있다. 이를 볼 때, 제시된 광고는 저출산, 고령화 국가의 모습을 드러내기 위한 것이다. 따라서 이와 관련이 없는 광고 문구를 고르면 된다. ①~④는 모두 저출산, 고령화 국가와 관련된 내용의 문구들이다. 그런데 ⑤는 '저출산, 고령화'와는 무관한 문구이므로, 제시된 광고의 부가적인 광고 문구로 적절하지 않다.

25 정답 ③

해설 '기안'은 의사 결정을 위한 문서를 작성하여 결재를 올리는 것으로, '기안문서'는 결재 문서, 결재권자의 결재를 얻기 위해 서식에 따라 작성한 문서이다.

오답정리
①~⑤ 모두 처리 단계에 따라 공문서를 분류한 것이다.
① '협의 문서'에 대한 설명이다.
② '배포 문서'에 대한 설명이다.
④ '시행 문서'에 대한 설명이다.
⑤ '접수 문서'에 대한 설명이다.

보충 | '처리 단계'에 따라 공문서 구분

접수 문서	외부로부터 받은 문서를 접수 담당 부서에서 절차를 거쳐 접수한 문서
배포 문서	접수 문서를 배포 절차에 따라 담당 업무 처리과로 배포한 문서
기안 문서	결재 문서. 결재권자의 결재를 얻기 위해 서식에 따라 작성한 문서
협의 문서	기안 문서 중 내용과 관련하여 다른 부서의 협조를 얻기 위해 작성한 문서
완결 문서	결재 후 시행 목적에 따라 완결된 문서
시행 문서	발송 문서. 기안 내용을 실행하기 위해 규정된 서식으로 작성한 문서
이첩 문서	문서의 내용이 다른 기관의 소관 문서일 때 배포 문서를 담당 기관으로 이첩하기 위해 작성한 문서
공람 문서	배포 문서 중 별도의 처리 절차를 필요로 하지 않고 단순히 상급자에게 보고 또는 열람에 붙인 문서
보존 문서	자료로서 가치가 있어 일정 기간 보존할 필요가 있는 문서
폐기 문서	보존 기간이 끝나 폐기 처분할 문서
미처리 문서	접수 문서나 배포 문서로 아직 처리하지 않은 문서
미완결 문서	기안 문서로 결재에 이르지 않은 문서. 또는 시행되었어도 사안 처리가 완료되지 않은 문서
마이크로 필름	영구 보존 필요성이 있어 필름에 담아 놓은 문서
전자 문서	컴퓨터 등의 장치에 전자적 형태로 송신 또는 저장된 문서

26 정답 ③

해설 '거래약정을 준수하지 않았을 경우 ~ 무효화 및 발주사항을 취소할 수 있다.'라는 내용을 볼 때, ⓒ에는 '거래 무효처리 및 발주 취소'가 들어가는 것이 적절하다.

오답정리

① 공급자와 구매자의 의무를 함께 표현해야 하므로 '납품 및 검수'로 적어야 한다.
② 다른 항목의 서술 방식과 일관성 있게 '품질 보증'으로 써야 한다.
④ '교육 및 조언의 의무'가 적절하다.
⑤ '권리, 의무 양도 금지'가 적절하다.

보충 | 거래 관련 문서

거래 신청서	신규 거래처와의 거래를 신청하기 위한 목적으로 작성한 문서 예 신규 거래 신청서, 거래 변경 신청서
거래 약정서	거래자끼리 상품이나 물품을 계속적으로 판매나 거래하기 위해 내용을 신의 성실로 준수하기로 약정하며 작성한 문서 예 물품 거래 약정서, 어음 거래 약정서, 당좌 거래 약정서, 대출 약정서
약관	계약 당사자가 다수의 상대방과 계약 체결을 위하여 미리 작성한 계약 내용을 거래 표준으로 만들어 기록한 문서 예 운송 약관, 보험 약관, 보통 약관, 중재 약관, 협의 약관
거래 사실 확인서	거래 품목과 거래 기간, 거래 금액 등 매도인과 매수인 사이의 거래 사실을 확인하는 문서
거래 명세서	거래 사실을 분명히 하고자 공급한 자와 공급받은 자의 인적 사항과 거래 내용, 공급가액, 세액 등이 기재된 명세 내역을 기록한 문서
협약서	계약 당사자들이 계약의 내용을 자율적으로 협의하고 상호 준수할 것을 명시한 문서

27 정답 ⑤

해설

1단계	준공검사요청을 한 '10월 15일'은 계약 기간 내이므로 (가)에 해당한다.
3단계	불합격 판정을 받은 후 보완지시를 받은 10월 25일은 계약 기간 내이므로 ⓑ에 해당한다.

따라서 계약 기간 다음날(11월 5일)부터 최종검사에 합격한 날(11월 19일)까지가 지체 기간이다.

28 정답 ①

해설 '국민의 안전한 삶 보장'이라는 상위 항목을 이루기 위해 4개의 하부 항목이 필요하다는 내용이다. 4개의 항목의 비중도 동일하다. 따라서 〈보기〉의 내용을 프레젠테이션 화면으로 구성할 때 가장 적절한 것은 ①이다.

보충 | 프레젠테이션에서 도표 이용의 유의점

① 청중의 인식 수준에 맞추어 이해를 돕는 도구로 가능해야 한다.
② 청중의 이해를 촉진하기 위한 도표를 작성해야 한다.
③ 개념과 범주 등의 복잡한 요소를 분류하고, 이를 쉽게 이해할 수 있도록 정리한다.
④ 청중들이 지닌 다양한 수준의 이해력과 인식 능력을 고려하여 이해하기 쉽도록 도표를 작성한다.
⑤ 프레젠테이션의 목적 내지는 핵심 개념 등을 분명하고 정확하게 전달할 수 있어야 한다.

29 정답 ⑤

해설 '보도 자료'를 쓰면서 감각적인 어휘를 사용할 필요는 없다. '구체적이고 감각적인 어휘를 사용하여 실질적이고 유용한 정보를 제공한다.'는 것은 '보도 자료'가 아닌, '광고문' 작성의 유의 사항이다.

30 정답 ④

해설 본문의 내용을 고려할 때, 표제로는 ④의 〈국민권익위, "지난 3년간 고충 민원 권고 84.7% 수용돼"〉가 가장 적절하다.

오답정리

① 본문에 없는 내용이다.
② 최근 3년간의 내용이라는 말이 없어 부정확하다.
③ 판단할 수 없는 내용이다.
⑤ '지역 차 심해' 등의 표현도 본문의 내용을 드러내기에 명확하지 않다.

보충 | 보도 자료

1. 개념: 행정기관 및 민간 기업 등에서 언론용으로 발표한 성명이나 문서
2. 구성
① 제목: 기자에게 전달하려는 핵심 내용을 압축적으로 전달하는 표제
② 리드: 헤드라인이라고 할 수 있는 기사의 전문
③ 본문: 육하원칙에 의거해 리드의 내용을 구체적으로 서술한 부분
④ 안내: 문의처 안내 및 용어, 부가 정보 등을 작성한 부분

31 정답 ③

해설 '보고서'의 내용으로 미루어 볼 때, "비고에는 그날의 영업 실적만을 간략하게 정리해 보고합니다."가 아니라, "비고에는 그날의 영업 실적뿐만 아니라 이후의 과제나 상사가 판단해야 하는 것을 적습니다."라고 조언했으리라는 것을 짐작할 수 있다.

32 정답▶ ①

해설▶ 제시된 사례는 경영진 및 조직 전반의 분위기가 혁신활동을 후원하고 장려하는 내용이다. 따라서 '후원'에 어울린다.

33 정답▶ ④

해설▶ 역할별로 필요한 자질과 능력을 바르게 쓴 것은 ④의 '정보 수문장: 원만한 대인 관계 능력'이다.

오답정리✏
역할별로 필요한 자질과 능력에서 추가할 내용은 다음과 같다.
① 아이디어 창안: 새로운 분야의 일을 즐김
② 챔피언: 아이디어의 응용에 관심
③ 프로젝트 관리: 업무 수행 방법에 대한 지식
⑤ 후원: 추가할 내용 없음

34 정답▶ ⑤

해설▶ 주어진 매뉴얼을 보면, 건조한 날씨가 계속 될 때 정전기가 발생하여 적외선 감지센서가 오류를 일으킬 수 있다고 안내하고 있으며 이런 오류를 방지하기 위해 전원을 끈 후 세단기 내부를 섬유 탈취제나 섬유유연제를 이용하여 젖은 걸레로 닦아주시면 좋다고 안내하고 있다. 김 사원의 메시지 '최근처럼 겨울철 건조한 날씨가 이어질 때'를 볼 때, ㉠에는 '전원을 끄신 후 걸레에 섬유유연제를 묻혀 세단기 내부를 닦아주시기'가 들어가는 것이 가장 적절하다.

35 정답▶ ⑤

해설▶ 1~4항은 다음과 같다.

> 1. 전기조심
> 2. 어린이 접근 금지
> 3. 옷 끼임 조심
> 4. 세단 매수 준수

주의 사항을 고려할 때, 세단기에 부착할 내용으로는 ⑤가 가장 적절하다.
※ 1~4항에 대한 구체적인 설명 내용을 정리하면 다음과 같다.

> 1. 전기조심: 물이 묻은 손으로 전원 플러그를 만지지 마세요. 감전 및 고장의 우려가 있습니다.
> 2. 어린이 접근 금지: 어린이의 사용은 위험합니다. 감전 및 화상 등 부상의 위험이 있습니다.
> 3. 옷 끼임 주의: 넥타이나 볼펜, 손, 머리카락 등이 세단기 투입구에 끼지 않게 주의하세요.

> 4. 세단 매수 준수: 세단기에 따라 정해진 세단매수를 지켜주세요. 세단 매수 초과 시 세단기의 수명이 짧아집니다.

36 정답▶ ④

해설▶ '고안의 목적'에 들어갈 내용으로 가장 적절한 것은 ④이다.

오답정리✏
④를 제외한 나머지는 '고안의 구성 및 작용'에 쓸 내용이다.

🔍 보충 | 특허 명세서

개념	특허 발명에 대한 특허 청구를 취해 특허 내용을 공개하고, 이를 보호받고자 하는 내용을 기재한 문서
특징	① 발명의 내용을 간명하게 표시할 수 있는 발명 명칭과 영문 명칭을 함께 기재한다. ② 도면의 간단한 설명, 발명의 상세한 설명, 특허 청구 범위, 발명의 목적 및 구성, 효과 등을 상세히 기재한다.

37 정답▶ ④

해설▶ 2인이 한 개 조를 이룬 상태에서 특정 영역에서 강점을 지닌 한 사람이 다른 사람을 지도하는 과정을 통해 리더로서 능력을 발휘할 기회를 주고 있음을 파악할 수 있다.

오답정리✏
①, ② (가)의 팀은 유연하고 창조적으로 사고하고 행동하게 하는 팀이다.
③ (나)의 팀에 규약, 절차 등이 잘 갖추어졌는지 알 수 없다.
⑤ (가), (나) 모두 성과와 결과를 중시하는 팀인지 알 수 없다.

38 정답▶ ④

해설▶ '을'이 제안을 하자마자 그 근거를 듣기도 전에 말을 끊고 '말도 안 되는 소리'라고 반박한다. 이를 볼 때, 갈등의 단서는 ④이다.

🔍 보충 | 갈등의 유형

1. 불필요한 갈등
   ① 문제에 대한 정보가 부족하거나 편견 때문에 문제를 다르게 인식하는 개인적 차원에서 발생하는 유형으로 의견 불일치가 적대적 감정으로 발전한 경우이다.

② 불필요한 갈등이 발생하는 상황은 근심이나 걱정, 스트레스, 분노 등의 부정적 감정이 생기는 상황, 잘못 이해하거나 정보가 부족하여 의사소통이 원활하지 않은 상황, 편견이나 변화에 대한 저항, 항상 해 오던 방식에 대한 고집, 새로운 것에 대한 거부감 등에 의해 형성된다.

2. 해결할 수 있는 갈등
① 추구하는 가치, 목표, 문제를 바라보는 관점, 문제 상황에 대한 이해 등 문제 상황에 대한 사실 판단의 기준이 서로 다르기 때문에 발생하는 갈등이다.
② 해결할 수 있는 갈등은 문제 상황에 대한 객관적인 판단과 서로의 가치관과 관점을 존중하는 태도가 바탕이 된다.
③ 공동 목표를 달성하기 위한 상호 협력의 필요성이 클수록 각자 원하는 만족을 얻기 위해 갈등을 극복하고 협력하게 된다.

39 정답 ②

해설 제시한 '업무수행시트'는 워크플로 시트(work flow sheet)이다. 조직 내에서 발생하는 정보, 문서, 인간의 움직임에 대해 문제해결을 위하여 나타내는 흐름도를 말한다. 일의 흐름을 동적으로 보여주는 데 효과적이다.

오답 정리
①, ③, ⑤ '체크리스트'에 대한 설명이다.
④ '간트 차트'에 대한 설명이다.

40 정답 ④

해설 기업의 경쟁 원천에는 무형자산과 유형자산이 있으나 현대 사회에서는 무형자산에 더 높은 가치를 두고 있다.

41 정답 ①

해설 고객인 '중년의 신사'는 제품의 값이나 디자인, 백화점 전체적인 수준 등을 폄하하고 있다. 이를 볼 때, '거만형' 고객임을 알 수 있다.

42 정답 ④

해설 '거만형' 고객의 경우, 고객이 호감을 얻으면 오히려 쉽게 설득된다. 따라서 정중하게 대하고, 자신의 과식욕이 채워지도록 호응을 해 주는 대응을 해야 한다. 이와 관련된 것은 'ㄱ, ㄴ, ㄹ'이다.

오답 정리
ㄷ은 의심형 고객의 대응 방법이다.

🔍 보충 | 고객 불만 유형

유형	성향	대응
거만형	자신의 과시욕을 드러내고 싶어하거나 보통 제품을 폄하하는 유형	• 정중하게 대하고, 자신의 과식욕이 채워지도록 호응을 해 준다. • 고객이 호감을 얻으면 오히려 쉽게 설득된다.
의심형	직원의 설명이나 제품의 품질에 대해 의심을 하는 유형	• 분명한 증거나 근거를 제시하여 고객 스스로 확신을 갖게 한다. • 때로는 책임자로 하여금 응대하도록 한다.
트집형	사소한 것으로 트집을 잡는 까다로운 유형	• 정중한 자세로 이야기를 경청하거나 고객의 입장에서 호응하여 추켜세운다. • 지적한 잘못에 대해 정중하게 사과 또는 인정을 한다.
빨리빨리형	성격이 급하고, 확신 있는 말이 아니면 잘 믿지 않는 유형	제품이나 서비스에 대해 확신 있는 어조로 명료하게 설명한다.

43 정답 ⑤

해설 예산을 책정할 때는 예산 지출 규모를 확인하고 소요될 것으로 예상하는 항목을 정리한 후, 예산을 우선 책정해야 하는 항목을 도출한다. 그리고 우선순위가 높은 활동부터 적절하게 예산을 배정하고 예산을 사용하는 것이 좋다. 배정된 예산으로 모든 업무를 수행할 수는 없으므로 우선순위를 배정하여 예산이 우선으로 들어갈 활동을 도출하는 것이 좋다.

44 정답 ⑤

해설 "설정형 문제는 지금까지 해오던 것과 전혀 관계 없이 새로운 과제 또는 목표를 설정함에 따라 일어나는 문제라고 할 수 있다."라고 하였다. 따라서 '설정형 문제'는 미래지향적이고 목표지향적인 유형이라고 할 수 있다.

오답 정리
①, ② '발생형'이 아니라 '탐색형' 문제 유형이다.
③ 원인 지향적인 유형은 '발생형' 문제이다. 이미 문제가 발생한 경우에는 원인이 내재되어 있으므로 그 원인을 찾는 일이 문제 해결의 출발점이 된다.
④ '설정형'이 아니라 '탐색형' 문제 유형이다.

45 정답 ②

해설 '탐색형 문제'는 현재 상황을 개선하거나 효율을 높이기 위한 문제를 의미한다. 따라서 '생산부서 임 부장에게 생산성을 현재보다 15% 이상 높이라는 임무가 부여되었다.'는 '탐색형 문제' 유형이다.

오답정리✏

① '발생형' 문제 유형이다.

③, ⑤ '설정형' 문제 유형이다.

④ '탐색형' 문제 유형이다.

46 정답 ②

해설 제시된 글의 일과를 보면 길○○ 사원은 경영기획팀 소속이라는 것을 알 수 있다. 따라서 이어질 내용으로는 ②가 가장 적절하다.

오답정리✏

①, ④ '총무팀'의 업무에 대한 내용이다.

③ '마케팅 기획팀'의 업무에 대한 내용이다.

⑤ '인사기획팀'의 업무에 대한 내용이다.

47 정답 ②

해설 김○○ 사원의 직무 수행을 방해하는 요소는 이메일, 인터넷, 메신저 등이다. 이를 효과적으로 통제하기 위해서는 일정 시간을 정해두는 것이 좋다.

🔭 보충 | 시간 관리

1. 시간 계획의 효과를 위한 원칙

① 가장 많이 반복하는 일에 가장 많은 시간을 분배한다.

② 최단 시간에 최선의 목표를 달성할 수 있게 철저히 계획을 세운다.

③ 60:40의 비율로 시간 계획을 세우고 업무 수행에 필요한 시간을 관리한다.

계획된 행동	계획 이외의 행동	
	자발적 행동	돌발적 상황
60%	20%	20%

2. 시간 계획을 위한 점검 사항

① 시간적 장애 요인을 분석하고 규칙적으로 계획을 확인하고 수정한다.

② 실현 가능하고 현실적인 계획 수립과 이동 및 대기 시간 등 여유 시간을 고려한다.

③ 규모가 큰 업무는 모아서 한꺼번에 처리하고 의도적으로 비계획적인 일을 차단한다.

④ 모든 일에 처리 시간을 제한하고 우선순위가 높은 일을 먼저 처리한다.

⑤ 예상하지 못한 일에 대비하여 예비 시간을 정하고 다른 사람이 할 수 있는 일은 과감하게 넘긴다.

⑥ 체크리스트나 스케줄 표를 활용하고 부하나 상사의 시간을 고려하여 계획을 삽입한다.

48 정답 ④

해설 '최대한 많은 아이디어를 도출함'은 '분석적 문제'가 아닌, '창의적 문제'를 해결하기 위해 다양한 아이디어를 확산하는 기법이다.

49 정답 ⑤

해설 (가)에 쓸 내용으로 적절한 것은 〈보기〉의 'ㄱ, ㄴ, ㄹ, ㅁ'이다.

오답정리✏

ㄷ 기업의 존재 이유는 이유 추구에 있어서, 기업 상호 간에는 자유롭고 공정한 기반으로 한 선의의 경쟁을 유지해야 한다.

50 정답 ②

해설 명함을 건넬 때는 ㄱ 고객이 보기 편한 방향으로, ㄷ 묵례를 하며 가슴선과 허리선 사이에서 건넨다.

오답정리✏

ㄴ 양손으로 명함의 여백을 잡고 건네면서, 소속과 이름을 정확하게 소개해야 한다. 따라서 '말없이' 건넨다는 것은 적절하지 않다.

ㄹ 고객이 2인 이상인 경우, 윗사람에게 먼저 건네야 한다. 따라서 '가까이 있는 사람'에게 먼저 건넨다는 것은 적절하지 않다.

01 정답▶

㉠	개략	㉡	개괄	㉢	개론	㉣	쇠락
㉤	퇴보	㉥	퇴조	㉦	낙후		

02 정답▶

- 않읍니다. → 않습니다.
- 사용해주시기 → 사용해 주시기
- 화장실은 금연입니다. → 화장실에서는 금연입니다.
  / 화장실은 금연하는 곳이다.

해설▶

맞춤법 오류	않읍니다. → 않습니다. [해설] 〈표준어 규정〉 제2장 제4절 제17항 "비슷한 발음의 몇 형태가 쓰일 경우, 그 의미에 아무런 차이가 없고, 그 중 하나가 더 널리 쓰이면, 그 한 형태만을 표준어로 삼는다."라는 규정에 따라 '-습니다'만을 표준어로 인정하고 '-읍니다'는 표준어로 인정하지 않았다. 따라서 '않읍니다'를 '않습니다'로 고쳐야 한다.
띄어쓰기 오류	사용해주시기 → 사용해 주시기 [해설] 본용언과 보조 용언은 띄어 쓰는 것이 원칙이지만, 붙여 쓸 수도 있다. 다만, 본용언이 3음절 이상의 복합어(합성어, 파생어)일 때는 보조 용언과 반드시 띄어 써야 한다. 본용언 '사용하다(사용+-하다)'는 파생어이다. 따라서 보조 용언 '주다'와 띄어 써야 한다.
주술 호응의 오류	화장실은 금연입니다. → 화장실에서는 금연입니다. / 화장실은 금연하는 곳이다. [해설] 주어 '화장실은'과 서술어 '금연입니다'의 호응이 어색하므로 수정해야 한다.

03 정답▶

㉠	팀장이 출장을 가면
㉡	팀장이 출장을 가지 않은 것이다.

해설▶ 제시된 명제를 기호화하면 다음과 같다.

명제	기호화
팀장이 출장을 가면 업무처리가 늦어진다.	팀장 출장 → 업무처리 늦어짐
고객의 항의 전화가 오면 실적 평가에서 불이익을 받는다.	고객 항의 전화 → 실적 평가 불이익
업무처리가 늦어지면 고객의 항의 전화가 온다.	업무처리 늦어짐 → 고객 항의 전화

이를 정리하면, '팀장 출장 → 업무처리 늦어짐 → 고객 항의 전화 → 실적 평가 불이익'이 된다.
〈보기〉를 기호화하면 다음과 같다.

㉠	(㉠) → 실적 평가 불이익 [해설] 주어가 '팀장'이므로, '**팀장 출장** → 업무처리 늦어짐 → 고객 항의 전화 → **실적 평가 불이익**'에서 '팀장 출장 → 실적 평가 불이익'을 이끌어낼 수 있다. 따라서 ㉠에는 '팀장이 출장을 가면'이 어울린다.
㉡	~(실적 평가 불이익) → (㉡) [해설] 명제(p → q)가 참이라면, 그 명제의 '대우(~q→~p)'도 항상 참이 된다. 이를 〈보기〉의 두 번째 명제에 적용하면 다음과 같다. ㉡의 주어가 팀장이 되어야 하므로, ㉡에는 '~(팀장 출장)', 즉 '팀장이 출장을 가지 않은 것이다.'가 어울린다.

🔍 보충 | '명제' 사이의 관계

① 명제가 참이라면, 그 명제의 '대우'도 항상 참이 된다.
② 명제가 참이더라도, 그 명제의 '역', '이'의 참과 거짓은 확신할 수 없다.

[역·이·대우의 관계]

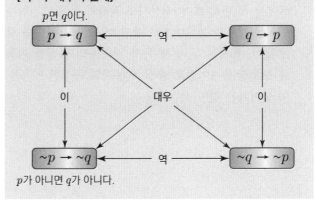

04 정답▶

(가)	1. 생각하는 습관
(나)	3. 상대 논리의 구조화

해설▶

(가)	(가)의 "늘 생각하는 습관을 들이는 것이 중요하다."를 볼 때, (가)에서는 '생각하는 습관'을 들이는 것이 중요하다고 말하고 있다. 따라서 (가)에는 '1. 생각하는 습관'이 어울린다.
(나)	(나)의 "이때에는 상대의 논리를 구조화하는 것이 필요하다."를 볼 때, (나)에서는 '상대의 논리를 구조화하는 것'이 필요하다고 말하고 있다. 따라서 (나)에는 '3. 상대 논리의 구조화'가 어울린다.

05 정답▶

저작권법은 **저작자의 권리를 보호할**(㉠) 뿐만 아니라 **이용자가 공정한 이용을**(㉡) 할 수 있도록 한다.

㉠	저작자의 권리를 보호할
㉡	이용자가 공정한 이용을

밑줄 바로 뒤의 '목적을 가지고 있다.'라는 말을 볼 때, 밑줄 친 부분은 '저작권법'의 목적에 관한 설명이다. 제시된 글의 첫 문장에서 '저작권의 목적'을 다음과 같이 밝히고 있다.

> 한국의 저작권법 1조를 보면 "**저작자의 권리와 이에 인접하는 권리를 보호하고 저작물의 공정한 이용을 도모함으로써 문화 및 관련 산업의 향상과 발전에 이바지함을 목적으로** 한다."라고 저작권의 목적을 명시하고 있다.

한국의 저작권법 1조를 통해, 저작권의 목적이 '저작자의 권리와 이에 인접하는 권리를 보호함', '저작물의 공정한 이용을 도모함', '문화 및 관련 산업의 향상과 발전에 이바지함'인 것을 알 수 있다. 그런데 세 번째 목적의 경우, 밑줄이 포함된 문장 다음에 관련 내용이 나와 있다. 결국 ㉠과 ㉡에는 앞의 두 목적에 해당하는 내용이 어울린다.

㉠에는 첫 번째 목적 '저작자의 권리와 이에 인접하는 권리를 보호함'을 3어절로 줄인 '저작자의 권리를 보호할'이, ㉡에는 두 번째 목적 '저작물의 공정한 이용을 도모함'을 3어절로 줄인 '이용자의 공정한 이용을'이 들어가는 것이 적절하다.

1교시 (2)형 객관식 영역 ▶ 본문 44p

01. ①	02. ①	03. ⑤	04. ③	05. ②
06. ②	07. ①	08. ④	09. ④	10. ③
11. ④	12. ①	13. ②	14. ③	15. ④
16. ④	17. ⑤	18. ④	19. ③	20. ②
21. ④	22. ③	23. ③	24. ④	25. ⑤
26. ②	27. ②	28. ⑤	29. ③	30. ③
31. ⑤	32. ④	33. ①	34. ⑤	35. ③
36. ②	37. ③	38. ④	39. ③	40. ③
41. ③	42. ⑤	43. ③	44. ②	45. ③
46. ②	47. ⑤	48. ④	49. ④	50. ⑤

01 정답▶ ①

해설▶ 제시된 글은 특허청이 특허분석평가시스템의 정제된 데이터 일체를 민간에 개방한다는 내용이다. 따라서 제시된 글의 제목으로는 '특허평가 데이터 전면 민간 개방'이 가장 적절하다.

🔍 보충 | 개념어 정리

화제	문장에서 서술하고 있는 대상으로, 주로 문장의 주어부에 제시된다.
주제	중심 내용을 더 압축한 것으로, 글의 화제와 글쓴이의 생각을 결합하여 '~은/는 ~(이)다.'와 같은 문장으로 나타난다.
중심 내용	글쓴이가 글에서 전하려는 핵심적인 생각으로, 글에서 여러 문장에 걸쳐 반복되어 제시되는 경우가 많다.
중심 문장	문단이나 글의 핵심 내용을 담은 문장으로, 문단의 처음이나 끝에 위치하는 경우가 많다.
뒷받침 문장	중심 문장의 내용을 자세히 설명하거나 논리적인 근거를 제시하는 문장이다.

02 정답▶ ①

해설▶ 문단과 문단, 문장과 문장을 연결할 때 '접속어'를 넣어야 응집성이 있는 글이 된다.

㉠	2문단에 제시한 실정에 더해, 진입 장벽으로 작용한다는 의견도 꾸준히 제기되어 왔다는 내용이다. 따라서 ㉠에는 '어떤 것을 전제로 그 위에 더'를 의미하는 '또한'이 어울린다.
㉡	2문단과 3문단의 내용에 따라 4문단의 계획이 나왔다는 내용이다. 따라서 ㉡에는 인과의 접속어 '이에 따라(①)'나 '그래서(②)'가 어울린다.
㉢	문맥상 앞 단락에 제시된 '내용과 함께' 지원해 나갈 예정이라는 내용이다. 따라서 ㉢에는 '동시에 함께'라는 뜻의 '아울러'가 어울린다.

따라서 ㉠~㉢에 쓸 접속어가 모두 바른 것은 ①이다.

03 정답 ⑤

해설 결론에는 글쓴이가 하고자 하는 말, 즉 글의 '주제'에 해당하는 내용이 들어가야 한다. 제시된 글의 주제는 '한국의 현대사 속 정치권력에 대한 국민의 불신'이다. 또 '요지'에서 한국의 정치인들이 국민에게 신뢰받지 못하는 집단으로 전락하고 말았다고 말하고 있다. 따라서 〈보기〉의 주제와 요지로 글을 쓰고자 할 때, 결론에 들어갈 내용으로는 ⑤의 '한국 정치인들의 집단이 신뢰받지 못하는 이유'가 가장 적절하다.

오답정리

①, ④ 글의 주제와 관련이 없는 내용이다.

②, ③ '요지'의 내용을 고려할 때, '결론'보다는 '본론'에 어울리는 내용이다.

04 정답 ③

해설 (나)를 고려할 때, ㉠에는 '신중하게 살피고 준비해야 한다.'는 의미를 가진 관용 표현이 어울린다. 따라서 ㉠에는 잘 아는 일이라도 세심하게 주의를 하라는 뜻을 가진 속담인 ③이 들어가는 것이 가장 적절하다.

💡 어휘 | 속담

① 소 잃고 외양간 고친다.
소를 도둑맞은 다음에서야 빈 외양간의 허물어진 데를 고치느라 수선을 떤다는 뜻으로, 일이 이미 잘못된 뒤에는 손을 써도 소용이 없음을 비꼬는 말.
[비슷한 표현] 망양보뢰(亡羊補牢), 사후약방문(死後藥方文)

② 목마른 놈이 우물을 판다.
제일 급하고 일이 필요한 사람이 그 일을 서둘러 하게 되어 있다는 말.
[비슷한 표현] 갑갑한 놈이 송사한다, 갑갑한 놈이 우물 판다, 답답한 놈이 송사한다

③ 돌다리도 두들겨 보고 건너라.
잘 아는 일이라도 세심하게 주의를 하라는 말.
[비슷한 표현] 무른 감도 쉬어 가면서 먹어라, 삼 년 벌던 전답도 다시 돌아보고 산다, 식은 죽도 불어 가며 먹어라, 아는 길도 물어 가랬다

④ 천 리 길도 한 걸음부터
무슨 일이나 그 일의 시작이 중요하다는 말.
[비슷한 표현] 등고자비(登高自卑)

⑤ 자라 보고 놀란 가슴, 솥뚜껑 보고 놀란다.
어떤 사물에 몹시 놀란 사람은 비슷한 사물만 보아도 겁을 냄을 이르는 말.
[비슷한 표현] 국에 덴 놈 물 보고도 분다, 더위 먹은 소 달만 보아도 헐떡인다, 뜨거운 물에 덴 놈 숭늉 보고도 놀란다, 불에 놀란 놈이 부지깽이만 보아도 놀란다.

---

05 정답 ②

해설 "고립주의 강화로 선진국을 중심으로 성장 동력이 약화할 전망"이라는 말을 인용하고 있는 내용이므로, 인용격 조사 '(이)라고'의 쓰임은 적절하다. 따라서 부사격 조사 '으로'로 고쳐 쓴다는 방안은 적절하지 않다.

오답정리

① '모멘텀(momentum)'을 '동력'으로 순화한 것은 적절하다.

③ 접사는 체언에 붙여 써야 한다. 따라서 체언 '지역'과 접사 '-별(別)'을 붙여 '지역별'로 붙여 쓰도록 수정한 것은 적절하다.

④ '예상하다'처럼 능동 표현으로도 충분한 상황이다. 불필요하게 피동 표현이 쓰인 상황이므로, '예상했다'로 고쳐 쓴 것은 적절하다.

⑤ 2문단에서는 '낮은 성장, 저성장의 지속'이라는 내용이 나와 있다. 한편, 3문단에서는 '고성장'에 대한 내용이다. 앞뒤 문단의 내용이 '순접'으로 이어져 있지 않기 때문에 '그리고'의 쓰임은 적절하지 않다. 따라서 '다만'으로 고쳐 쓴 것은 적절하다.

06 정답 ②

해설 ㉠에서 제목을 쓸 때, '구체적인 내용'으로 표현해야 한다고 하였다. 이처럼 구체적인 내용을 표현한 제목은 ②의 '배송 지연에 관한 배송청구 보고'이다.

오답정리

① '연수 보고서'는 제시된 글의 2문단에서 '목적을 있는 그대로 표현'한다는 방법을 쓴 제목이다.

③, ④, ⑤ 너무 길거나 추상적인 단어를 사용한 제목이다. 따라서 '구체적인 내용'을 표현한 제목으로 적절하지 않다.

※ ③~⑤의 제목을 ㉠의 방법으로 고치면 다음과 같다.
③ 영업 연수회 참가 보고
④ 원자재 구입을 위한 북경 출장 보고
⑤ 휴대폰 이용 실태에 관한 조사 결과

---

07 정답 ①

해설 서술어 '취하다'는 부사격 조사 '에'가 붙은 말을 부사어로 취한다. 따라서 '술에'의 부사격 조사 '에'의 쓰임은 적절하다.
[비교] 술이 취하다(×) 술에 취하다(○)

② 울었든지 → 울었던지: '-든지'와 '-던지'의 형태는 유사하지만, 그 의미는 완전히 다르다. '-든지'는 '선택'의, '-던지'는 '과거'의 의미이다. 문맥상 '선택'이 아닌 '과거'의 의미이므로 '울었던지'를 써야 한다.

③ 침샘으로부터 → 침샘에서: '으로부터'는 영어 'from'의 번역 투 표현이다. 번역 투 표현보다는 우리말 어법에 맞게 '침샘에서'와 같이 수정해야 한다.

④ 옳다라고 → 옳다고: 직접 인용격 조사는 '라고'이고, 간접 인용격 조사는 '고'이다. 큰따옴표가 없는 것을 볼 때, 간접 인용에 해당하므로 '옳다고'로 고쳐야 한다.

⑤ 여당으로서는 → 여당은: '으로서'는 자격을 나타낼 때 쓰는 부사격 조사이다. 문맥상 아무런 언급이 없는 주체에 해당하므로, 주격 조사 '여당이' 또는 보조사 '은/는'을 붙여, 주격 조사 '이/가'가 생략된 '여당은' 정도로 고쳐야 어법에 맞는 표현이 된다.

---

08 정답 ▶ ④

해설 ▶ (가)~(마)의 첫 번째 문장에는 모두 특정 '연도'가 제시되어 있다. 따라서 연도별로 배열하는 것이 가장 적절하다.

(가)~(마)에 제시된 연도를 정리하면 다음과 같다.

(가)	1988년
(나)	2008년
(다)	2000년대 이후
(라)	2016년 11월 12일
(마)	2009년

이를 볼 때, '(가) → (다) → (나) → (마) → (라)'의 순서로 배열하는 것이 가장 적절하다.

09 정답 ▶ ④

해설 ▶ 〈보기〉는 설의적인 표현이다. 즉 〈보기〉는 정치를 하는 사람에게는 특별한 도덕법이나 윤리의식이 있어야 한다는 의미를 가진 문장이다. 따라서 〈보기〉는 '정치'에 대한 이야기를 한 후인 ④에 들어가는 것이 가장 적절하다.

10 정답 ▶ ③

해설 ▶ 문장 성분 간의 호응이 바른 문장을 고르는 유형이다. 이런 유형의 경우, '주어와 서술어', '목적어와 서술어', '부사어와 서술어' 등의 관계를 주의

깊게 살펴야 한다. 제시된 선지 중 문장 성분의 호응이 적절한 것은 ③의 '그 규격에 꼭 맞춘 새로운 이 병은 어머니가 어느 젖꼭지 용구를 사용하더라도 우유가 새지 않습니다.'이다.

① 남들이~하찮아 보이는 → 남들이~하찮게 여기는: 주어 '남들이'와 서술어 '하찮아 보이는'의 호응이 어색하다. 주어에 맞춰 '하찮게 보이는'으로 수정해야 자연스러운 문장이 된다.

※ '하찮아 보이는'을 그대로 쓰려면, '남들에게'라는 부사어가 필요하다.

② 김○○ 장관은~도매 법인을 해체한다는 것이다. → 김○○ 장관은~도매 법인을 해체해야 한다는 것이다.: '해체하다.'가 아니라 '해체해야 한다.'가 김○○ 장관의 말(생각)이다.

※ '김○○ 장관은'을 그대로 쓰기보다는 '김○○ 장관의 말(생각)은'으로 수정하는 것이 더 자연스럽기는 하다.

④ 확실한 것은~살아갈 것입니다. → 확실한 것은~살아가야 한다는 것입니다(살아갈 것이라는 것입니다).: 주어와 서술어의 호응이 어색한 문장이다. 주어에 맞춰 서술어를 '살아가야 한다는 것입니다(살아갈 것이라는 것입니다).' 정도로 고쳐야 자연스럽다.

⑤ 대출받기 어려웠던 은행들도 → 대출을 잘 해주지 않던 은행들도: '은행'은 대출을 해 주는 주체이다. 따라서 그 주체를 분명히 하기 위해서 '대출을 잘 해주지 않던 은행들도'로 수정해야 자연스럽다.

🔍 보충 | 문장 성분의 호응

1. 주어와 서술어의 호응
   ① 내가 강조하고 싶은 점은 우리가 고유 언어를 가졌다.
      → 내가 강조하고 싶은 점은 우리가 고유 언어를 가졌다는 것이다.
   ② 내일은 비와 바람이 불 예정입니다.
      → 내일은 비가 내리고 바람이 불 예정입니다.

2. 목적어와 서술어의 호응
   ① 어제 우리는 노래와 춤을 추며 놀았다.
      → 어제 우리는 노래를 부르고 춤을 추며 놀았다.
   ② 주중에서는 헬스를, 주말에는 북한산에 오른다.
      → 주중에는 헬스를 하고, 주말에는 북한산에 오른다.

3. 부사어와 서술어의 호응
   ① 너는 모름지기 열심히 공부를 한다.
      → 너는 모름지기 열심히 공부를 해야 한다.
   ② 선생님은 결코 우리를 미워하신다.
      → 선생님은 결코 우리를 미워하시지 않는다.

③ 비록 사소한 것에도 아버지와 의논해야지.
→ 비록 사소한 일일지라도 아버지와 의논해야지.
④ 세상에 공짜라는 것은 반드시 없다.
→ 세상에 공짜라는 것은 절대로 없다.
⑤ 짐승도 자기 새끼는 귀한 줄 아는데 하물며 사람이 귀한 줄 모른다.
→ 짐승도 자기 새끼는 귀한 줄 아는데 하물며 사람이 귀한 줄 모르겠느냐.

11 정답 ④

해설 제시된 글에는 '민본 정치'에 대한 기술이 나와 있다. 따라서 제목으로는, 이러한 내용을 가장 잘 반영한 ④의 '민본 정치 정신을 계승한 민주주의'가 가장 적절하다.

12 정답 ①

해설 (라)의 "정치적 인격이라는 것은 다른 사람을 자기 몸처럼 사랑하는 인(仁), 언제나 공익을 먼저 택하는 의(義) 그리고 수치심과 부끄러움을 느낄 수 있는 마음이 생생하게 살아 있는 것을 말한다."에서 '자기 몸처럼'이라고 하였다. 이를 볼 때, ㉠에는 '백성을 자기 몸처럼 사랑하는 마음'이 들어가는 것이 가장 적절하다.

13 정답 ②

해설 제시된 문장의 "그렇게 신탁된 권력이 진실로 시민을 위하여"와 관련된 내용은 (나)의 앞 문장에 나타나 있다. 따라서 제시된 문장은 그에 대한 해설로 (나) 뒤에 이어지는 것이 적절하다.

14 정답 ③

해설 '○○시키다'의 '-시키다'는 사동의 뜻을 더하는 접미사이다. 따라서 '사동'의 의미가 없을 때는 '-시키다'를 붙일 필요가 없다. ③ 역시 '사동'의 의미가 없기 때문에, '노출시켜'로 수정할 근거가 없다.

오답정리

① 'application'의 바른 외래어 표기는 '애플리케이션'이므로, 수정이 적절하다.
② '마켓'의 순화어 '시장'으로 수정한 것은 적절하다.
④ 'contents'의 바른 외래어 표기는 '콘텐츠'이므로, 수정이 적절하다.
⑤ '모이다'는 '모으다'의 피동사이다. 따라서 피동사 '모이다'에 다시 피동의 '-어지다'를 붙이게 되면, 이

중 피동이 된다. 그러므로 '모여진'을 '모인'으로 수정한 것은 적절하다.

15 정답 ④

해설 문서는 작성 주체에 따라 '공문서'와 '사문서'로 나눌 수 있다. 제시된 문서는 사무관리 규정에서 정하고 있는 행정기관 또는 공공기관 상호 간에 대외석으로 공무상 작성하거나 시행하는 '공문서'이다.

오답정리

① 처리 단계에 따른 분류에서 '접수 문서'에 대한 설명이다.
② 처리 단계에 따른 분류에서 '공람 문서'에 대한 설명이다.
③ 성질에 따른 문서 분류에서 '민원 문서'에 대한 설명이다. 제시된 문서는 '일반 문서'이다.
⑤ 수신 대상에 따른 분류에서 '대내 문서', 즉 '내부 결재문서'에 대한 설명이다. 제시된 문서는 '대외 문서'이다.

보충 | 문서의 분류

1. 작성 주체에 따른 구분: 공문서, 사문서

2. 수신(유통) 대상에 따른 구분
   ① 대내 문서(내부 결재 문서): 품의서, 보고서, 지시서, 협조전, 업무 연구소, 업무 연락서, 회보, 전언, 통문, 전문, 명령서, 인사 발령문
   ② 대외 문서: 의례 문서, 거래 문서

3. 성질에 따른 구분
   법규 문서, 지시 문서(훈령, 예규, 지시, 일일명령), 공고 문서, 비치 문서, 일반 문서, 민원 문서

4. 처리 단계에 따른 구분
   접수 문서, 배포 문서, 기안 문서, 협의 문서, 완결 문서, 시행 문서, 이첩 문서, 공람 문서, 보존 문서, 폐기 문서, 미처리 문서, 미완결 문서, 마이크로 필름, 전자 문서

16 정답 ④

해설 '제출하고자 합니다.', '제출하려고 합니다.' 모두 '내부결재 문서'에 사용하는 표현이다. 따라서 '제출하고자 합니다.', '제출하려고 합니다.'가 아니라 '제출합니다.'라고 고쳐야 한다.

17 정답 ⑤

해설 '조직이해능력'을 평가하기 위한 자기소개서 문항으로 가장 적절한 것은 ⑤이다.

오답 정리

①, ② '자기개발능력'을 평가하기 위한 문항이다.
③, ④ '문제해결능력'을 평가하기 위한 문항이다.

보충

기소개서: 지원자의 일대기를 기술하는 방식이 아닌, '지원동기, 조직 적합성, 직업기초능력'을 평가하는 방식으로 구성된다.

자기개발능력	• 귀하가 최근 5년 동안 성취한 일은? • 직무 분야에서 성공한 노력의 결과는?
문제해결능력	• 예상치 못한 일을 처리한 경험은? • 부서 내 예산 부족 시 대처 방안은?
대인관계능력	• 신뢰 형성 과정을 기술하시오.
조직이해능력	• 지원동기를 기술하시오. • 조직의 중요성을 기술하시오.
의사소통능력	• 대화로 소통 불능 시 대처 방안은?
직업윤리	• 책임 전가 없이 업무를 완수한 경험을 기술하시오.

18 정답 ④

해설 경력사항은 경력직에 응시한 것이 아니라면 직무와 직접 1:1로 관련이 되지 않은 것을 써도 된다. 인사담당자도 신입이라면 직접 직무 경험이 없거나 크게 부족하다는 사실을 잘 알고 있으므로 유사 직무 경험을 인정하고 있기 때문이다.

보충 | NCS 기반 입사 지원서

1. 특징: 해당 기관의 직무 수행에 꼭 필요한 사항만을 기재하게 되어 있어서 지원자들이 불필요한 스펙을 쓸 필요가 없다.

2. 구성

인적 사항	지원자의 이름, 생년월일, 연락처 등 최소 필요 정보
교육 사항	학교 교육과 직업 교육으로 구성
자격 사항	NCS 세분류별로 제시된 자격 현황을 참고하여 해당 직무와 관련이 있는 것만 기재
경력 사항	경력기술서, 경험기술서, 자기소개서에 구체적으로 명시

19 정답 ③

해설 출장 인원은 '부서원 3명'과 '기안자'가 함께 가는 것이므로 본인 포함 '3명'이 아니라 '4명'이다.

20 정답 ②

해설 '기안서'는 진행하고자 하는 업무의 의사결정을 위해 작성하는 문서로서, 결재권자의 승인을 목적으로 한다.
제시된 글을 보완하기 위해 첨부할 자료는 '영국 관광박람회 초청장(㉠)', '영국 관광박람회 일정표(㉡)', '출장 세부 일정 및 출장비 예상 명세서(㉰)'이다.

오답 정리

'유럽 각국의 연간 축제 현황(㉢)'과 '영국에서 유로화가 통용되는 지역(㉣)'은 '기안서'에 들어갈 필요 없는 내용이다.

21 정답 ④

해설 제시된 글에서 체육대회 "장소는 생산 공장이 있는 실용시 근린공원 측과 협의를 끝냈다."라고 하였다. 따라서 ④의 '체육대회 장소: 실용시 근린공원'으로 적은 것은 적절하다.

오답 정리

① '5월 20일'은 체육대회 개최일이지, 기안일이 아니다.
② '창사 23주년 기념 체육대회'의 기안서를 참조한다고 하였을 뿐, 체육대회는 창사 25주년을 기념일에 개최하기로 한 것이다. 따라서 '제목: 창립 25주년 기념 체육대회 실시의 건'으로 수정해야 한다.
③ 제시된 글은 '안내장'이 아니고 '기안문'의 초안이므로 잘못되었다.
⑤ '축구, 족구, 발야구, 피구, 줄다리기'는 '경기종목' 등의 항목에 쓰는 것이 적절하다. 한편, '팀 구성 내용'에는 해당 부서와 인원 등을 쓰는 것이 적절하다.

22 정답 ③

해설 제시된 글은 특별전 안내를 위한 홍보문이다. 홍보할 정보를 정확하게 전달하는 것이 중요하다. 따라서 '비유적인 문구'보다는 정확하고 구체적인 문구를 써야 한다.

23 정답 ③

해설 제시된 글은 전시회에 대한 관람 안내문이다. 따라서 관람할 수 있는 기간, 시간, 장소를 반드시 안내해야 한다. 관람 기간과 장소는 나와 있다. 그러나 '시간'에 관한 것은 전시 설명에 대한 시간만 나와 있지, 관람 시간은 나와 있지 않다. 따라서 '전시회 관람 시간'에 대한 내용을 추가하는 것이 적절하다.

24 정답 ④

해설 ㉯에서는 회사가 발표 방식을 정해주는 것이 대부분이지만, 자신이 결정해야 하는 경우가 많으니 자신의 장점과 상황을 고려하여 결정해야 함을 강조하고 있다. 따라서 회사가 결정해 주는 방식에 따르는 것이 가장 효과적이라는 ④의 설명은 적절하지 않다.

오답정리 ✏️

① , ② ㉮에서는 프레젠테이션을 하는 목적의 중요성을 강조하고 있다.

③ ㉯의 "같은 주제일지라도 어느 부분을 강조하느냐에 따라 듣는 사람은 확연히 다르게 느낄 수 있기 때문이지요."를 볼 때, ㉯에서 강조하는 것은 전달하는 내용에서 어떤 것을 부각하여 전달할 것인가이다.

⑤ ㉮, ㉯, ㉰ 모두 성공적인 프레젠테이션을 위해서는 '사전 준비'가 중요함을 말하고 있다.

25 정답 ⑤

해설 '그러므로 프레젠테이션을 준비하는 사람은 목적에 대한 인식이 제대로 되어 있어야 합니다.'는 ㉮항목에 넣을 수 있는 내용이다. 전체 내용을 포괄하고 요약하는 항목이라면, 어느 한 항목에 국한되지 않고 ㉮, ㉯, ㉰의 내용을 모두 아우를 수 있는 내용이 와야 한다.

🔍 보충 | 프레젠테이션 작성 과정

1. 내용 결정	• 프레젠테이션의 목적과 전략을 명확히 설정한다. • 청중에 대한 정보를 수집하고 분석한다. • 프레젠테이션 주제를 설정한다. • 프레젠테이션 스토리(시나리오)를 작성하고 결론을 먼저 제시한다. • 프레젠테이션 시간을 설정한다. • 프레젠테이션 시간을 배분한다.
2. 자료 작성	• 기초 자료를 수집한다. • 자료를 분석하고 선택한다.
	• 프레젠테이션 스토리에 맞춰 자료를 재구성한다. • 주제 및 내용에 따라 자료를 배치한다. • 내용 결정 및 작성: 쉬운 말로 간결하게 표현한다. • 프레젠테이션 내용 시각화: 한 화면에는 1가지 내용만으로 구성한다. • 수치는 청중이 이해하기 쉽게 일상적인 것과 비교하여 제시한다. • 전문 용어나 약어 등의 사용은 자제한다.
3. 발표 준비	• 발표장을 확인한다. • 리허설(발표 연습): 청중 친화적인 어조와 자세를 연습한다.
4. 프레젠테이션	• 청중을 가르치려 하거나 조급하게 설득하지 않는다. • 청중의 이익을 부각하고 프레젠테이션 화면과 청중을 향한 시선은 50:50을 유지한다.

26 정답 ④

해설 ④의 경우, (다)조항을 충실히 지켰으므로 계약위반이 아니다.

오답정리 ✏️

① (마)조항을 위반하였다. 1/4분기의 청구는 종료일 즉 3월 31일 후 10일(4월 10일) 이내에 이루어져야 한다.

② (라)조항 위반이다.

③ 1월 25일에 청구했으므로 14일 이내인 2월 7일 이내에 지급해야 한다.

⑤ 을은 (마)조항을 준수하였으나, 갑은 (바)조항을 위배하였다.

🔍 보충 | 계약의 성립과 위반·하자·이행의 보장(담보)

1. 계약의 성립과 위반	계약은 청약과 승낙 및 기타 방법으로 이루어지며, 계약서 작성과 서명 날인으로 계약의 체결은 완료된다. 금전을 지급하고 영수증을 교환해도 계약은 유효하게 성립된다.
2. 계약의 하자	① 불완전한 계약: 법적 성립 요건과 효력 요건을 결여한 경우 ② 불완전한 합의: 사기 및 강박 등에 의한 의사 표시 ③ 계약 위반: 채무 불이행이나 이행 지체, 이행 불능, 협력 의무 위반, 위험 부담 회피 등
3. 계약 이행의 보장(담보 설정)	'물적 담보'와 강제 이행, 손해 배상, 분쟁 해결을 위한 화해, 제소 전 화해, 중재, 조정, 소송 등의 '계약 위반의 구제' 등이 있다.

27 정답 ②

해설 제시된 '기사문'은 혈액 수급에 비상등이 켜졌다는 내용이다. 신문에서 가장 흔히 볼 수 있는 형태의 보도 기사문으로 다른 형태의 기사문보다도 객관성을 더 중시한다.

① '인터뷰 기사문'에 대한 설명이다.

③ '안내문'과 같은 공지글에 대한 설명이다.

④ '설명서'에 대한 설명이다.

⑤ 제시된 글은 '역피라미드형'으로, 독자가 전체를 다 읽지 않고 요약 부분만 읽어도 전체 내용을 충분히 파악할 수 있도록 하는 구조이다. 따라서 '피라미드형 글'이라는 설명은 적절하지 않다.

28 정답▶ ⑤

해설▶ 설명이 바른 것은 '본문'에 대한 ㉢과 '표제'에 대한 ㉣이다.

㉠ '부제'는 '표제'보다 더 구체적인 내용을 제시해야 한다.

㉡ '전문'은 보통 한 문장으로 쓰긴 하지만 필요한 경우 문장 수를 늘릴 수 있다.

29 정답▶ ④

해설▶ ㉠과 ㉢은 부제로 적절한 내용이므로 모두 (나)에 쓰는 것이 적절하다.

㉡은 표제이므로, (가)에 써야 한다.

㉣은 전문으로서, 제시된 글의 첫 문단에 써야 한다.

🔭 보충 | 기사문

개념	실제로 있었던 사실이나 사건, 새로운 정보 또는 소식을 기록하여 독자에게 알리는 글
요건	정확성과 객관성을 지켜 작성해야 한다.
작성 원칙	'언제, 어디서, 누가, 무엇을, 왜, 어떻게'의 육하원칙에 의해 작성해야 한다.
구성 방식	'표제-부제-전문-본문-(해설)'의 구성 방식을 취한다.
	표제	기사 내용을 압축하여 표현한 짧은 구절의 표현으로, 기사가 길거나 중요한 내용일 경우 부제를 표시한다.
	전문	기사문의 내용을 육하원칙에 따라 요약한 줄거리이다.
	본문	전문을 상세하게 전달하는 부분으로, 육하원칙에 따라 중요한 내용을 앞쪽에 배치하고 덜 중요한 내용은 뒤쪽에 배치한다. 본문 뒤에는 사건의 발생 이유, 전망, 평가 등을 제시하기도 한다.

30 정답▶ ③

해설▶ 제시된 글은 '기획서'이다. 하나의 '기획서'에 여러 가지 목적이 있으면, 기획 내용을 이해하기 어려워진다. 그렇게 되면, 기획 의도가 상대방에게 제대로 전달되지 못한다. 따라서 하나의 목적에 집중해 '기획서'를 작성해야 한다. 그러므로 하나의 기획서에 두 가지 이상의 목적을 제시해야 한다는 것은, '기획서'의 서술 원칙으로 적절하지 않다.

31 정답▶ ⑤

해설▶ ㉡ '기획서'는 읽는 사람의 기대를 정확히 알고 작성해야 한다. 따라서 어떤 결과를 얻을 수 있는지에 대한 내용도 추가한다는 수정 의견은 적절하다.

㉢ '기획서'는 다른 사람에게 전달하는 것이 목적이기 때문에, 개조식으로 작성하여 가독성을 높인다는 수정 의견은 적절하다.

㉣ '기획서'의 제목은 간결하게 한 것이 좋다. 따라서 제목을 '직영점 예정지 주변 지역 시장 조사 기획서'를 '직영점 예정지 시장 조사 기획서'로 간결하게 고친 것은 적절하다.

㉠ '기획서'는 상대방을 설득하고 그에 대한 결정을 내리도록 만드는 글이지, 상대방에게 정보를 제공하기 위한 글이 아니다. 따라서 지나치게 많은 정보를 담아 길게 쓸 필요가 없다. 읽는 사람의 시간을 배려해 가능하면 한 장으로 끝내는 것이 좋다.

🔭 보충 | 기획서

1. 작성 과정
   ① 아이디어 구상하기: 새로운 콘텐츠 개발 및 문제 해결에 대해 구상한다.
   ② 정보의 수집: 아이디어를 각종 자료 수집으로 구체화한다.
   ③ 기획 콘셉트 잡기: 아이디어와 정보를 체계화한다.
   ④ 기획서 초안 작성: 기획 이유, 내용, 대상, 방법, 시기, 요건, 예산
   ⑤ 기획서 작성: 배경 – 목적 – 전략 – 실행 계획 – 예산 – 일정

2. 작성 시 유의 사항
   ① 읽는 사람의 기대를 정확히 알고 작성해야 한다.
   ② 모든 내용이 유기적으로 연결되면서 기획의 의도에 설득력이 있어야 한다.
   ③ 본론을 위해 서론은 핵심 사항을 중심으로 간략하게 구성한다.
   ④ 기획서는 다른 사람에게 전달하는 것이 목적이기 때문에, 다른 사람의 이해를 높이기 위해 용어나 숫자, 그래프 등을 이용하여 적절하게 구사하여 작성해야 한다.

32 정답▸ ④

해설▸ 제시된 글은 '설명서'이다. '설명서'는 전문 용어를 쉬운 용어로 바꿔서 쓰거나 그럴 수 없는 경우에는 전문 용어를 자세하게 풀어서 서술해야 한다.

오답 정리

① '기안문'의 서술 방법에 대한 설명이다.
② '감상문'의 서술 방법에 대한 설명이다.
③ '비평문'의 서술 방법에 대한 설명이다.
⑤ '안내문'이나 '공지문'의 서술 방법에 대한 설명이다.

---

33 정답▸ ①

해설▸ '독성간질환, 만성간염, 간경변질환의 보조 치료'는 의약품의 효능과 효과이다. 따라서 ㉠에는 '효능·효과'가 들어가는 것이 적절하다.

오답 정리

㉡ 용량과 함께 용법도 제시되어 있으므로 '용법·용량'이 들어가야 한다.
㉢ 어떻게 저장하는지에 대한 설명이므로 '저장 방법'이 들어가야 한다.
㉣ 포장 단위가 어떤지를 보여주고 있으므로 '포장 단위'가 들어가야 한다.
㉤ 판매원을 제시하고 있으므로 '판매원'이 들어가야 한다.

---

34 정답▸ ⑤

해설▸ '약 복용(服用) 시'는 '약을 먹을 때'의 의미이다. ㉠~㉣ 중 약을 먹는 것과 관련된 주의 사항은 '㉠, ㉡, ㉣'이다.

오답 정리

㉢의 '직사광선을 피하고 될 수 있으면 습기가 적고 서늘한 곳에 뚜껑을 꼭 닫아 보관하십시오.'는 '복용'이 아닌, '보관' 내지 '저장' 시의 주의 사항에 써야 할 내용이다.

---

35 정답▸ ③

해설▸ ③의 '○○대학교의 유동 인구 밀집 현상은 학교의 지형적 특성과 학생 수 증가에 따른 공간의 미흡한 확보와 한 건물로만 집중된 캠퍼스 생활이 원인이었다.'는 현상의 원인을 정리하고 있다. 따라서 ㉠에 들어갈 내용으로 적절하다.

오답 정리

① '참조해보기로 하자.'라는 서술어로, 이는 '결론'이 아닌 '본론'에 쓸 수 있는 내용이다.
②, ④ 서론의 '연구 목적' 부분에 쓸 내용이다.
⑤ 서론의 '연구 방법' 부분에 쓸 내용이다.

---

36 정답▸ ②

해설▸ 요약의 내용 중 '흡입 임펠러', '지우는 작업이 매우 용이하고' 등을 볼 때, 제시된 명세서의 고안 명칭으로는 '흡입형 전동 지우개'가 가장 적절하다.

---

37 정답▸ ③

해설▸ '성공의 기준'이라는 항목에 어울리는 내용이면서, '전략적 강조'에서 낮은 점수를 받은 내용과 관계가 있는 것은 ③의 '우리 회사에서 성공은 개발자나 혁신자로서의 모습을 기준으로 평가한다.'이다.

오답 정리

①, ④ '성공의 기준'이라는 항목에 맞지 않는 내용이다.
②, ⑤ '가' 내용과 중복된다. 또 '전략적 강조' 항목의 점수를 고려할 때, 높은 점수를 받을 만한 내용이므로 적절하지 않다.

---

38 정답▸ ④

해설▸ 인적자원개발, 신뢰, 개방성, 참여를 강조하면서 이를 기준으로 성공을 평가한다는 데 높은 점수를 받았다. 이를 볼 때, ○○기업의 문화가 관계지향적이며, 인간애를 중시하며 조직 내부의 통합과 유연한 인간관계를 중시함을 알 수 있다.

🔍 보충 | 조직 문화의 유형

합의문화	① 조직원들의 자발적 참여, 충성, 신뢰를 통한 팀워크를 중시한다. ② 직장 내 가족적인 인간관계를 최대 목적으로 한다. ③ '인간관계모형'이라고도 한다.
발전문화	① 무엇보다 외부 환경에 능동적인 적응 능력을 핵심 역량으로 꼽고 조직의 유연한 변화를 강조한다. ② 조직원의 도전과 창의적인 업무를 촉진시킨다. ③ '개방체계모형'이라고도 한다.
위계문화	① 공식적 명령과 규칙, 통제와 안전 지향성을 강조하는 관료제의 규범을 우선시한다. ② '내부과정모형'이라고도 한다.
합리문화	① 조직의 과업 수행을 위해 생산성을 강조하는 유형이다. ② 목표 달성, 계획, 능률성, 성과 보상 등 성과주의를 강조한다. ③ '합리적 목적모형'이라고도 한다.

39 정답 ④

해설 선박의 길이를 x(m)라고 하면 이동 거리는 각각 1,000+x(m), 2,000+x(m)이고 속력은 일정하므로 $\dfrac{100+x}{28}=\dfrac{2,000+x}{53}$, x=120(m)이다.

40 정답 ③

해설 하찮은 일, 우편물, 소모적인 일은 중요하지 않은 일은 맞다. 그러나 '긴급한 일'은 아니다. 따라서 '하찮은 일, 우편물, 소모적인 일은 긴급하지 않고 중요하지 않은 일이다.'라고 해야 옳은 진술이 된다.

보충 | 시간 계획을 위한 점검 사항

1. 시간적 장애 요인을 분석하고 규칙적으로 계획을 확인하고 수정한다.
2. 실현 가능하고 현실적인 계획 수립과 이동 및 대기 시간 등 여유 시간을 고려한다.
3. 규모가 큰 업무는 모아서 한꺼번에 처리하고 의도적으로 비계획적인 일을 차단한다.
4. 모든 일(회의 시간 포함)에 처리 시간을 제한하고 우선순위가 높은 일을 먼저 처리한다.
5. 예상하지 못한 일에 대비하여 예비 시간을 정하고 다른 사람이 할 수 있는 일은 과감하게 넘긴다.
6. 체크리스트나 스케줄 표를 활용하고 부하나 상사의 시간을 고려하여 계획을 삽입한다.

41 정답 ③

해설 '종업원 안정의 원칙'은 직장에서 신분이 보장되고 계속 근무할 수 있다는 믿음을 갖게 해야 한다는 것이다.

오답 정리

① 적재적소 배치의 원칙이다.
② 공정 인사의 원칙이다.
④ 공정 인사의 원칙이다.
⑤ 창의력 계발의 원칙이다.

보충 | 인력 배치의 원칙

적재적소주의	팀의 효율성을 높이기 위해 가장 적합한 위치에 배치하여 팀원 개개인의 능력을 최대로 발휘해 줄 것을 기대하는 원칙
능력주의	개인에게 능력을 발휘할 기회와 장소를 부여하고, 공정한 평가 후 실적에 상응하는 보상을 주는 원칙
균형주의	모든 팀원에 대한 평등함과 팀 전체의 균형을 고려한 원칙

42 정답 ⑤

해설 ㉠ 2015년 대졸자가 2022년과 다르게 늘어났다. 따라서 ㉠에는 '대졸자가 고졸자보다'가 어울린다.
㉡ 월세 가구와 전세 가구를 비교해 보면, 월세 가구가 전세 가구를 앞질렀다. 따라서 ㉡에는 '월세 가구가 전세 가구'가 어울린다.
㉢ 미혼 인구 비율은 점점 늘어나고 있다. 따라서 ㉢에는 '늘어나는'이 어울린다.
㉣ 미혼 여성의 결혼 비율을 보면 학력이 높을수록 미혼자 비율이 높았다. 따라서 ㉣에는 '학력 높을수록'이 어울린다.

43 정답 ③

해설 ㉢ 제시된 자료에는 전체 1인 가구 수만 제시되어 있다. 이를 근거로 ㉢의 '2015년 기준 우리나라 1인가구는 520만 3,000가구로 2010년 (414만 2,000가구)보다 약 25.6% 증가했다.'라는 글을 쓸 수 있다.
㉣ 제시된 자료에는 항목별 수는 제시되어 있지 않고, 2015년 기준 비율만 제시되어 있다. 이를 근거로 ㉣의 '전체 1인 가구 구성비로는 미혼이 43.9%로 가장 많았고 사별(27.9%), 이혼 (16.2%), 기혼(11.9%) 등의 순으로 나타났다.'라는 글을 쓸 수 있다.

오답 정리

제시된 자료를 근거로 ㉠과 ㉡은 쓸 수가 없다.

44 정답 ②

해설 서류를 정리하기 위해 천천히 하나하나 숙독하는 것은 올바른 시간 관리 방법이 아니다.

45 정답 ③

해설 수식대로 풀어보면 x= 40이 나온다. 따라서 평소 걸린 시간은 40분, 거리는 40km임(시속 60km로 한 시간을 간다면 거리는 60km이므로)을 알 수 있다.
김○○ 대리는 식을 바르게 세워 계산을 다 했지만, 〈보기〉의 메모 중 ㉢을 잘못 옮겨 쓴 것이다.

46 정답 ②

해설 두 상품의 판매량의 차이는 계절이 바뀜에 따라, 즉 시간이 지남에 따라 감소하고 있다.

① 상품 ㉮의 연간 판매량은 260, 상품 ㉯의 연간 판매량은 285으로 25의 차가 있다.

③ 상품 ㉮와 상품 ㉯의 판매량의 차가 가장 큰 계절은 봄으로 50이고 여름은 40이다.

④ 상품 ㉮와 상품 ㉯의 판매량의 합이 가장 적은 계절은 봄으로 110이고 겨울은 155이다.

⑤ 상품 ㉯의 봄과 여름의 차가 60으로 상품 ㉮의 30보다 더 크다.

---

47 정답 ⑤

해설 '임의가입자 수'가 아니라 '임의가입자율'이 전년 대비 가장 많이 증가하였다.

48 정답 ④

해설 제시된 제시되는 '경영참가제도'이다. '경영참가제도'를 통해 분배 문제를 해결함으로써 노동조합의 단체교섭 기능이 약화할 수 있다. 따라서 노동조합의 단체교섭 기능을 '강화'할 수 있다는 설명은 적절하지 않다.

🔍 보충 | 경영 참가

개념	경영 민주화의 사고방식에 따라 근로자가 경영에 참여하는 일	
종류	관리 참가, 분배 참가, 자본 참가 등 3가지 형태가 있다.	
	관리 참가	종업원의 대표가 경영자에게 이의 주장을 신청하는 제도나 종업원의 대표가 톱 매니지먼트에 참가하는 것
	분배 참가	생산 보상 제도나 이윤 분배 제도를 시행하는 것
	자본 참가	종업원 지주 제도를 통해 종업원이 자기가 속해 있는 기업의 주식을 소유하는 것

49 정답 ④

해설 (가)에는 기업의 중요 정보가 유출되는 것을 예방해주는 보안 USB에 대한 내용이 들어가야 한다. ④는 보안 USB가 있어도 결국의 기본 보안 수칙을 잘 지키는 것이 중요하다는 내용이 있다. 이는 (가) 문단 이후에 언급되는 내용이므로, (가)에 들어가는 것은 적절하지 않다.

50 정답 ⑤

해설 제시된 상황에서는 먼저 사실관계를 확인하고 생각한 후 행동의 방향을 결정하는 것이 적절하다.

---

01 정답

- 몇 일 → 며칠
- 결제 → 결재
- 지양점 → 지향점
- 뵙겠습니다. → 뵙겠습니다.

해설

표기의 오류

• 몇 일 → 며칠
[해설]
어원을 명확하게 확인할 수 없는 경우에도 원형을 밝혀 적지 않는다. '며칠'은 '몇 년 몇 월 몇 일'처럼 '몇'이 공통되는 것으로 인식하여 '몇 일'로 쓰는 일이 많다. 그러나 '몇 일'이라고 하면 [며딜]로 소리가 나야 한다. 이러한 점은 '몇 월'이 [며뒬]로 발음되는 것에서 알 수 있다. 그러나 실제 발음은 [며칠]이라서 '몇일'로 적으면 표준어 [며칠]을 나타낼 수 없다. 따라서 '몇'과 '일'의 결합으로 보지 않고 소리 나는 대로 '며칠'로 적는다.

• 뵙겠습니다. → 뵙겠습니다.
[해설]
'뵙다(뵈다)'가 기본형이다. 따라서 어간 '뵙-'과 어미 '-겠습니다'이 결합한 형태는 '뵙겠습니다'이다.
※ '봬'는 '뵈어'의 준말로, '뵈다'의 어간 '뵈-'에 어미 '-어'가 결합한 형태이다.

단어 사용의 오류

• 결제 → 결재
[해설]
'결제'와 '결재'의 형태는 비슷하지만, 그 의미는 완전히 다르다.

결제 (決濟)	1. 일을 처리하여 끝을 냄. 2. 증권 또는 대금을 주고받아 매매 당사자 사이의 거래 관계를 끝맺는 일. 예 결제 자금. 　어음의 결제.
결재 (決裁)	결정할 권한이 있는 상관이 부하가 제출한 안건을 검토하여 허가하거나 승인함. 예 결재 서류. / 결재가 나다. / 결재를 받다.

즉 '돈'과 관련되면 '결제'를, '문서'나 '서류'와 관련된다면 '결재'를 쓴다. 제시된 대화 내용을 고려할 때, '결제'가 아닌 '결재'를 써야 한다.

• 지양점 → 지향점
[해설]
'지양(止揚)'과 '지향(志向)'의 형태는 비슷하지만, 그 의미는 완전히 다르다.

지양 (止揚)	더 높은 단계로 오르기 위하여 어떠한 것을 하지 아니함.
지향 (志向)	어떤 목표로 뜻이 쏠리어 향함. 또는 그 방향이나 그쪽으로 쏠리는 의지. 예 평화 통일 지향. / 출세 지향. / 서구 지향.

즉 '하지 않음'을 의미할 때는 '지양'을, '향함'을 의미할 때는 '지향'을 쓴다. 문맥상 '개인 정보 보호 의식 향상'이 되기를 바라는 상황이므로 '지양점'이 아닌 '지향점'을 써야 한다.

책임자로서

'로서'는 지위나 신분 또는 자격을 나타내는 격 조사, 어떤 동작이 일어나거나 시작되는 곳을 나타내는 격 조사이다. 문맥상 '책임자'의 '지위나 신분, 자격'의 의미를 나타내므로 '로서'의 쓰임은 적절하다.

🔍 보충 │ 부사격 조사 '로서'와 '로써'

로서	1. 지위나 신분 또는 자격을 나타내는 격 조사.
	예 그것은 교사로서 할 일이 아니다.
	  그는 친구로서는 좋으나, 남편감으로서는 부족한 점이 많다.
	  언니는 아버지의 딸로서 부족함이 없다고 생각했었다.
	2. (예스러운 표현으로) 어떤 동작이 일어나거나 시작되는 곳을 나타내는 격 조사.
	예 이 문제는 너로서 시작되었다.

로써	1. 어떤 물건의 재료나 원료를 나타내는 격 조사. '로'보다 뜻이 분명하다.
	예 쌀로써 떡을 만든다.
	2. 어떤 일의 수단이나 도구를 나타내는 격 조사. '로'보다 뜻이 분명하다.
	예 말로써 천 냥 빚을 갚는다고 한다.
	  꿀로써 단맛을 낸다.
	  대화로써 갈등을 풀 수 있을까?
	3. 시간을 셈할 때 셈에 넣는 한계를 나타내거나 어떤 일의 기준이 되는 시간임을 나타내는 격 조사. '로'보다 뜻이 분명하다.
	예 고향을 떠난 지 올해로써 20년이 된다.
	  시험을 치르는 것이 이로써 일곱 번째가 됩니다.
	  드디어 오늘로써 그 일을 끝내고야 말았다.

02 정답 ▶

㉠	안내	㉡	일시	㉢	장소
㉣	대상	㉤	주관(또는 주최)		

해설 ▶

㉠	제시된 공문의 제목이 '제25회 건강달리기의 날 기념 행사 참석 안내'인 것을 볼 때, ㉠에는 '안내'가 들어가야 한다.
㉡	'2017. 3. 25. (토) 14:00~16:00'는 행사 '날짜'와 '시간'에 관한 것이므로, ㉡에는 '일시'가 들어가야 한다.
㉢	'○○도청 야외공연장'은 행사가 벌어지는 '장소'에 관한 것이므로, ㉢에는 '장소'가 들어가야 한다.
㉣	'지역사회 전문가, 관계 공무원, 일반 도민 등'은 행사 참가 '대상자'이다. 따라서 ㉣에는 '대상'이 들어가야 한다.
㉤	'1. 달리기운동본부는 제25회 건강달리기의 날을 맞이하여 운동본부 창립을 기념하고 달리기 운동 활성화 사업 경과를 공유하기 위한 행사를 개최합니다.'를 볼 때, '한국달리기운동본부'는 행사를 주관하는 곳이다. 따라서 ㉤에는 '주관' 또는 '주최'가 들어가야 한다.

03 정답 ▶

강 사원은 헌신적이며, 스스로 생각하고 알아서 행동할 줄 안다는 점에서 모범형 팔로워라고 할 수 있다.

해설 ▶

'강○○ 사원'의 특징은 크게 두 가지로 나눌 수 있다.

강○○ 사원은 몸과 마음을 바쳐 있는 힘을 다하며(특징1), 어떤 규칙도 필요 없을 정도로 자율적으로 업무를 본다(특징2).

각각의 특징은 '모범형 팔로워'의 다음과 부분과 관련이 있다.

모범형 팔로워	독립심이 강하고 헌신적이며(특징1과 관련) 독창적이고 건설적인 비판을 하는 유형으로 리더의 힘을 강화할 수 있는 유형. 자신의 재능을 조직을 위해서 유감없이 발휘하며 스스로 생각하고 알아서 행동할 줄 앎.(특징2와 관련) 전체 팔로워의 약 5~10%

'조건1'에서 '강○○ 사원은 ~는 점에서 ~팔로워라고 할 수 있다.'의 형식으로 쓰라고 하였다. 따라서 '강 사원은 헌신적이며, 스스로 생각하고 알아서 행동할 줄 안다는 점에서 모범형 팔로워라고 할 수 있다.'가 답이 된다.

04 정답 ▶

㉠	간단 보고	㉣	실무 보고	㉥	간단 보고

※ '조건 1'에서 '㉠: ○○ 보고'처럼 해당 기호와 원칙 이름만 쓰라고 하였기 때문에, 실제 답안지는 '㉠ 간단 보고'의 형식으로 작성해야 한다.

해설 ▶

제시된 글에서는 '빠른 보고'의 3원칙을 설명하고 있다. 각각의 내용을 정리하면 다음과 같다.

동시 보고	대리 – 과장 – 차장 – 부장 – 임원으로 이어지는 보고 대신 주요 사안에 대해서 당사자들이 한자리에 모여 함께 보고를 받는 것을 말한다.
실무 보고	현안을 가장 잘 파악하고 있는 실무진이 **직급과 관계없이 최고위층에도 보고할 수 있게 하겠다**는 것이다.
간단 보고	**핵심만 보고하라**는 것으로 직접 말로 하거나 간단한 메모를 통한 보고도 허용하겠다는 것이다.

〈보기〉에서 '빠른 보고' 3원칙의 취지를 옳게 추론한 것은 ㉠, ㉣, ㉥이다.

㉠	핵심어 중심으로 보고하는 습관을 들여야 하겠군. → '핵심어 중심으로 보고'를 볼 때, '간단 보고'이다.
㉣	팀장이 아니라도 프로젝트 진행 내용을 임원에게 바로 보고할 수도 있겠군. → '팀장이 아니라도', '임원에게 바로 보고'를 볼 때, '실무 보고'이다.

| ㅂ | 30초 안에 핵심 내용을 전달한다는 '엘리베이터 피치' 요령을 익혀야 하겠군.
→ '핵심 내용을 전달'을 볼 때, '간단 보고'이다. |

오답 정리

'ㄴ, ㄷ, ㅁ'은 '빠른 보고 3원칙'과는 거리가 먼 내용이다.

05 정답

㉠	위조	㉡	변조	㉢	표절	㉣	중복 게재
㉤	논문 저자 자격을 부여하는 행위를 말한다.						

해설

㉠	〈보기〉 중 존재하지 않는 데이터 또는 연구 결과 등을 **허위로 만들어 내는 행위**를 말하는 것은 '위조'이다.
㉡	〈보기〉 중 연구 재료·장비·과정 등을 **인위적으로 조작**하거나 데이터를 **임의로 변형·삭제**함으로써 **연구 내용 또는 결과를 왜곡하는 행위**를 말하는 것은 '변조'이다.
㉢	〈보기〉 중 저작권법상 보호되는 타인의 저작, 연구 착상 및 아이디어나 가설, 이론 등 연구 결과 등을 **정당한 승인 또는 인용 없이 사용하는 행위**를 말하는 것은 '표절'이다.
㉣	〈보기〉 중 편집인이나 독자에게 이미 출간된 본인 논문의 존재를 알리지 않고 이미 출간된 본인 논문과 완전히 같거나 거의 같은 텍스트의 본인 논문을 다른 학술지에 **다시 제출하여 출간하는 행위**를 말하는 것은 '중복 게재'이다.
㉤	㉤은 앞 문장의 서술 방식에 맞춰 써야 한다. 앞 문장은 '학술적 이바지를 한 사람에게 정당한 이유 없이 논문 저자 자격을 부여하지 않거나'이다. ㉤이 포함된 다음 문장은 '학술적 이바지가 없는 자에게'로 시작하고 있다. 앞 문장의 서술 방식을 고려할 때, ㉤은 '논문 저자 자격을 부여하는 행위를 말한다.'가 어울린다. 표 아래

앞 문장	다음 문장
학술적 이바지를 한 사람에게 정당한 이유 없이 **논문 저자 자격을 부여하지 않거나**	학술적 이바지가 없는 자에게 **논문 저자 자격을 부여하는 행위를 말한다.**

※ '조건 1'에서 '㉠~㉤'은 기호를 붙이고 쓰라고 하였기 때문에, 실제 답안지는 '㉠ 위조'의 형식으로 작성해야 한다.

06 해설▶

㉠	'요약'의 "상기 지지대의 상부에 결합하는 고정 도르래" 부분을 참고할 때, ㉠에는 '고정 도르래'가 들어가는 것이 적절하다.
㉡	'청구의 범위 – 청구항 1'의 "상기 지지대의 하부에 결합하는 안전 발판"을 참고할 때, ㉡에는 '안전 발판'이 들어가는 것이 적절하다.
㉢	'청구의 범위 – 청구항 1'의 "회전 도르래 상에 배치되는 연결부재를 포함하되, 상기 연결부재가 회전함에 따라 상기 안전 발판이 전방으로 돌출되는, 안전 사다리"를 참고할 때, ㉢에는 '회전 도르래'가 들어가는 것이 적절하다.
㉣	'요약'의 내용을 볼 때, 제시된 고안은 '안전 사다리', 더욱 상세하게는 '안전 발판을 갖춘 안전 사다리'에 관한 것이다. 따라서 '본 고안은 ~에 관한 것으로 더욱 ~는 ~에 관한 것이다.'의 형식으로 쓰면, '본 고안은 **안전 사다리**에 관한 것으로, 더욱 **상세하게는 안전 발판을 갖춘 안전 사다리**에 관한 것이다.'가 된다.

07 해설▶

㉠	2문단의 중심 문장은 "정책의 중심에는 안전과 생명이 있어야 한다."이다. 따라서 '안전과 생명을 정책의 중심에 둬**야 한다**.', '사람 중심의 정책을 수립**해야 한다**(펼쳐**야 한다**, 전개**해야 한다**, 집행**해야 한다**).' 등으로 쓸 수 있다.
㉡	3문단의 중심 문장은 "생활화학제품이 무해한 것처럼 광고하는 행위를 규제해 제품 오남용을 방지해야 한다."이다. 따라서 '허위 과장 광고를 규제**해야 한다**.' 등으로 쓸 수 있다.
㉢	4문단의 중심 문장은 "화학물질이 제품에 어떤 용도로 쓰이는지에 따른 위해성 평가가 철저히 이뤄져야 한다."이다. 따라서 '제품에 쓰이는 화학물질의 위해성 평가를 제대로(철저히) **해야 한다**.' 등으로 쓸 수 있다.
㉣	5문단의 중심 문장은 "피해를 관리할 수 있는 중독센터를 만들어야 한다."이다. 따라서 '중독센터를 만들**어야 한다**(설립**해야 한다**, 설치**해야 한다**).' 등으로 쓸 수 있다.

08 해설▶

1문단	(가)에 제시된 '기존의 계약'과 '변화된 상황'과 관련된 내용은 다음과 같다. | 기존의 계약	변화된 상황
(주)■■기업이 발주해 생산 중인 ○○제품의 가공임 거래 계약이 벌써 3년 전입니다.	특히 요즘 인력 부족으로 인건비가 급격히 상승해서 종전의 단가로는 납품하기가 정말 힘듭니다. | '조건 1'에서 '귀사의 발주하여'로 시작하라고 하였기 때문에, 다음과 같이 서술하는 것이 적절하다. 귀사에서 발주하여 생산 중인 ○○제품의 가공임 거래 계약이 3년 전에 약정하여 오늘에 이르고 있습니다.(기존의 계약) 그러나 귀사에서도 알고 있는 바와 같이 최근 인력 부족으로 인해 인건비가 급격히 상승하였으며, 이제는 종전의 단가로는 적정 이윤을 맞출 수 없는 상황에 이르고 말았습니다.(변화된 상황)
2문단	(가)를 참고할 때, '제안 내용'은 '납품 단가'의 조정이다. 또 붙임의 '신규 납품 단가표'를 볼 때, 이에 대해 언급을 해야 한다. 또 '조건 2'에서 '이에 따라'로 시작하라고 하였기 때문에, 다음과 같이 서술하는 것이 적절하다. 이에 따라 귀사에서 발주할 제품의 납품 단가를 조정하여 생산하고자 합니다. 첨부된 새로운 단가표를 검토해 주시기 바라며(제안 내용과 붙임의 내용에 대한 언급), 당사의 입장을 양해해 주시기 바랍니다.(양해를 바라는 표현)

09 해설▶

※ '조건 4'에서 '㉠~㉢의 기호를 쓰고 답안을 작성할 것.'이라고 하였기 때문에, 실제 답안지는 '㉠ 내용'의 형식으로 작성해야 한다.

㉠	발문에서 "'뮤지컬 관람의 날 지정'을 위한 제안서를 쓰고자 한다."라고 하였다. 따라서 문서의 성격을 나타낼 수 있는 5어절 이내의 제목으로는 "'뮤지컬 관람의 날' 지정 제안서"이 적절하다.
㉡	'조건2'에서 제안의 이유를 회사의 특성과 현재 상황을 관련지어 제시하라고 하였다. 〈우리 회사의 현재 상황과 제안 내용〉을 기호화하면 다음과 같다. 〈우리 회사의 현재 상황과 제안 내용〉 ㉠ 직원의 창의적인 발상이 가장 중요함. ㉡ 업무량이 과중하여 다양한 문화를 체험할 기회가 전혀 없음. ㉢ 직원의 기획력을 향상할 방안이 필요함. ㉣ 월 1회 뮤지컬 관람의 날을 지정하여 전 직원이 뮤지컬 관람 기회를 가짐. 이를 참고할 때, 다음과 같이 서술하는 것이 적절하다.

우리 회사는 업무 특성상 직원의 창의적인 발상이 가장 중요하지만(㉠), 업무량이 과중하여 다양한 문화를 체험할 기회가 전혀 없는 실정입니다.(㉡)(현재 상황) 이에 직원의 기획력을 향상하게 할 방안으로(㉢) 다음과 같은 내용의 제안서를 제출합니다.(제안 내용)

㉢

'조건3'에서 구상한 내용을 모두 활용하라고 하였다. 〈'뮤지컬 관람의 날' 지정 효과〉를 기호화하면 다음과 같다.

〈'뮤지컬 관람의 날' 지정 효과〉
㉠ 과중한 업무로 인한 피로감 해소
㉡ 문화 행사 직접 체험: 상상력과 기획력 제고
㉢ 전 직원 참여: 친밀도 향상, 조직의 팀워크 향상

이를 참고할 때, 다음과 같이 서술하는 것이 적절하다.

과중한 업무로 인한 피로감을 해소할 수 있으며(㉠) 문화 행사를 직접 체험함으로써 상상력과 기획력을 높일 수 있을 것으로 봅니다.(㉡) 또한, 전 직원이 함께 참여함으로써 서로의 친밀도가 향상되어 조직의 팀워크도 높일 수 있다고 생각합니다.(㉢)

10 해설 ▶

1문단

1문단에는 다음 내용을 활용하여야 한다.

㉠ 3학년 여름방학 경진대회에서 제시한 과제 해결하며 보냄
㉡ 아세트산 생산 설비 설계 과제
㉢ 4명이 한 팀
㉣ 아쉽게 장려상

이를 참고할 때, 다음과 같이 서술하는 것이 적절하다.

3학년 여름방학을 전국 화학공학 공정설계 경진대회에서 제시한 과제를 해결하면서 보냈습니다.(㉠) 아세트산 생산 설비를 설계하라는 과제(㉡)를 해결하기 위해 4명이 한 팀(㉢)이 되어 역할을 분담해서 최선의 노력을 다했지만, 아쉽게도 장려상(㉣)을 받는 데 그쳤습니다.

2문단

2문단에는 다음 내용을 활용하여야 한다.

㉠ 원인을 알기 위해 대상과 최우수상 팀 보고서와 우리 보고서 비교
㉡ 최우수상 팀은 공정을 전체적인 시각에서 분석한 데 비해 우리는 열역학방정식, 증류탑 등 세부적인 측면 설계에 집중
㉢ 전체 공정 살피지 못함
㉣ 전체 맥락에서 설계하지 못함
㉤ 팀장으로서 책임

이를 참고할 때, 다음과 같이 서술하는 것이 적절하다.

이런 결과를 가져온 원인을 알아보기 위해 대상과 최우수상을 받은 팀이 작성한 보고서와 저희 팀의 보고서를 비교했습니다.(㉠) 최우수상 팀은 공정을 전체적인 시각에서 분석하여 결과를 도출했는데, 저희 팀은 열역학방정식, 증류탑 등 세부적인 측면의 설계에 집중한(㉡) 나머지 전체 공정을 살피지 못했다는 점을 확인했습니다.(㉢) 저희가 화학 공정을 전체 맥락에서 설계하지 못했다는 점을 깨달았습니다.(㉣) 특히 팀장이었던 저는 큰 책임을 느꼈습니다.(㉤)

3문단

3문단에는 다음 내용을 활용하여야 한다.

㉠ 베르나르 베르베르 소설 『제3인류』
㉡ 한 곳에 지나치게 집중하면 그 자리에 대해 잘 알게 될지라도 결국은 전체를 놓침
㉢ 나무와 숲
㉣ 공정설계 관련 서적과 논문
㉤ 통찰력
㉥ 일하는 데 큰 힘

이를 참고할 때, 다음과 같이 서술하는 것이 적절하다.

베르나르 베르베르는 소설 『제3인류』(㉠)에서, 한 곳에 지나치게 집중하다 보면, 그 자리에 대해 잘 알게 될지라도 결국은 전체를 놓치게 된다고 했습니다.(㉡) 나무와 숲(㉢)을 동시에 보려는 노력을 게을리하지 말아야 한다는 것입니다. 전체와 부분을 함께 보기 위해 공정설계에 관련된 다양한 서적과 논문(㉣)을 읽고 정리하면서 공정설계에 대한 통찰력(㉤)을 길렀습니다. 이런 통찰력은 생산관리 엔지니어로 일하는 데 큰 힘(㉥)이 될 거라고 확신합니다.

4문단

4문단에는 다음 내용을 활용하여야 한다.

㉠ 직무 수행 과정에서 학부에서 배운 지식 활용
㉡ 직무 수행 때 더 많이 배울 것
㉢ 직장에서 창의적으로 응용하고 새롭게 익혀서 최고가 될 것임

이를 참고할 때, 다음과 같이 서술하는 것이 적절하다.

생산관리 엔지니어 직무를 수행하는 과정에서 학부에서 배운 지식을 최대한 활용할 것입니다.(㉠) 또한, 직무를 수행하면서 학부에서 배운 것보다 더 많은 것들을 배울 것입니다.(㉡) 앞으로 한국화학기술공사에서 제가 습득한 지식을 창의적으로 응용하고 여러 가지를 새롭게 익히면서 최고의 생산관리 엔지니어가 되겠습니다.(㉢)

국가공인 한국실용글쓰검정 2교시 답안지

이 름	(1)형 모범 답안
생 년 월 일	

수험번호

⓪	⓪	⓪	⓪	⓪	⓪	⓪	⓪
①	①	①	①	①	①	①	①
②	②	②	②	②	②	②	②
③	③	③	③	③	③	③	③
④	④	④	④	④	④	④	④
⑤	⑤	⑤	⑤	⑤	⑤	⑤	⑤
⑥	⑥	⑥	⑥	⑥	⑥	⑥	⑥
⑧	⑧	⑧	⑧	⑧	⑧	⑧	⑧
⑧	⑧	⑧	⑧	⑧	⑧	⑧	⑧
⑨	⑨	⑨	⑨	⑨	⑨	⑨	⑨

감 독 관 확 인 란	

서술형 6번

㉠ 고정 도르래

㉡ 안전 발판

㉢ 회전 도르래

㉣ 본 고안은 안전 사다리에 관한 것으로, 더욱 상세하게는 안전 발판을 갖춘 안전 사다리에 관한 것이다.

서술형 7번

㉠ 안전과 생명을 정책의 중심에 둬야 한다.

사람 중심의 정책을 수립해야 한다(펼쳐야 한다, 전개해야 한다, 집행해야 한다).

㉡ 허위 과장 광고를 규제해야 한다.

㉢ 제품에 쓰이는 화학물질의 위해성 평가를 제대로(철저히) 해야 한다.

㉣ 중독센터를 만들어야 한다(설립해야 한다, 설치해야 한다).

서술형 8번

귀사에서 발주하여 생산 중인 ○○제품의 가공임 거래 계약이 3년 전에 약정하여 오늘에 이르고 있습니다. 그러나

귀사에서도 알고 있는 바와 같이 최근 인력 부족으로 인해 인건비가 급격히 상승하였으며, 이제는 종전의 단가로는 적정 이

윤을 맞출 수 없는 상황에 이르고 말았습니다.

이에 따라 귀사에서 발주할 제품의 납품 단가를 조정하여 생산하고자 합니다. 첨부된 새로운 단가표를 검토해 주시기

바라며, 당사의 입장을 양해해 주시기 바랍니다.

서술형 9번

㉠ '뮤지컬 관람의 날' 지정 제안서

㉡ 우리 회사는 업무 특성상 직원의 창의적인 발상이 가장 중요하지만, 업무량이 과중하여 다양한 문화를 체험할 기회가 전혀 없는 실정입니다. 이에 직원의 기획력을 향상하게 할 방안으로 다음과 같은 내용의 제안서를 제출합니다.

㉢ 과중한 업무로 인한 피로감을 해소할 수 있으며 문화 행사를 직접 체험함으로써 상상력과 기획력을 높일 수 있을 것으로 봅니다. 또한, 전 직원이 함께 참여함으로써 서로의 친밀도가 향상되어 조직의 팀워크도 높일 수 있다고 생각합니다.

서술형 10번

3학년 여름방학을 전국 화학공학 공정설계 경진대회에서 제시한 과제를 해결하면서 보냈습니다. 아세트산 생산 설비를 어역할을 분담해서 최선의 노력을 다했지만, 아쉽게도 장려상을 받는 데 그쳤습니다. (150)

이런 결과를 가져온 원인을 알아보기 위해 대상과 최우수상을 받은 팀이 작성한 보고서와 저희 팀의 보고서를 비교했습니다. 두 팀은 공정을 전체적인 시각에서 분석하여 결과를 도출했는데, 저희 팀은 열역학방정식, 증류탑 등 세부적인 측면의 설계에 집중한 나머지 전체 공정을 살피지 (300) 못했다는 점을 확인했습니다. 저희가 화학 공정을 전체 맥락에서 설계하지 못했다는 점을 깨달았습니다. 특히 팀장이었던 저는 큰 책임을 느꼈습니다.

베르나르 베르베르는 소설 『제3인류』에서, 한 곳에 지나치게 집중하다 보면, 그 자리에 대해 잘 알게 될지라 (450) 도 결국은 전체를 놓치게 된다고 했습니다. 나무와 숲을 동시에 보려는 노력을 게을리하지 말아야 한다는 것입니다. 전체와 부분을 함께 보기 위해 공정설계에 관련된 다양한 서적과 논문을 읽고 정리하면서 공정설계에 대한 통찰력을 길렀습니다. 이런 통찰력은 생산관리 엔지니어로 일하는 데 (600) 큰 힘이 될 거라고 확신합니다.

생산관리 엔지니어 직무를 수행하는 과정에서 학부에서 배운 지식을 최대한 활용할 것입니다. 또한, 직무를 수행하면서 학부에서 배운 것보다 더 많은 것들을 배울 것입니다. 앞으로 한국화학기술공사에서 제가 습득한 지식을 창의 (750) 적으로 응용하고 여러 가지를 새롭게 익히면서 최고의 생산관리 엔지니어가 되겠습니다.

(900)

06 해설▶

㉠		㉠의 '내용'과 '형식'은 다음과 같다.
	내용	버튼 누르기, 조이스틱 상·하·좌우 움직임으로 작동함.
	형식	~거나 ~여 ~를 ~ 수 있습니다.
		'내용'을 '형식'에 대입하면, '버튼을 누르거나 조이스틱을 상, 하, 좌, 우 움직여 미니빔 TV를 작동할 수 있습니다.'가 된다.
㉡		꺼진 상태에서 누르라는 설명을 볼 때, '전원 켜짐'이 어울린다.
㉢		켜진 상태에서 누르라는 설명을 볼 때, '전원 꺼짐'이 어울린다.
㉣		음량을 조절할 수 있다는 설명을 볼 때, '음량 조절'이 어울린다.
㉤		채널을 변경할 수 있다는 설명을 볼 때, '채널 변경'이 어울린다.
㉥		㉥의 '내용'과 '형식'은 다음과 같다.
	내용	조이스틱 버튼을 누르고 움직이면 음량 조절 및 채널 변경이 안 될 수 있음.
	형식	~을 누르고 ~일 경우 ~이 안 될 수 있습니다.
		'내용'을 '형식'에 대입하면, '조이스틱 버튼을 누르고 움직일 경우 음량 조절 및 채널 변경이 안 될 수 있습니다.'이 된다.

07 해설▶

'소감 쓰는 방법'을 보면, 소감문을 쓸 때 '무엇을 배웠는지'와 '업무에 활용해 나갈 것인지'를 기록하라고 하였다. 따라서 '소감'에는 '배운 내용'과 '앞으로는 활용'에 대한 내용이 들어가야 한다. (가) 뒤의 문장에서 '오늘의 연수 내용과 나의 생각을 앞으로 업무에 활용해 나가고 싶다.'라고 밝히고 있기 때문에, (가)에는 '배운 내용'이 들어가야 한다.
〈메모〉에 두 개의 내용이 담겨 있다. 이를 볼 때 첫 번째 내용은 첫 번째 문장에, 두 번째 내용은 두 번째 문장에 써야 함을 짐작할 수 있다.

1문장	첫 번째 메모의 내용은 다음과 같다.
	■ 지적재산권 배움 → 회사 실무에 응용 → 변호사들의 강의 흥미로움(경험이 풍부함)
	이를 고려할 때, 첫 번째 문장은 다음과 같이 서술하는 것이 적절하다.
	지적재산권법을 배워서 회사의 실무에 응용하려고 했던 나에게 경험이 풍부한 변호사들의 강의는 아주 흥미로웠다.

2문장	두 번째 메모의 내용은 다음과 같다.
	■ 법의 기본적인 개념이나 원칙 알기 쉽게 설명 → 지적재산권제도에 대한 이해의 폭넓어짐
	'조건2'에서 두 번째 문장은 '게다가 ~해주었기 때문에 ~다.'의 형식으로 쓰라고 하다. 이를 고려할 때, 두 번째 문장은 다음과 같이 서술하는 것이 적절하다.
	게다가 이 법의 기본적인 개념이나 원칙을 알기 쉽게 설명해 주었기 때문에 지적재산권제도에 대한 이해의 폭이 한층 넓어졌다.

08 해설▶

1문장	'조건2'에서 첫 번째 문장은 '~고 싶은데, ~이 어렵다면 ~을 진행해 보세요.'의 형식으로 쓰고, '전화 한통'과 '홍보 전문가'가 들어가게 쓰라고 하였다.
	〈자료〉의 내용을 볼 때, '기업홍보지원사업'에 관한 것이므로, 첫 번째 문장은 다음과 같이 서술하는 것이 적절하다.
	회사의 인지도를 높이고 싶은데, 제대로 된 홍보활동이 어렵다면 전화 한 통으로 홍보전문가와 함께 기업 홍보를 진행해보세요.

2문장	'조건3'에서 두 번째 문장은 '신청 방법 및 지원 내용'이고, '바로 ~에서 ~을 ~을 통해 ~드립니다'의 형식으로 쓰라고 하였다. 또 '1357 콜센터'가 들어가게 쓰라고 하였다.
	〈자료〉를 볼 때, '1357콜센터'는 '기업애로지원 대표 상담 전화'이고 '전화 상담, 홍보 전문가 심층 상담(전문가 현장지도로 애로사항 완벽 해결)'을 지원한다는 것을 알 수 있다. 이를 고려할 때, 두 번째 문장은 다음과 같이 서술하는 것이 적절하다.
	바로 1357콜센터에서 기업의 궁금증이나 애로사항을 전화 상담과 전문가 심층 상담을 통해 완벽 해결해 드립니다.

3문장	'조건4'에서 세 번째 문장은 '효과'에 관한 내용으로, '지금 전화하면 ~로 ~이 ~할 수 있습니다.'의 형식으로 쓰라고 하였다.
	〈자료〉를 볼 때, '효과'는 '기업 이미지 제고로 매출 증가'이다. 이를 고려할 때, 세 번째 문장은 다음과 같이 서술하는 것이 적절하다.
	지금 전화하면 기업 이미지 제고로 매출이 증가할 수 있습니다.

09 해설▶

(가)	'감기'와는 다른 '유행성 독감'이 무엇인지 설명하고 있다. 따라서 (가)에는 '유행성 독감이란 무엇일까.'가 어울린다.
(나)	'A가 아니라 B이다.'라는 문장 구조이다. 따라서 '이 주사는 감기를 예방하는 것이 아니라'에 맞춰 (나)에는 '유행성 독감을 예방하는 것입니다.'가 들어가는 것이 어울린다.

(다)	'A이지만 B이다.'라는 문장 구조이다. 따라서 '평생 다시 맞지 않아도 되는 예방주사도 많지만'에 맞춰 (다)에는 '독감 예방주사는 해마다 맞습니다.'가 들어가는 것이 어울린다.
(라)	예방 주사의 효과가 금방 나타나지는 않는다는 의미이다. 예방 주사의 효과는 '독감 예방'이다. 따라서 (라)에는 '독감에 걸리지 않게 되는 것은 아닙니다.'가 들어가는 것이 어울린다.
(마)	'독감 예방주사를 꼭 맞아야 하는 사람은 누구일까'를 볼 때, (마)에는 '독감 예방주사를 맞아야 하는 것은 아닙니다.'가 들어가는 것이 어울린다.

10 해설▶

'개요'가 제시되어 있기 때문에, '개요'에 따라 각 단락을 구성하면 된다.

1문단	'개요1'에 따라 첫 번째 문단에는 '조류인플루엔자(AI), 최악의 피해 현황'을 제시해야 한다. 세부 조건은 다음과 같다. ⊙ (라)의 시각 자료 중 하나를 활용하여 구체적인 수치를 집계하여 쓴 후 ⓛ (가)의 모든 내용을 활용하여 첫 문단으로 구성 (가) ■ 국내 전체 가금류 사육 규모(1억 6,525만 마리)의 18%를 웃도는 수준 ■ 지난 2014~2015년은 517일간 1,937만 마리 도살 처분 (라)의 첫 번째 자료와 (가)의 내용을 모두 참고할 때, 다음과 같이 서술하는 것이 적절하다. 　사상 최악의 고병원성 조류인플루엔자의 확산으로 도살 처분된 가금류 수가 3천만 마리를 넘어섰다. 농림축산식품부의 조류인플루엔자(AI) 발생 현황 자료에 따르면 최초 조류인플루엔자(AI) 의심 신고 이후 <u>1월 4일 현재 전국적으로 도살 처분된 가금류 수는 3천 33만 마리로 집계됐다.(⊙)</u> <u>이는 국내 전체 가금류 사육 규모(1억 6,525만 마리)의 18%를 웃도는 수준으로 지난 2014~2015년에 517일간 1,937만 마리가 도살 처분된 것(ⓛ)</u>을 고려하면 이번 조류인플루엔자(AI) 사태는 역대 최악의 피해를 기록하고 있다.
2문단	'개요2'에 따라 두 번째 문단에는 '조류인플루엔자(AI)가 진정국면에 접어든 것으로 보이는 요소'를 제시해야 한다. 세부 조건은 다음과 같다. ⊙ (라)의 시각 자료 중 하나를 활용 ⓛ 12월 이후 두드러지는, 대조적인 상황을 서술: 시기와 수치 대략 언급할 것 (의심 건수가 줄어든 시기와 수치를 먼저 쓰고 상황을 긍정한 후, '신고 건수가 10~14건에 달했으나'라는 문구 활용하여 쓰기) (라)의 두 번째 자료와 두 번째 세부 조건을 참고할 때, 다음과 같이 서술하는 것이 적절하다.

다만 신규 의심 신고가 지난달 말부터 일주일 가까이 0~3건을 기록하고 있다는 점은 그나마 긍정적이다. 지난달 조류인플루엔자(AI)가 한창 퍼지던 시기에는 <u>신고 건수가 10~14건에 달했으나(ⓛ)</u> 의심 신고가 점차 줄어들어 다소 진정국면에 접어든 것 아니냐는 분석이 나온다.

3문단	'개요3'에 따라 세 번째 문단에는 '정부의 대책'을 제시해야 한다. 세부 조건은 다음과 같다. ⊙ (나)의 자료 모두 활용 ⓛ 표를 보고 기존의 세율과 할당 세율 간략하게 비교 언급 ⓒ 4일부터 무관세로 수입 가능한 8개 품목의 총 적용물량은 집계하여 쓰기 ⓔ 산란계 공급 위해 병아리를 항공기로 수입하는 방안도 추가 언급 세부 조건을 참고할 때, 다음과 같이 서술하는 것이 적절하다. 　한편 정부는 달걀 가격의 폭등과 공급 부족 사태를 수습하기 위해 3일 국무회의에서 달걀과 달걀 가공품 관세율을 0%로 낮추는 긴급할당 관세 규정을 의결했다. 기획재정부에 따르면 관세율이 8~30%였던 <u>신선란 등 8개 품목 9만 8,000t을 4일부터 무관세로 수입할 수 있다.(⊙, ⓛ, ⓒ)</u> 이번 긴급할당 관세 조치는 오는 6월까지 적용된다. 또한, 정부는 생산기반에 타격을 입은 <u>산란계(알 낳는 닭)를 조기에 공급하기 위해 살아있는 병아리를 항공기로 수입하는 방안도 추진한다.(ⓔ)</u>
4문단	'개요4'에 따라 네 번째 문단에는 '정부의 대책에 대한 해석'을 제시해야 한다. 세부 조건은 다음과 같다. ⊙ (다)의 브리핑 내용 모두 직접 인용 (다) 【국무회의 의결 후 농림축산식품부 차관이 정부청사에서 브리핑한 내용 중 일부】 "달걀의 국내 소비자 가격이 1개에 270원대인데 현재 가격 수준으로는 당장 수입이 어려울 것 같다. 가격이 폭등해 300원까지 올랐을 경우 항공료 50%를 지원하면 수입할 수 있다고 본다." ⓛ 사자성어 '고육지책(苦肉之策)' 활용하여 해당 발언 해석 세부 조건을 참고할 때, 다음과 같이 서술하는 것이 적절하다. 　농림축산식품부 차관은 이날 정부청사에서 브리핑하고 <u>"달걀의 국내 소비자 가격이 1개에 270원대인데 현재 가격 수준으로는 당장 수입이 어려울 것 같다. 가격이 폭등해 300원까지 올랐을 경우 항공료 50%를 지원하면 수입할 수 있다고 본다."라고 설명했다.(⊙)</u> 정부가 발표한 달걀값 안정책은 국내산 달걀값을 진정시키는 근본대책이라기보다 <u>300원대 이상으로 가격이 급격히 오르지 못하게 묶어 놓으려는 고육지책으로 풀이된다.(ⓛ)</u>

국가공인 한국실용글쓰검정 **2교시** 답안지

이 름	(2)형 모범 답안
생 년 월 일	

수험번호

⓪	⓪	⓪	⓪	⓪	⓪	⓪	⓪
①	①	①	①	①	①	①	①
②	②	②	②	②	②	②	②
③	③	③	③	③	③	③	③
④	④	④	④	④	④	④	④
⑤	⑤	⑤	⑤	⑤	⑤	⑤	⑤
⑥	⑥	⑥	⑥	⑥	⑥	⑥	⑥
⑧	⑧	⑧	⑧	⑧	⑧	⑧	⑧
⑧	⑧	⑧	⑧	⑧	⑧	⑧	⑧
⑨	⑨	⑨	⑨	⑨	⑨	⑨	⑨

서술형 6번

㉠ 버튼을 누르거나 조이스틱을 상, 하, 좌, 우 움직여 미니빔 TV를 작동할 수 있습니다.

㉡ 전원 켜짐   ㉢ 전원 꺼짐   ㉣ 음량 조절   ㉤ 채널 변경

㉥ 조이스틱 버튼을 누르고 움직일 경우 음량 조절 및 채널 변경이 안 될 수 있습니다.

서술형 7번

지적재산권법을 배워서 회사의 실무에 응용하려고 했던 나에게 경험이 풍부한 변호사들의 강의는 아주 흥미로웠다. 게다가 이 법의 기본적인 개념이나 원칙을 알기 쉽게 설명해 주었기 때문에 지적재산권제도에 대한 이해의 폭이 한층 넓어졌다.

서술형 8번

회사의 인지도를 높이고 싶은데, 제대로 된 홍보활동이 어렵다면 전화 한 통으로 홍보전문가와 함께 기업 홍보를 진행해 보세요. 바로 1357콜센터에서 기업의 궁금증이나 애로사항을 전화 상담과 전문가 심층 상담을 통해 완벽 해결해 드립니다. 지금 전화하면 기업 이미지 제고로 매출이 증가할 수 있습니다.

서술형 9번

(가) 유행성 독감이란 무엇일까.

(나) 유행성 독감을 예방하는 것입니다.

(다) 독감 예방주사는 해마다 맞습니다.

(라) 독감에 걸리지 않게 되는 것은 아닙니다.

(마) 독감 예방주사를 맞아야 하는 것은 아닙니다.

서술형 10번

　사상 최악의 고병원성 조류 인플루엔자의 확산으로 도살처분된 가금류 수가 3천만 마리를 넘어섰다. 농림축산식품부의 조류인플루엔자(AI) 발생 현황 자료에 따르면 최초 조류인플루엔자(AI) 의심 신고 이후 1월 4일 현재 전국적으로 도살 처분된 가금류 수는 3천 33만 마리로 집계됐다. 이는 국내 전체 가금류 사육 규모(1억 6,51 7 마리)의 18%를 웃도는 수준으로 지난 2014~2015년에 7일간 1,937만 마리가 도살 처분된 것을 고려하면 이번 조류인플루엔자(AI) 사태는 역대 최악의 피해를 기록하고 있다.

　다만 신규 의심 신고가 지난달 말부터 일주일 가까이 0~3건을 기록하고 있다는 점은 그나마 긍정적이다. 지난달 조류인플루엔자(AI)가 한창 퍼지던 시기에는 신고 건수가 10~14건에 달했으나 의심 신고가 점차 줄어들어 다소 진정국면에 접어든 것 아니냐는 분석이 나온다.

　한편 정부는 달걀 가격의 폭등과 공급 부족 사태를 수습하기 위해 3일 국무회의에서 달걀과 달걀 가공품 관세율을 0%로 낮추는 긴급할당관세 규정을 의결했다. 기획재정부에 따르면 관세율이 8~30%였던 신선란 등 8개 품목 9만 8,000t을 4일부터 무관세로 수입할 수 있다. 또한, 이번 긴급할당관세 조치는 오는 6월까지 적용된다. 정부는 생산기반에 타격을 입은 산란계(알 낳는 닭)를 조기에 공급하기 위해 살아있는 병아리를 항공기로 수입하는 방안도 추진한다.

　농림축산식품부 차관은 이날 정부청사에서 브리핑하고 "달걀의 국내 소비자 가격이 1개에 270원대인데 현재 가격 수준으로는 당장 수입이 어려울 것 같다. 가격이 폭등해 300원까지 올랐을 경우 항공료 50%를 지원하면 수입할 수 있다고 본다."라고 설명했다. 정부가 발표한 달걀값 안정책은 국내산 달걀값을 진정시키는 근본대책이라기보다 300원대 이상으로 가격이 급격히 오르지 못하게 묶어 놓으려는 고육지책으로 풀이된다.

국가공인 한국 실용글쓰검정 **1교시** 답안지

이 름	
생 년 월 일	

수험번호

⓪	⓪	⓪	⓪	⓪	⓪	⓪	⓪
①	①	①	①	①	①	①	①
②	②	②	②	②	②	②	②
③	③	③	③	③	③	③	③
④	④	④	④	④	④	④	④
⑤	⑤	⑤	⑤	⑤	⑤	⑤	⑤
⑥	⑥	⑥	⑥	⑥	⑥	⑥	⑥
⑧	⑧	⑧	⑧	⑧	⑧	⑧	⑧
⑧	⑧	⑧	⑧	⑧	⑧	⑧	⑧
⑨	⑨	⑨	⑨	⑨	⑨	⑨	⑨

감 독 관 확 인 란	

번호	1~10				
1	①	②	③	④	⑤
2	①	②	③	④	⑤
3	①	②	③	④	⑤
4	①	②	③	④	⑤
5	①	②	③	④	⑤
6	①	②	③	④	⑤
7	①	②	③	④	⑤
8	①	②	③	④	⑤
9	①	②	③	④	⑤
10	①	②	③	④	⑤

번호	11~20				
11	①	②	③	④	⑤
12	①	②	③	④	⑤
13	①	②	③	④	⑤
14	①	②	③	④	⑤
15	①	②	③	④	⑤
16	①	②	③	④	⑤
17	①	②	③	④	⑤
18	①	②	③	④	⑤
19	①	②	③	④	⑤
20	①	②	③	④	⑤

번호	21~30				
21	①	②	③	④	⑤
22	①	②	③	④	⑤
23	①	②	③	④	⑤
24	①	②	③	④	⑤
25	①	②	③	④	⑤
26	①	②	③	④	⑤
27	①	②	③	④	⑤
28	①	②	③	④	⑤
29	①	②	③	④	⑤
30	①	②	③	④	⑤

번호	31~40				
31	①	②	③	④	⑤
32	①	②	③	④	⑤
33	①	②	③	④	⑤
34	①	②	③	④	⑤
35	①	②	③	④	⑤
36	①	②	③	④	⑤
37	①	②	③	④	⑤
38	①	②	③	④	⑤
39	①	②	③	④	⑤
40	①	②	③	④	⑤

번호	41~50				
41	①	②	③	④	⑤
42	①	②	③	④	⑤
43	①	②	③	④	⑤
44	①	②	③	④	⑤
45	①	②	③	④	⑤
46	①	②	③	④	⑤
47	①	②	③	④	⑤
48	①	②	③	④	⑤
49	①	②	③	④	⑤
50	①	②	③	④	⑤

수 험 생 유 의 사 항

1. 이름, 생년월일, 수험번호를 검정펜으로 기재하도록 합니다.
2. 수험번호 마킹 및 객관식 마킹은 컴퓨터용 사인펜을 사용하여 다음과 같이 표기합니다.
   올바른 표기: ●   잘못된 표기: ⓥ⊗⊙∅◑
   (빨간색 등으로 중복 마킹 시 중복답안으로 0점 처리되오니 주의하시기 바랍니다.)
3. 마킹하거나 기재한 답안은 수정테이프를 사용하여 수정이 가능합니다.
4. 각 문항번호를 확인해 그 문항에 정답을 기재하시기 바랍니다.
   (서술형 문항의 경우 답안 기재 시 서술형 답안란을 벗어나지 않도록 주의바랍니다.
5. 위의 사항을 따르지 않을 경우에는 본인의 불이익이 될 수 있습니다.

서 술 형 1 번	

서술형 2번

서술형 3번

서술형 4번

서술형 5번

국가공인 한국 실용글쓰검정 **2교시** 답안지

이　　름	
생 년 월 일	

수험번호

⓪	⓪	⓪	⓪	⓪	⓪	⓪	⓪
①	①	①	①	①	①	①	①
②	②	②	②	②	②	②	②
③	③	③	③	③	③	③	③
④	④	④	④	④	④	④	④
⑤	⑤	⑤	⑤	⑤	⑤	⑤	⑤
⑥	⑥	⑥	⑥	⑥	⑥	⑥	⑥
⑧	⑧	⑧	⑧	⑧	⑧	⑧	⑧
⑧	⑧	⑧	⑧	⑧	⑧	⑧	⑧
⑨	⑨	⑨	⑨	⑨	⑨	⑨	⑨

감 독 관 확 인 란	

서 술 형 6 번	

서 술 형 7 번	

서 술 형 8 번	

서 술 형 9 번	

서술형 10번

150

300

450

600

750

900

1050

1200

1350

혜원 국어
<9시간 완성> 한국 실용글쓰기

초판 발행 | 2023년 7월 14일
편 저 자 | 고혜원
발 행 처 | 오스틴북스
등록번호 | 제 396-2010-000009호
주　　소 | 경기도 고양시 일산동구 백석동 1351번지
전　　화 | 070-4123-5716
팩　　스 | 031-902-5716

E－mail | ssung7805@hanmail.net
Homepage | www.austinbooks.co.kr
I S B N | 979-11-88426-78-2　13700
정　　가 | 14,500원